COMO SER UM BOM PAI

Casos práticos

JAMES B. STENSON

COMO SER UM BOM PAI

Casos práticos

Tradução
Mateus Leme

QUADRANTE

São Paulo
2017

Copyright © 2004 by Scepter Booklets, New York

Título original
Father, The Family Protector

Capa
Quadrante

Dados Internacionais de Catalogação na Publicação (CIP)

Stenson, James B.
 Como ser um bom pai : casos práticos – São Paulo : Quadrante, 2017.
 ISBN: 978-85-7465-416-4
 1. Educação 2. Educação das crianças 3. Família 4. Pais e filhos I. Título.
II. Série

CDD-370

Índice para catálogo sistemático:
1. Educação 370

Todos os direitos reservados a
QUADRANTE, Sociedade de Publicações Culturais
Rua Bernardo da Veiga, 47 – Tel.: 3873-2270
CEP 01252-020 – São Paulo – SP
www.quadrante.com.br / info@quadrante.com.br

Agradecimentos

Mais do que a maioria dos meus outros livros, este é resultado do trabalho de muitas pessoas. É a soma das contribuições de muitos pais generosos para o meu entendimento de como funciona a vida em família.

Quero agradecer, portanto, aos muitos grandes homens e mulheres com quem tive a honra de fazer amizade durante meus anos como professor e conferencista, pais que compartilharam suas experiências de vida em família comigo e cujos experimentados conhecimentos formam a essência desta obra.

Devo agradecer em especial aos dedicados pais da *The Heights School*, em Potomac, Maryland, e da *Northridge Preparatory School*, nos subúrbios de Chicago, que tanto me ensinaram e cujas famílias tive a honra de servir. Por mais que quisesse agradecer a cada um desses amigos pessoalmente, são numerosos demais para serem listados aqui.

Finalmente, estendo minha mais calorosa gratidão aos diretores da *R. Templeton Smith Foundation*, de Cleveland Heights, Ohio, cuja generosa assistência ao longo de muitos anos tornou esta obra possível. Sem o seu encorajamento e apoio, eu não teria sido capaz de assumir este projeto e levá-lo a cabo.

PRÓLOGO
Do que trata este livro

Se você é um homem com grandes responsabilidades no trabalho e na vida familiar, provavelmente não tem muito tempo de sobra para ler. Deve ter muito pouco tempo para perder com conversas "motivacionais" que lhe digam por que deveria ser um bom pai, ou com longas e sentimentais histórias que criticam o óbvio. É por isso que, ao escrever este livro, quis que ele fosse direto e eminentemente prático. Está baseado na experiência de outros homens como pais, e apresenta vislumbres reais de vida em família, além de ideias sugestivas que você poderá colocar imediatamente em prática.

Meu objetivo é ambicioso: ajudá-lo a tornar-se um grande pai, um grande marido e um grande homem.

Há muita coisa em jogo aqui. O sucesso de seus filhos mais tarde na vida dependerá enormemente de quão bem você fizer o seu trabalho de pai.

Mas, em primeiro lugar, você, como outros homens hoje em dia, precisa de uma descrição do trabalho. Como parece ter dito certa vez o grande Yogi Berra[1]: "Se você não sabe para onde está indo, vai parar em outro lugar".

---

(1) Lawrence Peter "Yogi" Berra (1925-2015), jogador de baseball, famoso por suas declarações cheias de trocadilhos e paradoxos. (N. do T.)

7

Como veremos, a principal tarefa de um homem em sua família é *protegê-la*. Um homem protege sua esposa e filhos de tudo o que ameace a sua felicidade e bem-estar, tanto no presente como no futuro. Se fracassa nessa grande responsabilidade, sua família sofrerá as consequências.

Se você conseguir aprender com este livro, e depois transformar o que aprendeu em uma ação vigorosa, viverá, se Deus quiser, para ver grandes conquistas de sua vida como pai:

– Sua masculinidade forjará em seus filhos um caráter que durará por toda a vida;
– Seus filhos serão viris e suas filhas serão femininas;
– Seu critério moral será a bússola da consciência de seus filhos;
– Sua vida no trabalho e em casa unir-se-ão para formar um conjunto integrado e coerente;
– Sua família se tornará uma divertida aventura;
– Sua mulher e seus filhos o estimarão como um grande homem;
– Seus filhos crescerão para se tornarem homens e mulheres competentes e responsáveis, que o amarão e o estimarão por toda a vida.

Este elevado ideal, de viver como um grande pai, é alcançável, pode ser feito. Sei disso porque o testemunhei nas vidas de muitos pais. Tudo o que há nestas páginas – a estratégia e as táticas da liderança paterna – deriva do que aprendi em meus anos de experiência profissional com muitos homens comuns e conscienciosos como você. Quero ensinar-lhe o que aprendi deles. Quero passar para você sua experiência coletiva, a *sabedoria da paternidade*.

Deixe-me voltar um pouco e explicar isso, e como acabei escrevendo este livro.[2]

---

(2) Esta obra acompanha meu outro livro, *A Bússola: Um Manual de Liderança para Pais [Compass: A Handbook on Parental Leadership]*, e necessariamente possui com este alguns textos em comum. *A Bússola* explica como os dois cônjuges trabalham como uma equipe em uma liderança dupla e unificada. Este livro,

Durante vinte e um anos, trabalhei para ajudar a instalar duas escolas independentes de ensino secundário[3] para meninos, uma em Washington, D.C., e outra em Chicago – a *The Heights School* e a *Northridge Preparatory School*, respectivamente. Fui diretor de *Northridge* por quase doze anos. Tenho a alegria e o orgulho de dizer que ambas as escolas tiveram um enorme sucesso sob todos os aspectos.

Naquele período, procurei conhecer intimamente centenas de famílias. Estudei suas vidas familiares e observei as crianças crescerem e amadurecerem, frequentemente com sucesso, embora às vezes não. Ao longo de muitos anos, conversei com centenas de pais e mães, visitei suas casas, fiz perguntas e aprendi muito.

Fiz isso por duas razões.

Primeiro, acredito que uma escola deve servir à família inteira, tanto aos pais quanto aos filhos, e assim deveria encarar os pais, e não as crianças, como os principais beneficiários de seus serviços. Afinal, os pais são os principais educadores das crianças, e os jovens sobem ou descem na vida principalmente por causa da forma como foram criados em casa. A escola deve apoiar os pais, e não substituí-los, nessa missão tremendamente importante.

Segundo, queria aprender de que forma os pais têm sucesso ou fracasso na missão de educar os seus filhos.

Deixe-me ser claro aqui. Quando digo "sucesso ou fracasso", não me refiro aos métodos de disciplina que os pais utilizam, nem a como mantêm as crianças sob controle, nem a como lidam com os problemas da vida em família. Essas são conquistas de curto prazo, mas compõem apenas uma parte do quadro.

---

por outro lado, explora como os pais realizam as suas contribuições poderosas e particularmente masculinas na vida familiar. Para obter material atualizado e mais completo sobre estes e outros livros, acesse a minha página: <www.parentleadership.com>.

(3) No Brasil, equivalente aos ensinos fundamental e médio. "Escolas independentes" nos EUA são equivalentes às nossas escolas particulares, isto é, financiadas exclusivamente com seus próprios meios, e não pelo governo nem por outras instituições. (N. do T.)

Os pais só obtêm um sucesso real no longo prazo. *Os pais são bem-sucedidos com seus filhos quando estes crescem e tornam-se homens e mulheres competentes, responsáveis, ponderados e generosos, comprometidos a viver de acordo com os princípios da integridade – adultos que honram a seus pais por toda a vida através de sua conduta, consciência e caráter.* Educar as crianças para que se tornem adultos como esses é o verdadeiro objetivo da paternidade.

Vi muitos pais que conseguiram fazê-lo, enquanto outros fracassaram. Alguns viram seus filhos amadurecerem e tornarem-se homens e mulheres excelentes. Outros, especialmente quando seus filhos atravessavam a adolescência e a juventude, depararam com a frustração, o arrependimento, e até mesmo a tragédia. Seus filhos sofreram com a falta de confiança e autocontrole, uso de drogas, imaturidade prolongada, comportamentos irresponsáveis e autodestrutivos, falta de objetivos na vida e problemas com a carreira, com o casamento ou com a lei.

Através de minhas incontáveis conversas com pais e mães, procurei explicar as diferenças que haviam entre eles. Busquei padrões de vida familiar entre aqueles pais que haviam triunfado com seus filhos. O que tinham em comum aqueles homens e mulheres bem-sucedidos? O que haviam conseguido fazer certo? E o mais importante: o que outros pais poderiam aprender de sua experiência?

Ao longo dos anos, prestei cada vez mais atenção ao poderoso papel do pai nas vidas dos filhos – e esta é a razão deste livro.

Repetidamente, em uma família depois da outra, testemunhei como os pais têm uma influência crucial no êxito que seus filhos teriam na vida. O sucesso ou o fracasso de um homem como protetor e líder dirige o curso da vida de seus filhos para o bem ou para o mal. Nossa epidemia nacional de "pais ausentes" não é simplesmente um problema de mães solteiras que devem enfrentar a vida sem um marido. É também o caso de lares intactos com pai e mãe, nos quais, porém, o pai está moralmente ausente da vida de seus filhos.

Muitos homens, embora fisicamente presentes na família, simplesmente deixam de exercer sua função de pai. Na verdade, parece que nem sequer sabem em que consiste essa função. E de forma lamentável, e mesmo trágica, sua persistente negligência prejudica tanto seu casamento como a formação dos filhos.

Deixe-me contar um exemplo de fracasso, tirado de minha experiência profissional.

Certa manhã, recebi um telefonema de uma preocupada mãe de um menino de doze anos. Seu filho estava tendo terríveis problemas em outra escola. Desejava transferi-lo para a nossa, pois estava preocupada com sua depressão, cada vez pior, e sua falta de confiança em si mesmo e sua baixa motivação. Os problemas emocionais do garoto estavam prejudicando seu desempenho acadêmico. Ela pediu para marcar um horário para vir, junto com seu marido, visitar-nos e discutir a situação e para que seu filho pudesse fazer uma avaliação e uma entrevista.

Embora os requisitos para a entrada em Northridge fossem bastante competitivos e nossa escola tivesse uma política de recusar alunos com problemas motivacionais, senti pena daquela mãe, e por isso concordei em encontrar-me com ela e seu marido. Pensei que ao menos poderia dar-lhe algum conselho e encaminhá-la a profissionais que pudessem ajudar o menino.

Porém, não pudemos encontrar-nos logo. Infelizmente, seu marido estava fora da cidade. Ao longo das duas semanas seguintes, ela e eu marcamos e depois tivemos de desmarcar três horários porque toda vez uma coisa ou outra surgia na ocupada agenda de seu marido. Comecei a suspeitar que os problemas daquele garoto iam além de notas baixas. Tantas vezes antes, vira aquela mesma situação. Que pai – perguntava-me –, colocado diante de um filho com um problema sério, seria incapaz de conseguir arranjar um par de horas para tomar as rédeas de uma situação que estava saindo do controle? Quais seriam as atitudes e prioridades daquele homem?

A mãe e eu finalmente desistimos de tentar encontrar-nos na presença do pai, e assim combinamos que o garoto viria primeiro para uma entrevista. Meu encontro com Mike confirmou minhas impressões.

Mike entrou na minha sala parecendo nervoso e assustado. Seus olhos mal se encontraram com os meus; voavam pela sala como se estivessem desesperados para escapar. Ofereci-lhe um aperto de mão inicial; sua mão estava mole e suada. Enquanto conversávamos, ele olhava para fora da minha janela. Nossa conversa foi basicamente unilateral, e arrastou-se mais ou menos assim:

– O que seu pai faz, Mike? – perguntei-lhe.
Mike murmurou:
– Ele é engenheiro.
– Onde ele trabalha? – ele me disse o nome da empresa.
– Que tipo de engenheiro ele é? Mecânico, elétrico, civil?
Ele murmurou:
– Não sei.
– Onde ele estudou, e quando se formou? – ele me disse o nome da universidade. Não sabia o ano de formatura.
– Onde ele conheceu a sua mãe? Na faculdade?
– Acho que sim, mas não tenho certeza.
– Quanto tempo eles namoraram antes de casar?
– Não sei.
– Quando seu pai tinha a sua idade, de que *hobbies* e esportes ele gostava?
Ele encolheu os ombros:
– Não tenho certeza.
– Ele gosta do trabalho?
– Acho que sim. Ele não fala muito sobre isso.
– O que vocês dois fazem juntos?
Ele pensou um pouco:
– Às vezes jogamos bola ou videogame. Normalmente, ele está cansado demais e só assiste TV ou lê.
– Ele confere a sua lição de casa?
Mike fez outra pausa:
– Não muito... Às vezes ele fica bravo comigo.
Nova estratégia:

– Quando tinha a sua idade, como ele ia na escola?
– Não sei.

E a coisa continuou assim: "Não sei...; Não tenho certeza...". À medida que Mike relaxava um pouco e abria-se mais comigo, revelava um fato evidente. Ele não sabia quase nada sobre a vida passada e presente de seu pai, nada sobre as suas ideias e seus interesses. Sabia sobre seu pai poucas coisas que o fizessem respeitá-lo. Temê-lo, talvez, mas não respeitá-lo. Era também muito claro que isso o incomodava profundamente. Na idade em que os garotos começam a buscar uma figura masculina que seja um modelo para suas vidas, aquele garoto olhava para seu pai e via... o quê? Um enigma, um mistério, quase um estranho... um *pai virtual*.

Gostaria de dizer que esta história teve um final feliz. Para falar a verdade, não sei o que aconteceu – isto é, o que aconteceu com Mike. Encaminhei sua mãe para auxílio profissional, pois naquelas circunstâncias era tudo o que podia fazer. Como você pode imaginar, nunca cheguei a encontrar-me com o pai. Era ocupado demais.

O destino de Mike provavelmente foi semelhante ao de tantos outros meninos de famílias com *pais virtuais*. Incapaz de obter a aprovação de seu pai, era provável que ele a procurasse entre seus pares, e assim se tornasse vítima da cultura do *sexo, drogas e rock'n roll*. Sem a liderança confiante e o encorajamento de seu pai, não teria confiança em si mesmo e tentaria escapar de seus medos através dos prazeres de drogas e do álcool, como comumente acontece. Dominado por temores abstratos, seguiria depois o caminho de seu pai como alcoólatra ou simplesmente vagaria sem rumo através de uma inútil sucessão de empregos. Sem a lembrança de conselhos ou de sabedoria paterna para guiá-lo, passaria anos procurando orientação de substitutos paternos: médicos, especialistas em saúde mental, clérigos e conselheiros matrimoniais. Seu casamento, se houvesse, seria construído sobre a areia, e sua esposa e filhos (se os tivesse) sofreriam.

13

A situação particular de Mike era incomum? Infelizmente, não. Essa distância entre pais e filhos – pela qual as crianças mal conhecem seus pais e assim não chegam a respeitá-los – é muito comum em nossa sociedade.

Em muitas famílias americanas, a distância entre pais e filhos é maquiada por idas a jogos no estádio e outras atividades de *amigão*. Aos olhos de muitas crianças, seu pai aparece como uma espécie de simpático irmão mais velho ou uma segunda mãe em meio período. Isto não é suficiente. Fazer esportes ou brincar com os seus filhos não é o mesmo que orientar-lhes como pai. Em grande parte de nossa sociedade, há algo que *não* está acontecendo entre pais e filhos – e isso está prejudicando nossas crianças.

* * *

A história de Mike é a de um fracasso paterno. Sua experiência com seu *pai virtual* chamou a minha atenção porque contrastava de forma muito intensa com os sucessos que testemunhei entre tantos pais de alunos da minha escola.

Através de uma espécie de seleção natural, Northridge atraía uma grande quantidade de pais com a "cabeça no lugar". Eu via que aqueles pais e mães estavam fazendo um bom trabalho, com frequência um excelente trabalho, em criar seus filhos.

Pais e visitantes cumprimentavam-nos pela alegria confiante e bons modos de nossos alunos, por sua capacidade de produzir trabalhos de alta qualidade, por seu crescente sentido de profissionalismo, por sua integridade pessoal. Com relação a problemas com drogas, não tínhamos nenhum – nenhum mesmo, zero. Sem dúvida, nossos alunos tinham seus momentos de desequilíbrio e altos e baixos hormonais, como a maioria dos adolescentes normais. Mas nossos alunos eram, na maioria, ótimos adolescentes que rapidamente se tornaram excelentes jovens. No fim, entravam em boas carreiras e casavam-se bem. Nós, professores e pais, tínhamos orgulho deles, e ainda temos.

Procurei descobrir como seus pais conseguiram que fossem assim. Francamente, muitas vezes fiquei chocado por quão diferentes eram seus temperamentos e formas de educar as crianças. Tive o cuidado de tomar notas em diversos papéis avulsos e arquivei-os até ter várias pastas de folhas velhas. Gradualmente, alguns padrões – algumas *abordagens* comuns na educação dos filhos – começaram a tomar forma, e transmiti essas lições a outros pais através de conselhos e encorajamento.

Com certeza, um elemento comum foi o seguinte: os melhores dentre esses jovens bem educados respeitavam os seus pais e aprendiam deles. Em casa, os dois cônjuges, pai e mãe, estavam fazendo um ótimo trabalho, mas o papel do pai parecia ser central. Ele estava fazendo *algo* de bom na vida familiar, algo importante que estava lhe conquistando o respeito dos filhos, e determinei-me a descobrir o que era.

Comecei conversando com os filhos adolescentes desses homens. Pedi-lhes que relatassem algum incidente que indicasse ou ilustrasse por que respeitavam os seus pais. Algum tempo depois, pedi o mesmo aos pais mais eficazes que conhecia – que me contassem algo da memória de seus próprios pais. Eis algumas das coisas que me disseram:[4]

"Quando éramos crianças, sabíamos que papai era forte. Sempre que nós todos havíamos tentado sem sucesso abrir a tampa de um pote de vidro, levávamo-lo para papai. Era o único que conseguia abri-la – todas as vezes!"

"Quando eu tinha três ou quatro anos de idade, estava caminhando em um parque com meu pai. Fiquei um pouco para trás e parei para olhar alguma coisa no chão. De repente, um enorme cão setter irlandês correu na minha direção e pulou sobre

---

(4) Quase todas as citações deste livro são aproximações, pois foram reconstruídas de memória, com frequência de muitos anos atrás. As pontuações de citação ou diálogo aqui usadas são apenas um recurso literário. Além disso, em geral modifiquei os nomes e circunstâncias pessoais das pessoas citadas para preservar a sua privacidade.

mim, derrubando-me no chão. O cão ficou em cima de mim, arfando e farejando o meu rosto. É claro que ele estava apenas brincando, mas eu não sabia disso. Estava completamente aterrorizado, gritando de medo, pois pensava que o cachorro ia me comer. Meu pai voltou correndo, espantou o cachorro e ergueu-me em seus braços. Ele me segurou com força, enxugou minhas lágrimas com seu lenço, e sorriu enquanto me dizia que estava tudo bem. Agarrei-me com força ao seu pescoço, e senti que estava seguro com ele".

"Depois que chegamos a uma certa idade, nosso pai parou de fazer as coisas por nós. Ele nos mostrava como fazê-las e então dizia para as fazermos por conta própria. Ele sempre dizia que nós devíamos aprender a resolver os nossos próprios problemas".

"Papai era bravo e às vezes perdia a paciência conosco. Mas sempre vinha desculpar-se depois. Às vezes, ele era duro conosco, mas sempre era justo".

"Nossa família tinha que viver com o fato de que papai era muito ocupado no trabalho. Às vezes tinha que ficar trabalhando até tarde aos sábados. Mas todos nós sabíamos de alguma forma que ele sempre estava disponível. Se qualquer um de nós realmente precisasse dele, sabíamos que deixaria o que fosse que estivesse fazendo e viria".

"Papai e mamãe sempre se apoiaram. Sempre. Quando pedíamos permissão a mamãe para passar a noite na casa de alguém, ela dizia para esperarmos até que conversasse com papai. E se pedíssemos a ele, dizia a mesma coisa, para esperarmos e deixá-lo conversar com mamãe primeiro. Tomavam as decisões juntos.

"Papai sempre dizia que mamãe era a pessoa mais importante da sua vida – e que o mais importante para ele é que nós a tratássemos bem, senão... E sabíamos que ele estava falando sério".

"Em uma noite de verão quando tinha treze anos, meu amigo e eu, apenas de brincadeira, tiramos as válvulas de ar de todos os pneus dos carros estacionados em um auditório da Associação dos Veteranos de Guerra da cidade, e voltamos de bicicleta para minha casa. Papai ouviu-nos rindo do que tínhamos feito e ficou furioso. Ele nos levou de volta e fez-nos recolocar todas as válvulas, e depois levou-nos para dentro do prédio para pedirmos desculpas aos donos dos carros. Quase morri de vergonha, mas realmente aprendi a lição".

"Nunca me esquecerei de quando papai me levava a seu escritório quando eu era pequeno. Todos me tratavam muito bem, e eu via-o escrevendo e trabalhando com as pessoas o dia todo. Sentia uma espécie de orgulho dele".

"Quando planejávamos férias, papai e mamãe costumavam pedir-nos sugestões. Deixavam-nos dar nossa opinião: o que gostaríamos de fazer, aonde gostaríamos de ir. E faziam o mesmo com outras coisas, também – ouviam a nossa opinião. Mas depois eram eles que tomavam a decisão final".

"Quando minha irmã estava no colégio, estava de saída para um baile vestida com uma saia nova que acabara de comprar. Era uma saia curta – bem curta –, uma minissaia. Papai viu-a e deu um pulo. Ficou muito bravo. Disse que nenhuma filha dele sairia de casa vestida daquele jeito. Apesar de suas súplicas e choro, ele a obrigou a subir para o quarto e trocar de roupa. Na semana seguinte, obrigou-a a devolver a saia e pegar o dinheiro de volta".

"Nosso pai era muito aberto. Respeitava nossa liberdade de opinião e deixava que discordássemos dele na maioria das coisas. Mas em alguns assuntos – como ficar fora até tarde, ou a forma como nos vestíamos –, fazia finca-pé. Sabíamos que, quando ele tomava uma posição firme assim, é porque considerava o assunto realmente importante para nós, para o nosso bem, como ele dizia – e assim o assunto estava encerrado, e ponto".

Assim, quais eram as palavras e termos que repetidamente apareciam na descrição daqueles pais eficazes? Você pode vê-los aqui: *forte, assertivo, justo, disponível, carinhosamente unido à sua esposa, competente, protetor, respeitador da liberdade dos filhos, bom ouvinte, um líder que ensina a distinguir o certo do errado.* Não é um mau esboço do que é a paternidade; é um bom começo.

Ao longo dos anos, continuei a questionar os pais em particular, esquadrinhando suas histórias, juntando ideias e arrumando-as em padrões. Com frequência, passei adiante o que havia aprendido, através de palestras públicas que dei inicialmente aos pais de nossa escola, depois a outros grupos no Meio-Oeste, e finalmente por todo o país. Escrevi alguns livretos que foram publicados de forma privada e que, para minha grande surpresa, foram amplamente lidos e apreciados. Em algumas ocasiões, fui entrevistado pelo rádio e pela televisão.

Comecei a suspeitar que estava fazendo algo importante quando ocorreram alguns incidentes: eventos que finalmente levaram-me a deixar minha escola e dedicar-me integralmente a ensinar e encorajar jovens pais.

As pessoas começaram a ligar de todas as partes do país pedindo-me que fosse falar em seus grupos de pais. Depois, comecei a receber convites da Inglaterra, Filipinas, Irlanda, Singapura e Austrália.

Os folhetos das minhas palestras eram impressos em uma gráfica, e quando fui até lá para pegá-los, a proprietária pediu-me se poderia ficar com algumas cópias para dar a seus irmãos e amigos casados.

Algumas vezes, homens mais velhos, já avôs, participavam de minhas palestras. Vários deles vinham falar comigo depois e diziam: "Gostaria de ter ouvido essas coisas vinte e cinco anos atrás! Teriam me poupado muitos problemas".

Algumas das minhas palestras foram filmadas para serem depois exibidas na televisão. Em três ocasiões diferentes – em Milwaukee, Washington e Sidney, os operadores de câmera vieram depois apertar a minha mão e agradecer-me. Um técnico disse-me: "Aprendi muito aqui, e estou muito feliz por *alguém* falar essas coisas!".

Um homem aproximou-se de mim durante um intervalo e disse que me ouvira falar três anos antes. Agradeceu-me calorosamente e disse: "Em minha vida, há definitivamente um antes e um depois. Seus conselhos foram o ponto de mudança. Você me mostrou o que eu precisava fazer como pai, e deu-me o empurrão de que eu precisava".

Durante todos os meus anos como diretor e depois como palestrante, deparei com um problema. Muitos homens perguntavam-me: "Você pode me recomendar alguns livros que eu pudesse ler sobre a paternidade?". E isso deixava-me sem resposta.

Por muitos anos, procurei intensamente livros para recomendar, livros escritos especificamente para homens e a partir de um ponto de vista masculino. Fiquei decepcionado e frustrado. Embora não faltassem os assim chamados "livros para pais" no mercado, descobri que quase todos eram escritos para mulheres. A maioria concentrava-se no papel crucialmente importante das mães e esposas, mas ignorava ou minimizava o papel especial do pai em casa: uma dimensão da vida familiar que minha experiência demonstrava ser extremamente importante.

A partir de meados da década de 1980, minhas esperanças reacenderam-se quando novos livros sobre a paternidade dos homens apareceram nas livrarias. Mas estes, também, foram na maioria uma decepção. Alguns tinham uma abordagem sociológica e abstrata: longas discussões lamentando o "pai ausente", mas poucas soluções práticas. A maioria condenava os inimigos das famílias disfuncionais, mas tinha pouco a dizer sobre os problemas comuns das famílias normais. Afinal, famílias normais têm problemas também.

Outros livros ofereciam remédios rápidos e frases feitas inúteis ("Brinque mais com seus filhos") ou descreviam o comportamento paterno nos mínimos detalhes, mas sem uma visão filosófica mais ampla: não apenas o que um pai *faz*, mas o que um pai é.

Esses livros tinham todos o mesmo defeito: não davam praticamente nenhuma atenção à masculinidade de um pai, a suas forças inerentemente masculinas, e como essas forças dirigem o crescimento das crianças em capacidade de julgamento, competência e caráter. Muitos daqueles livros pareciam ver o pai ideal como pouco mais do que um amigo ou companheiro de jogos dos filhos em escala adulta, ou como uma espécie de segunda mãe. Nenhum desses pontos de vista coincidia com a minha experiência.

O livro que eu queria tinha que ter uma abordagem completamente diferente. Deveria resumir a *sabedoria coletiva dos pais* como os homens a aprendiam de seus próprios pais até, digamos, o fim da Segunda Guerra Mundial, quando as forças sociais e familiares começaram a erodir e até mesmo interromper esses ensinamentos masculinos entre gerações.

O livro que eu queria deveria explicar a importância da dedicação e previdência estratégica a longo prazo de um pai; deveria dizer como a visão forte e apaixonada de um pai pode servir como um ideal que capacite as vidas futuras de seus filhos como homens e mulheres; deveria descrever como a responsabilidade especial de um pai, a mais crítica, é ensinar e formar o *caráter* de seus filhos; deveria explicar os principais obstáculos que estorvam o papel de educador de um pai na sociedade de hoje, e dizer aos homens o que poderiam fazer para superá-los. Então, dentro dessa linha, o livro deveria oferecer conselhos práticos e experimentados sobre como pais bem-sucedidos lidam com os filhos nas áreas mais cruciais: regras de família, disciplina, escola, esportes, diversão, mídia e trabalho em equipe constante com a própria esposa.

Para dizê-lo de outra forma, o livro que estava procurando daria aquilo de que qualquer homem precisa para assumir uma grande responsabilidade, seja em casa ou no trabalho, isto é, uma clara descrição do trabalho, um objetivo de longo prazo realista, um aviso sobre os obstáculos em potencial e o *know-how* experiente de outros que já exerceram o cargo e triunfaram. Como não consegui encontrar esse livro em lugar nenhum, eu mesmo o escrevi. É este que você tem em mãos agora.

Assim, vamos em frente, e façamos a descrição do que é o trabalho de um pai.

CAPÍTULO I
O pai inteligente: descrição das tarefas

Tenho boas notícias para você: *praticamente qualquer um pode ser um bom pai.* Qualquer homem normal com certa medida de bom senso e capacidade de sacrifício é capaz de criar bem os seus filhos. Sei disso porque o testemunhei muitas e muitas vezes.

Enquanto conversava com os pais eficazes que conhecia, em suas casas ou em jogos de beisebol ou em meu escritório enquanto tomávamos café, um pensamento o tempo todo me ocorria: que grupo incrivelmente variado de homens é este? Existem pais eficazes, homens respeitados e amados por suas famílias, com todos os temperamentos e vindos de todos os tipos de ambiente.

Todos aqueles homens admitiam francamente que haviam se enganado e cometido grandes erros de tempos em tempos. Todos haviam passado por ocasiões em que estavam na dúvida sobre o que exatamente deviam fazer com seus filhos; mas simplesmente encolheram os ombros e foram em frente, fazendo o melhor que podiam. Todos haviam sofrido algumas frustrações e decepções com o mau comportamento de seus filhos, especialmente nos anos pré-escolares e depois no início da adolescência.

23

Aqueles homens refletiam sobre a sua paternidade; quando lhes perguntava o que fariam de diferente se pudessem, diziam-no com detalhes (que incluí neste livro). Todos pareciam ter um certo otimismo cauteloso mas confiante que os forçava a ignorar seus reveses e superar suas decepções, enquanto aprendiam de suas experiências. Possuíam uma forte sensação de que tinham uma tarefa importante a fazer com seus filhos, algo que não podiam se dar ao luxo de descuidar, e isso os capacitava a superar os momentos difíceis. Estavam determinados a educar bem os seus filhos, e tinham uma ideia bastante clara do que isso significava.

Alguns estavam em boa ou excelente forma física. Outros eram de constituição magra. Outros, ainda, estavam, por assim dizer, um pouco arredondados na cintura; encolhiam os ombros, sorriam e admitiam que deveriam perder alguns quilos. Dois deles explicaram francamente que eram alcoólatras em recuperação.

Alguns eram claramente líderes carismáticos no trabalho e em casa, o tipo de pessoa que seria notado em qualquer pequena reunião. Mas outros eram quietos, modestos, e até mesmo um pouco tímidos. Alguns eram extremamente indolentes – de fato, pensei que se fossem um pouco mais passivos, poderiam ser embalsamados.

De qualquer forma, todos pareciam ter um bom senso de humor, essa espécie de toque de leveza perceptível em pessoas discretamente confiantes. Demos muitas boas risadas juntos.

Uma alta porcentagem deles era aficionada por esportes. Muitos gostavam de jogar golfe ou tênis, ou de arriscar uma lesão jogando basquete. Outros eram, no máximo, atletas bastante indiferentes – embora, por estranho que pareça, com frequência tivessem filhos e filhas excelentes esportistas. Dois eram observadores de pássaros. Todos pareciam ter algum tipo de passatempo, em geral colecionar ou construir coisas, ou pescar. Quase todos apreciavam ler sempre que tinham tempo, especialmente sobre história e biografias.

Um punhado adorava falar de política. Mas a maioria, embora razoavelmente bem informados sobre os assuntos nacionais e externos, não tinham o menor interesse por assuntos políticos.

Muitos daqueles homens haviam crescido em famílias saudáveis, e assim podiam lembrar-se de como seus próprios pais pensavam e agiam como chefes de família. Outros vinham de lares profundamente problemáticos ou disfuncionais, mas estavam determinados a não repetir os erros de seus pais. Alguns haviam crescido sem um pai em casa, mas aprenderam com suas heroicas mães e com homens adultos pelos quais tinham respeito.

Alguns eram bastante rígidos com seus filhos; outros um bocado permissivos em assuntos de menor importância, embora fossem intransigentes em questões de princípios, e dessa forma ensinavam a seus filhos quais eram esses princípios.

Todos amavam suas esposas. E todos pareciam encará-las com uma espécie de silenciosa admiração: "Honestamente, não sei de onde tira forças... Ela é incrível – nunca afrouxa, nunca para de se entregar, consegue dar conta de várias tarefas ao mesmo tempo... Cuida de 95% da educação das crianças; estou lá simplesmente para apoiá-la... Não sei como ela consegue!" Uma e outra vez, de forma aberta ou com palavras sutis, aqueles homens expressavam seu orgulho e seu amor pela pessoa número um de suas vidas.

A conclusão é que, se há algo que a história nos ensinou, é a impressionante resiliência da natureza humana, e o poder do amor familiar. As pessoas que têm um amor apaixonado e convicções baseadas em princípios são capazes de suportar qualquer dificuldade e superar qualquer obstáculo. Ninguém precisa ser uma vítima do seu passado. O amor confere força e direção à vida e torna possível qualquer coisa. Qualquer homem normal com o filho nos braços pode encontrar a força necessária para tornar-se um grande pai e um grande homem.

Embora todos aqueles homens diferissem em personalidade e no que poderíamos chamar de "estilos de liderança", pareciam ter alguns traços em comum, algumas formas de pensar e agir de maneira inteligente e eficaz. Devo insistir que eram *inteligentes*. Quer se apoiassem em um pensamento racional e reflexivo sobre seu papel de pais, ou se movessem mais por intuição, pareciam *com-*

preender o que um pai é e faz. Essa espécie de conhecimento da vida – sabedoria, na verdade – revelava-se principalmente em três importantes áreas.

Primeiro, uma compreensão básica e ampla da missão principal de um pai – construir um caráter firme em seus filhos –, e de como pais inteligentes o conseguem na vida familiar.

Segundo, uma compreensão de como o principal papel de um pai é proteger sua esposa e filhos, não apenas no presente, mas também no futuro. É para isso que ele está lá.

Terceiro, uma compreensão de como um homem íntegro se esforça para unificar sua vida – sendo a mesma pessoa, um líder responsável e respeitado – tanto no trabalho como em casa.

Nos capítulos deste livro, explicarei todas essas três áreas críticas com muitos exemplos. Mas para começar, gostaria que você entendesse claramente o panorama, a estratégia geral para ser um pai eficaz. Para isso, devemos olhar para essas três dimensões da liderança paterna: formação do caráter, proteção e unidade de vida.

A missão de um pai: formar o caráter e proteger

Todos os pais inteligentes que conheci pareciam entender, de uma forma ou de outra, algumas verdades universais e atemporais sobre a missão de um homem na família:

– Uma antiga máxima sobre educação dos filhos diz: "É de pequenino que se torce o pepino". Essa referência ao crescimento das plantas sublinha um importante fato da vida: criar os filhos corretamente não é um problema de engenharia, ou uma tarefa com etapas racionais, componentes claramente conectados e teoricamente sob perfeito controle. Pelo contrário, assemelha-se mais a um problema de agricultura. Isto é, algumas técnicas experimentadas e comprovadas funcionam na maior parte das vezes, mas em algum ponto o processo de criar os filhos envolve-se em mistério – e, assim como o misterioso crescimento de uma plantação a partir das sementes, está essencialmente fora de controle. Para dizê-lo de outra forma, um pai, como um agricultor, faz o melhor que sabe, e depois deixa o resto nas mãos de Deus;

– Um pai inteligente sabe que os pais que fracassam com seus filhos parecem cair em um dos dois extremos: ou são irresponsavelmente permissivos, ou tiranicamente dominantes – ou "bananas", ou maníacos por controle. Os pais dos dois extremos são basicamente centrados em si mesmos e causam sérios e duradouros danos aos filhos. Crianças com pais assim tendem a crescer ou como narcisistas imaturos ou como rebeldes. Um pai amoroso e sacrificado não cai em extremos – não descuidará de seu dever paterno de mandar, nem imporá mais controle do que seus filhos precisam. Respeita a liberdade dos filhos, sem ser permissivo, e procura fortalecê-los, mas não dominá-los. Coloca o bem de seus filhos na frente de seu conforto e de seu ego;

– Ele considera como sua principal tarefa construir nos filhos uma fortaleza interior – com capacidade de julgamento, consciência, vontade e ação – que dure por toda a vida. Isso requer anos de uma amorosa liderança, trabalho em equipe permanente com sua esposa, e um esforço perseverante. Ele sabe que as crianças não podem começar a adquirir caráter da noite para o dia aos treze anos, no início da adolescência. O que as crianças aprendem na infância influenciará poderosamente no quão bem ou quão mal se comportarão quando forem adolescentes e adultos jovens;

– Esse pai também deve ensinar-lhes que um adulto responsável não centra sua vida em si mesmo (que é a atitude das crianças), mas principalmente *a serviço dos outros*. Ele sabe que seus filhos terão crescido não quando forem capazes de cuidarem de si mesmos, mas quando forem capazes de cuidarem dos outros, e o desejarem. E sabe ainda que não poderá ensinar nada aos filhos a menos que *ele mesmo* e sua legítima autoridade sejam respeitados. Não é suficiente que os filhos gostem dele; devem também respeitá-lo, e ninguém respeita um "amigão" e colega de jogos, ou uma figura apagada e passiva que ronda a casa – um ser aparentemente fraco;

– O respeito, na vida, em qualquer idade, surge de alguma percepção de força: física, moral (diferenciar o certo do errado) e intelectual (diferenciar entre o que é verdadeiro e o que é falso). Assim, os filhos de um homem precisam conhecê-lo bem e testemunhar o seu caráter forte em ação. Quanto mais observarem e experimentarem as suas forças de julgamento, vontade e ação em casa – da mesma forma que os seus colegas no trabalho, tanto mais o respeitarão;

– À medida que crescem, as crianças precisam de heróis para imitarem, e procurá-los-ão avidamente. Na maior parte das vezes, o crescimento das crianças em caráter vem de imitarem inconscientemente as pessoas que elas admiram, começando por seus pais;

– Se mãe e pai são líderes fortes e confiantes, as crianças moldarão suas próprias vidas seguindo seu exemplo. Quanto mais os filhos admirarem seu pai e sua mãe, tanto mais profundamente adotarão suas atitudes, valores e caráter. Porém, se os pais são fracos e sem espírito de liderança – vivendo como "consumidores" passivos sem uma missão a cumprir na vida familiar, então as crianças seguirão o modelo de outras figuras atraentes: os patéticos cantores de rock e as "celebridades" da indústria do entretenimento. Serão vítimas de todos os anúncios comerciais, seja de equipamentos, ou ideias fantasiosas ou estilos de vida. E quando forem pressionados por seus colegas, não saberão resistir;

– O tempo passa cada vez mais depressa. Cada década da vida passa duas vezes mais rápido do que a anterior, e as crianças crescem com espantosa rapidez. Um pai tem um tempo muito curto, uma minúscula janela de oportunidade, para formar a consciência e o caráter de seus filhos para toda a vida. Assim, seu trabalho não é apenas importante; é também absolutamente urgente. Todo pai inteligente sabe que tem uma chance – e apenas uma – de educar bem os seus filhos.

Em outras palavras, um pai inteligente sente que deve provocar uma verdadeira mudança na vida de seus filhos. As crianças não vêm ao mundo com caráter forte. Assim, se um homem e sua esposa abandonam essa tarefa e não provocam nenhuma mudança, as crianças crescerão sem amadurecerem. Entrarão na vida adulta com os defeitos e fraquezas da infância. Continuarão mimados, fracos de vontade, impulsivos, egoístas, irresponsáveis, e a caminho de carreiras e casamentos desastrosos.

Um pai inteligente nunca permitirá que isso aconteça. Ele ama demais seus filhos para permitir que cresçam sem que seus defeitos sejam corrigidos. Assim, toma atitudes no presente para fortalecer a mente e a vontade dos filhos, e assim protegê-los de danos no futuro.

Isto leva-nos a contemplar de que forma um homem protege sua família.

Primeiro, vamos examinar a masculinidade de um homem, o caráter distintivo de qualquer adulto normal do sexo masculino.

Os homens são diferentes das mulheres. Estão feitos de forma distinta, e pensam de forma distinta. Possuem instintos, atitudes e força física que os capacitam para um serviço determinado e sacrificado em favor daquelas pessoas que mais importam em suas vidas, começando por suas famílias.

Todas as características especiais da personalidade de um homem adulto, desenvolvidas desde a infância – seus músculos, força de vontade, resistência, competitividade, agressividade e assertividade, capacidades mentais de matemática e abstração, seu amor pelo planejamento estratégico e pela manipulação de objetos físicos, seu forte sentido de justiça e de moral –, coordenam-se para um único propósito na vida: a *proteção*.

A natureza, ao que parece, dotou os homens com as capacidades físicas e mentais de que precisam para proteger quem amam. O instinto de *proteger dos perigos* está no cerne da masculinidade de um homem, e é uma força poderosíssima.

Certa vez, presenciei esse instinto protetor em ação de forma dramática.

Alguns anos atrás, em uma quente tarde de domingo, estava

passeando com um amigo perto do Jardim Botânico de Boston, no elegante bairro de Back Bay. Meu amigo e eu paramos em uma faixa de pedestres e esperamos junto a algumas outras pessoas para atravessar a Commonwealth Avenue. Os carros passavam zunindo, como é habitual naquela cidade de tráfego notoriamente frenético.

Do outro lado da rua, uma senhora idosa caminhava lentamente ao lado de duas garotinhas, que deviam ter seis ou sete anos de idade. Eu diria que eram suas netas ou sobrinhas-netas. A senhora era cega. Em uma mão levava uma bengala vermelha e branca, enquanto a outra segurava a correia de um pastor alemão que era seu cão-guia. Uma das garotinhas estava acariciando e dando batidinhas nas costas do enorme e manso animal.

De repente, o caos. Da outra ponta do quarteirão veio correndo um grande cachorro vira-latas, latindo e rosnando ruidosamente, louco para brigar. Rapidamente lançou-se contra o pastor alemão, que revidou, com rosnados furiosos. Os dois cães atacavam-se e mordiam-se, arreganhavam os dentes, rosnavam e latiam ferozmente em uma briga de morte. O barulho era forte e chocante.

O que aconteceu a seguir foi ainda pior. A mulher começou a golpear às cegas de um lado para o outro com a sua bengala tentando afastar o agressor, enquanto as duas crianças gritavam histericamente. As meninas estavam imóveis, absolutamente horrorizadas, gritando com todas as forças e soluçando de terror. A rua ecoava com os gritos apavorados das crianças, misturados ao furioso e selvagem som de latidos e rosnados.

Alguma coisa naquele som repentino e assustador – crianças gritando e cachorros latindo como loucos – eletrizou a todos que estavam ouvindo. Meu amigo e eu lançamo-nos através da rua para ajudar a mulher e as crianças. Ao mesmo tempo, víamos outros homens correndo o mais rápido que podiam vindo de todas as direções.

Um táxi freou bruscamente, e taxista e passageiro saltaram do carro. Outros carros pararam, e homens, deixando as portas abertas, saíram correndo de dentro deles para ajudar. As portas das casas próximas se escancaravam, e homens desciam as escadas correndo até a rua. Um senhor de aspecto professoral estivera evidentemente lendo o jornal. Ele segurava os óculos em uma mão e o jornal na outra, guardando apressadamente os primeiros e enrolando o jornal para usá-lo como uma espécie de porrete enquanto corria na direção dos cães.

Em segundos, um grupo de doze ou quinze homens, incluindo dois colegiais, havia colocado as garotinhas que gritavam e a mulher em segurança, enquanto os outros envolveram os cães com casacos, jornais enrolados, e qualquer coisa que estivesse à mão, para separá-los e afugentar o agressor. Algo corajoso a se fazer, pois é perigoso meter-se em uma briga de cães. O vira-latas logo interrompeu a luta e fugiu. Então, todos os homens passaram a acalmar as crianças e garantir-lhes que estava tudo bem. Uma mulher, suponho que a esposa do professor, acenou da porta de uma casa e gentilmente conduziu a senhora cega com seu cão e as crianças para dentro para descansarem. As pessoas tornaram a entrar em seus carros e foram embora, enquanto os pedestres se afastavam lentamente.

O que aconteceu nesse resgate foi algo primitivo e poderoso, uma força milenar. Cada homem adulto dos arredores tinha ouvido um som que atingira o mais profundo de seus instintos masculinos e lançara-o em uma enfurecida ação defensiva: "Crianças sendo atacadas por animais! Salvem as crianças! Afastem os animais!" Os homens largaram o que estavam fazendo e, sem se importarem com sua própria segurança, precipitaram-se a proteger as meninas.

É aqui que quero chegar. Os homens estão programados – em suas mentes, músculos e rija agressividade – para proteger dos perigos as mulheres e as crianças. Esse incidente, embora dramático e violento, sublinha o que um homem faz incontáveis vezes de forma sutil na vida familiar. Ele está lá para proteger de qualquer mal.

Essa proteção paterna funciona de várias formas diferentes e importantes.

Um homem de família dedica as suas forças, em primeiro lugar, para defender sua mulher de qualquer um que a possa ameaçar. Parece ser um instinto natural entre homens proteger as mulheres que são relevantes nas suas vidas – esposa, mãe, irmãs, filhas – da agressão externa. Por exemplo, se um homem estivesse ao lado de sua esposa em uma fila e outro homem estranho começasse a falar com ela em tom alto e agressivo, o marido partiria enfurecido em sua defesa. Seu sangue se encheria de adrenalina, seus músculos enrijecer-se-iam, e seu primeiro impulso seria quebrar a cara do agressor.

A paz, diz-se, é aquele estado em que estamos quando as outras pessoas não nos incomodam. Ao longo da história, o pai de família postou-se de forma protetora na porta de sua casa dizendo ao mundo: "Deixem-nos em paz..."

E aqui está outro aspecto da função de proteção de um homem, um aspecto que os homens de hoje com frequência não conseguem entender. Um homem não permite que ninguém ameace ou faça mal a sua esposa – *e isso inclui seus próprios filhos*. Uma parte tremendamente importante da tarefa de um pai é defender sua mulher contra as grosserias dos filhos, sua insolente desobediência, e suas agressões impulsivas. Essa proteção é ainda mais importante para a esposa quando os filhos são pequenos (menos de sete anos) e, depois, quando entram na adolescência. Um homem não permite que ninguém desrespeite sua esposa, inclusive – e especialmente – em casa.

Um homem também defende sua família através do que ganha no trabalho. Isto é, ele não apenas sustenta sua família; protege-a da pobreza. Ele a abriga, cuida de sua necessidade por um teto, comida e roupas. Enquanto o pai tem um emprego, a família se sente segura. Mesmo em uma casa em que há duas fontes de renda, parece que as crianças sentem que o pai é o principal provedor e, portanto, o principal protetor da família.

Além disso, ele protege os filhos de forças que os ameaçam de forma imediata: drogas, valentões, ladrões, agressores injustos de todos os tipos, e desastres em potencial causados pela falta de experiência e enganos impulsivos das crianças (como sair correndo para o meio da rua ou brincar com fósforos).

Por exemplo, se um pai olhasse pela janela de sua sala de estar e visse um estranho conversando com sua filha pequena e fazendo-lhe gestos insinuantes, partiria imediatamente para uma ação defensiva. Sairia de casa, iria com passo decidido na direção do estranho para perguntar-lhe suas intenções. Com os músculos tensos, colocar-se-ia entre sua filha e este agressor em potencial, protegendo-a fisicamente do perigo.

Outro exemplo. Quando sua filha adolescente vai sair para um encontro, o pai faz o impossível para saber quem é o jovem com quem ela está saindo. Ele quer conhecê-lo – insiste em conhecê-lo – para olhá-lo nos olhos e intuitivamente avaliar suas intenções e seu valor. Um pai sente o dever de avaliar qualquer jovem que se aproxime de sua filha. Uma mensagem tácita parece transmitir-se entre eles: "Esta é a minha filha. Trate-a bem, garoto, caso contrário..."

Mas mais do que tudo – e isto é de crucial importância, um pai protege os seus filhos *fortalecendo-os de forma que depois estes possam proteger-se a si mesmos*. Na vida dos filhos, impõe uma *afetuosa autoridade visando criar adultos responsáveis*.

É a missão de um pai, o desafio de extrair do filho o que tem de melhor, formar-lhes as capacidades e atitudes de que precisarão para terem êxito na vida, de forma que, por sua vez, possam proteger a si mesmos e quem amarem. Assim, aos olhos dos filhos, um grande pai é um mestre e líder para toda a vida. Suas lições protetoras e fortes permanecem na vida interior de seus filhos muito tempo depois de deixarem suas casas, e mesmo muito tempo depois de o pai ter partido para sua recompensa eterna. Um grande pai nunca deixa de ser um pai, pois permanece sendo um grande homem no coração de seus filhos.

Portanto, como um homem pode proteger seus filhos a longo prazo? Que tipo de forças vitalícias um pai inteligente e eficaz ensina?

Um pai fortalece a *competência* de seus filhos. Forma atitudes saudáveis e vitalícias com relação ao trabalho, além de hábitos sérios de trabalho. Sem a liderança de um pai nesse campo, seus filhos podem ter problemas em compreender a conexão entre esforço e resultado, entre normas e realizações. Se fracassa, seus filhos podem nunca superar a atitude predominante da infância – a de que a vida é um jogo – e ficarão presos em uma adolescência permanente. Isso pode depois destruí-los, bem como as suas carreiras e famílias.

Ele ensina o *respeito à autoridade legítima*. Insiste em que seus filhos respeitem e obedeçam ao pai e à mãe. Sua mulher determina a maior parte do tom moral da casa – o que está certo e o que está errado na vida familiar – e ele o reforça. Com inteligência e visão de longo prazo, sabe que, quando as crianças não respeitam os pais, podem depois entrar em confronto com todas as outras formas de autoridade: professores, patrões, a lei, a Lei de Deus, e suas próprias consciências.

Um pai também ensina a seus filhos a ética e dá a forma final à *consciência* que terão por toda a vida. Isto é, *mostra a seus filhos e filhas como comportar-se de maneira justa e honrada no mundo fora de casa*. Aos olhos dos filhos, ele é um especialista em negócios justos e integridade pessoal no local de trabalho e na comunidade. Mostra a seus filhos como os ensinamentos morais de sua mãe se estendem depois para a vida fora de casa: contar a verdade, manter a palavra, colocar o dever em primeiro lugar, respeitar os direitos e sentimentos dos outros. Por seu exemplo e sua correção em casa, demonstra como os adultos responsáveis respeitam os direitos um do outro e afirmam os seus próprios.

Um pai fomenta uma saudável *autoconfiança* nos seus filhos. Sua presença pela casa como um homem fisicamente forte leva os filhos (e especialmente as filhas) a sentirem-se seguros, protegidos, e, portanto, verdadeiramente confiantes. Como pai, corrige e encoraja, e os ajuda a aprender com seus próprios erros. Dessa forma, leva-os a formarem uma impressão realista de suas forças e limitações. As crianças que recebem esse amor paterno e protetor, associado com o conhecimento próprio e a experiência de resolver problemas em casa, acabam por desenvolver uma autoconfiança que durará por toda a vida.

Um pai conduz os seus filhos a uma capacidade de julgamento e de discernimento adultos. Ajuda-os a usarem seus cérebros como adultos responsáveis: a elaborar questões e respostas lógicas, a pensar no futuro e prever as consequências de seus atos, a avaliar o caráter e o valor das pessoas, e a reconhecer a maldade quando a vê. Por fim, um pai dá *um exemplo atraente de masculinidade responsável*. Ele age como um modelo para que o seu filho se torne um homem feito. E transmite às suas filhas (em geral de modo inconsciente) as atitudes pelas quais devem procurar ao julgar o valor dos homens de sua própria idade, especialmente os candidatos ao casamento. De incontáveis e sutis maneiras, o pai define um padrão de caráter masculino em cada um de seus filhos e, indiretamente, também para o tipo de homem com que cada uma de suas filhas um dia se casará. Isso pode explicar por que grandes pais com tanta frequência se dão bem com seus genros.

* * *

Deixe-me esboçar aqui alguns exemplos de como pensa um pai inteligente, como seu forte instinto de proteger os filhos no longo prazo o leva a perceber o perigo presente e então afastá-lo com uma ação corretiva. Eis o que me contaram alguns homens sobre suas próprias *precauções protetoras*:

Glenn:
Em uma manhã de sábado, entrei em nossa sala de estar e vi meus dois filhos, de nove e seis anos, assistindo desenhos. Estavam lá havia já pelo menos duas horas. Fiquei parado na porta por alguns minutos e percebi algo que nunca me havia chamado a atenção antes.

Eles estavam hipnotizados. Ambos estavam escarrapachados nas poltronas, praticamente deitados com os ombros curvados e os corpos inertes, imóveis. Seus olhos estavam vidrados e não piscavam. Suas mandíbulas e lábios pendentes, suas bocas levemente abertas. Sons altos vinham do aparelho – batidas, tiros, trechos barulhentos de música, mas os meus garotos não davam absolutamente nenhuma resposta. Não moviam um músculo, não demonstravam qualquer reação em seus rostos, nada além de um olhar fixo e estúpido.

"Que está acontecendo aqui?", pensei. "A mente e corpo humanos não foram feitos para esta espécie de inatividade desleixada, especialmente nessa idade tão jovem". As crianças são feitas para serem ativas, moverem-se constantemente para desenvolver os músculos e a coordenação motora. E os olhos das crianças também estão em ação, ou deveriam estar, quando elas estão alertas e pensando, absorvendo e analisando seu ambiente. Parece um pouco – como direi? – antinatural que as crianças fiquem sentadas dessa maneira.

Sentei-me então ao seu lado (mal notaram minha presença) e assisti aos desenhos com eles. Isso prosseguiu por cerca de meia hora, até que não fui mais capaz de suportar. Era o bastante. Levantei-me, desliguei a TV, e disse-lhes para irem para fora brincar. Naturalmente, fizeram um escarcéu, mas eu insisti. Em alguns minutos, estavam pedalando suas bicicletas, felizes da vida.

Essa experiência levou-me a determinar uma regra em nossa casa: as crianças assistirão à TV o mínimo possível, e nunca nos sábados de manhã. Têm apenas alguns anos para exercitarem suas mentes e músculos em formação, e isso não acontecerá enquanto estiverem hipnotizadas.

David, pai de duas meninas e um menino, com idades entre quatro e onze anos:

Levei meu filho de onze anos e dois amigos dele a um acampamento escoteiro de fim de semana em um lugar um pouco distante de nossa cidade. De alguma maneira, haviam me convencido a acampar com eles por um par de dias, algo que não tentava fazer desde a infância, e que não me deixava muito à vontade. Sou um homem ocupado e trabalho muito. Assim, não havia passado muito tempo com meu filho nos últimos anos e pensava que aquela seria uma chance de estarmos juntos, mesmo que fosse junto com um monte de gente tremendo de frio em cabanas na floresta.

Tivemos que viajar por várias horas. Eu estava ao volante e meu filho Robby estava acomodado no banco de trás com seus amigos. Os garotos falaram a viagem inteira, praticamente ignorando minha existência no banco da frente. É incrível como as crianças falam francamente quando estão sendo levadas de carro, como se nenhum adulto pudesse escutar suas conversas. (Minha esposa e suas amigas observaram-no por anos em suas caronas.) Assim, ouvi a conversa de meu filho com seus amigos. Isto é, ouvi meu filho abrindo-se como quase nunca havia visto em minha vida.

O que me chamou a atenção naquele falatório foi o seu centro de interesses. Conversavam sobre videogames, filmes, programas de televisão e vários artistas. (Robby recentemente adquirira um interesse mais ou menos sério por rock. Ninguém me havia dito que hoje em dia a adolescência começa aos onze anos.) Em detalhes, e com algumas óbvias tentativas de demonstrar superioridade, descreviam as tramas de filmes e programas que haviam visto, inclusive com referências leves e passageiras a situações sexuais. Contaram as bizarrices que haviam visto em alguns videoclipes. Falavam inclusive sobre meninas de sua classe, com sussurros ocasionais seguidos de acessos de riso reprimido.

Ora, veja bem, não sou nenhum puritano. E lembro-me do tipo de conversa que existe entre rapazes jovens, pois eu mesmo já fui um deles. Mas aos onze anos? E por quatro horas sem

37

parar, e sem mudar de assunto? O que acontecera com as conversas sobre esportes e jogos? Será que aquelas crianças não jogavam nada mais além de videogames? Onde arranjavam, tempo para assistir tanta televisão? Faziam alguma coisa além de sentar e olhar para uma TV ou uma tela de cinema? (Os amigos de Robby, pelo que notei, eram um pouco rechonchudos. Não exatamente gordos, mas um pouco arredondados e moles onde deveria haver músculos.)

Aquilo tudo fez-me pensar. Em séculos passados, garotos daquela idade seriam aprendizes de alguma coisa – alguma área de trabalho séria, como fazendeiros, ferreiros, uma preparação para as responsabilidades da vida. Então, o meu filho estava sendo um aprendiz de quê? O que ele está praticando para se tornar? Um "assistidor" de TV? Um consumidor? Um aproveitador da vida profissional?

Aqueles confortáveis garotos do subúrbio, incluindo meu próprio filho, haviam sido completamente educados no consumismo. Àquela idade, pareciam enxergar a vida como um jogo – nada além de um jogo. Toda a sua existência havia sido passada recebendo sensações agradáveis. Não é culpa deles, é lógico; é a forma como nós adultos os educamos enquanto cuidamos dos assuntos sérios da vida.

O que pode acontecer com Robby se ele crescer dessa forma, se chegar, digamos, aos dezoito ou vinte e um anos sem mudar sua forma de pensar, de que a vida é principalmente um jogo? Em que ponto sua vida de todos os dias encontraria um equilíbrio com o trabalho? Onde e como aprenderia que boa parte da alegria de viver vem das realizações sérias, de um trabalho bem feito, do uso das próprias capacidades para o bem dos outros? Se Robby e seus amigos permanecerem infantis em suas atitudes e expectativas, terão o preparo e o discernimento para competir no mercado futuro?

De qualquer modo, a linha de pensamentos daquele fim de semana (que foi um completo desastre, por sinal) levou-me a fazer algumas grandes mudanças em casa, começando por mim mesmo. Pus a TV sob controle e desfiz-me da maior parte dos videogames. Dei a Robby tarefas para fazer na casa e passei a supervisionar como ele as cumpria. Nós dois começamos a jogar xadrez. Passei a ler sua lição de casa com muito mais cuidado, e algumas vezes mandava-o refazê-la direito. Começamos a praticar corrida e handebol. Comecei a levá-lo comigo ao escritório em alguns fins de semana, algo de que ele gostava muito. Forcei-me a arranjar tempo para que pudéssemos fazer coisas juntos. Para minha grande surpresa, ele parecia estar esperando por isso o tempo todo...

Tom, pai de dois meninos e duas meninas, todos com menos de dez anos:

Em meu escritório havia um sujeito jovem chamado Frank, que havia entrado na firma apenas poucos meses antes. Era um rapaz de boa aparência, bem-apessoado e bom trabalhador. Mas tinha alguns problemas que começaram a chamar a atenção das pessoas.

Tinha o hábito de parar em frente das mesas dos outros, quando estes haviam saído por alguns minutos, e simplesmente ficar lá, às vezes com uma xícara de café na mão, lendo os papéis dos outros e as telas dos computadores. Às vezes quando as pessoas voltavam, encontravam-no olhando o seu trabalho e, um pouco aborrecidas, perguntavam-lhe se queria alguma coisa. Acredite ou não, ele não percebia a indireta. Encolhia os ombros, dava um sorriso inocente e voltava a sua própria estação.

De forma não surpreendente, começou a circular silenciosamente o boato de que Frank era um bisbilhoteiro. Esse problema era agravado por seu hábito de fazer pequenas fofocas sobre as pessoas. A maior parte era bastante inofensiva, mas eram fofocas mesmo assim. Logo, as pessoas do escritório começaram a tomar cuidado com o que diziam a Frank; ninguém sabia onde a informação iria parar.

Como é possível – pensei – que este talentoso jovem nunca tenha aprendido certas regras básicas de etiqueta profissional? Ninguém nunca lhe havia dito que a mesa dos outros não é um quadro de avisos, e que não se deve espiar o trabalho alheio? Como ele havia chegado aos vinte e seis anos, ou qualquer que fosse a sua idade, sem aprender a cuidar de sua própria vida?

Isso me levou a outras considerações. Quem é que normalmente ensina esta espécie de "macetes profissionais" e as normas de convivência aos jovens? Não as escolas; com certeza não os programas de MBA. Também não é algo escrito nos protocolos dos escritórios. É uma dessas coisas que se espera que você saiba – e se não souber, sua reputação e sua carreira podem sofrer.

Parecia-me claramente que essa espécie de educação tinha de vir de casa, e mais provavelmente do pai. Um pai era tradicionalmente quem dava dicas aos filhos sobre como se comportar de forma ética no mundo dos negócios, como relacionar-se com as pessoas em assuntos profissionais. Lembrei-me de como meu pai costumava falar-me sobre essas coisas, e muito antes de que começasse em meu primeiro emprego.

Naquele instante, decidi que meus filhos e filhas aprenderiam de mim tudo o que sei sobre relações profissionais corretas. E não esperaria até que cometessem erros que pudessem atrapalhar suas carreiras, ou mesmo causar danos mortais.

Alan, pai de três crianças com menos de seis anos:
Um amigo meu, que chamarei de John, era um gerente de meia idade em nossa empresa, e um viciado compulsivo em trabalho. Conhecia-o socialmente da nossa igreja. Tinha um filho e uma filha, ambos com pouco mais de vinte anos. Costumávamos ir de carro juntos para o trabalho.

Uma segunda-feira, enquanto íamos para o escritório, sozinhos no carro, reparei que ele parecia terrivelmente perturbado, pior do que jamais o tinha visto. Normalmente, não me meto na vida dos outros, mas perguntei-lhe se estava se sentindo bem.

Ele então me contou seu problema. Naquele fim de semana, sua filha contara-lhe que havia acabado de ficar noiva do jovem com o qual vinha saindo há mais de um ano. "E qual era o problema?", perguntei-lhe.

"O sujeito é um idiota!", exclamou John. "É um vagabundo preguiçoso e inacreditavelmente imaturo. Não tem diploma, nenhum plano, nenhuma ambição, nenhuma energia. É egoísta como uma criança, e não pensa em nada exceto sua própria diversão". Fez uma pausa para controlar-se, e depois murmurou em uma voz baixa e desesperada: "Esse casamento vai durar um ano, no máximo".

Bem, o que eu poderia dizer? Tentei dar-lhe um pouco de esperança, mas ambos sabíamos que não havia muito que pudesse ser feito. Dei uma olhada para ver sua angústia e reconheci que contemplava o maior horror da vida de um homem de meia idade: ver sua filha querida mergulhando de cabeça em um mau casamento, teimosamente surda às advertências de seu pai, e sem que haja nada que ele possa fazer a respeito.

Já faz muito tempo que acredito que os grandes problemas em uma família levam um longo tempo para se desenvolverem. Não acontecem simplesmente da noite para o dia. Parecia-me que a compulsão de John em trabalhar longas horas afastou-o de sua filha enquanto crescia. Ela mal o conhecia. Como seu pai, que deveria ter sido o principal homem de sua vida, era virtualmente um estranho, houve um vazio em seu julgamento sobre o caráter dos homens. Com quem poderia comparar seus namorados e assim julgar seu valor como homens? Ela não tinha um padrão de referência, e assim escolheu de forma emocional um rapaz superficialmente bonito e inconsequente. De certo modo, não era sua culpa.

Desconfio que John, no fundo, sabia que a culpa desse problema era dele mesmo. Deveria ter gastado tempo ao longo dos anos para conhecer sua filha e deixar que ela o conhecesse. Seu prolongado desleixo era a verdadeira causa de seu sofrimento.

41

Agora iria pagar o preço de sua inversão de prioridades. É um fato: não se pode chorar sobre leite derramado.

Tomei uma decisão silenciosa e firme: nunca passarei por isso com minha filhinha. Enquanto ela estiver crescendo, estarei ao seu lado haja o que houver.

Curtis, pai de cinco filhos com menos de treze anos:

Meu segundo filho, Randy, tem oito anos e alguns problemas. Não grandes problemas, veja bem. Ele é uma criança desleixada, larga suas roupas e brinquedos em qualquer lugar, e precisa ser constantemente lembrado de recolhê-los. É também mal-humorado, mais do que todos na família. Com frequência, é grosseiro com os irmãos e as irmãs, a ponto de ser agressivo.

Passo horas indo atrás dele para que guarde as coisas, e frequentemente preciso castigá-lo e fazê-lo se desculpar por sua falta de consideração impulsiva. Ao longo dos últimos anos, alegro-me em dizer que ele melhorou de forma considerável. Há altos e baixos, algumas recaídas, mas a tendência geral é para cima na direção de um autocontrole amadurecido.

Muitas vezes fiquei aborrecido com o mau comportamento de Randy, até mesmo exausto, e minha mulher também. Porém, recusei-me a desistir. Procurei corrigi-lo todas as vezes que foi necessário. O que me faz ir em frente?

É o seguinte. Algum dia, Randy será o marido de alguém. E se, então, ele ainda for um preguiçoso egoísta e sem consideração, seu casamento poderá se tornar um desastre. Embora minha esposa e eu possamos tolerar seus acessos de agressividade agora, talvez sua futura esposa não o faça. Ela pode simplesmente ir embora – e, por uma decisão judicial, levar nossos netos com ela. A simples ideia é suficiente para deixar-me horrorizado e levar-me a agir agora para corrigir meu filho enquanto ainda tenho a chance. Para dizê-lo de forma crua, Randy precisa de um sério "ajustamento de conduta" antes de que esteja pronto para o casamento, e nunca vou desistir até que isto aconteça.

É parte do trabalho de um pai, não é?

Você percebe o que estes homens têm em comum? Eles usam a cabeça, e em seguida agem. São pais inteligentes, conscientes e protetores.

Eles têm uma estratégia. Projetam-se à frente, vinte anos ou mais no futuro, para imaginar seus filhos como homens e mulheres adultos com seus próprios trabalhos e famílias. Pensam no bem-estar e na felicidade futura dos filhos, e pensam-no em termos de caráter, e não apenas de carreira.

Dentro desse padrão de referência, examinam as vidas dos filhos no presente – atitudes, educação, hábitos, relações familiares de entrega recíproca – e percebem o *perigo*. Veem algo na forma de vida atual de seus filhos que os ameaça no futuro. Assim, seu instinto paternal de protegê-los é colocado em alerta máximo. Isso os pressiona a tomar ações corretivas agora, enquanto ainda têm tempo, para fazer mudanças importantes nas atitudes e comportamentos de seus filhos. Atuam agora, com inteligência e urgência, para salvar suas crianças do desastre.

Se você quer ser um pai eficaz, precisa começar com esta ideia clara: da forma como é nossa sociedade hoje, os seus filhos realmente estão ameaçados por problemas desastrosos mais tarde na vida, e o seu maior desafio como homem é salvá-los agora. Se fracassar, pode ser que você passe o resto da vida lamentando-se. Mas se tiver sucesso com seus filhos, formando em cada um deles a consciência e o caráter, ganhará a devoção deles para toda a vida. Será estimado a vida inteira como um grande pai e um grande homem.

Unidade de vida

Isso nos leva a um aspecto criticamente importante da paternidade: a unidade de vida. Deixe-me explicar da seguinte maneira: Você é uma pessoa, não duas. É o mesmo homem, tanto no trabalho com seus colegas quanto em casa com sua família e amigos.

Não pode viver duas vidas; deve ser a mesma pessoa nas duas esferas de ação responsável.

Como sugeri antes na história de Mike, o garoto com o "pai virtual", homens que são pais fracos e ineficazes tendem a dividir suas vidas entre o trabalho e a família. Isto é, *vivem como produtores no trabalho, mas como consumidores em casa.*

No trabalho, dedicam suas forças a um serviço sério e responsável; porém, em casa deixam-se estar passivos em uma agradável tranquilidade. No local de trabalho, sua força de caráter opera com força total, todos veem e respeitam seu bom discernimento, seu senso de responsabilidade, sua firme perseverança e autocontrole. Mas em casa, suas forças interiores ficam inativas, colocadas de lado, por assim dizer, pelo resto do dia, e dessa forma escondem-se dos olhos dos filhos. Para as crianças, papai em casa parece ser apenas um simpático ocioso, um aproveitador da vida passivo, um consumidor praticamente inerte.

Por aquilo que vi, pais bem-sucedidos não dividem suas vidas dessa forma. São líderes inteligentes e eficazes, em casa tanto quanto no trabalho. Seu caráter impressiona os filhos tanto quanto os colegas de trabalho. Sua dedicação à família, na verdade, é o que dá sentido e propósito à sua esgotante vida de trabalho profissional. O principal propósito de seu trabalho é o bem estar de sua família, e seus filhos sabem disso.

Em resumo, *um pai bem-sucedido exerce a liderança tanto em casa tanto como no trabalho, e essencialmente da mesma maneira.*

O que isso significa? Vamos primeiro olhar para como um homem exerce tipicamente uma liderança eficaz no local de trabalho, e depois nos voltaremos para como essas mesmas ações e atitudes se aplicam a sua liderança em casa.

Liderança no trabalho

Quais são os traços – comportamento, atitudes, hábitos – mais comuns entre líderes de sucesso nos negócios e na vida profissional?

Peço que você pense agora nos melhores chefes que já conheceu ou com quem trabalhou em sua área profissional, qualquer que seja. Quais atitudes e condutas caracterizam um líder excepcional, talvez o tipo de líder que você espera tornar-se um dia? Aqui estão algumas que acredito que você reconhecerá...[1]

– Um líder profissional excepcional tem uma visão de longo prazo clara sobre o sucesso futuro de sua empresa, e comunica seus objetivos, ao menos de vez em quando, a todos que trabalham com ele. Pensa de cinco a vinte anos à frente, e suas metas levam-no para a frente junto com sua equipe, pois ele sabe que os esforços das pessoas só são efetivos quando focados em uma realização futura;
– Ele mantém um forte sentido de trabalho em equipe. Procura principalmente as *capacidades* das pessoas, e enxerga seu trabalho como uma coordenação dessas capacidades para os esforços coletivos da equipe. Ajuda os colegas, especialmente os subordinados, a desenvolverem suas forças e habilidades enquanto recebem responsabilidades claras;
– Ele se orienta para o serviço. Sabe que o sucesso profissional significa prestar sempre um serviço de alta qualidade. Um negócio funciona melhor quando se dedica a fazer *mudanças para melhor* nas vidas dos clientes, e seu trabalho é fazer com que isso aconteça de forma eficiente e consistente;
– Embora pense no futuro, presta atenção ao detalhe presente, aos aspectos essenciais que encontra diante de si. Sua visão para detalhes – isto é, controle de qualidade – deriva, na verdade, de sua visão de longo prazo e comprometimento com o serviço;
– Ele constantemente define prioridades, e aferra-se a elas. Quando confrontado com um problema, pergunta: "Qual será a

---

(1) Como é lógico, incontáveis mulheres executivas, incluindo algumas com as quais trabalhei, poderiam também encaixar-se na descrição aqui. Usei o pronome masculino "ele" porque desejo ressaltar a conexão entre a liderança nos negócios e a liderança paterna.

importância disto daqui a um ano, daqui a cinco anos, ou depois?". Com isso em mente, minimiza ou ignora problemas insignificantes e pequenos reveses;

– Sabe como concentrar-se, focar completamente naquilo que tem diante de si. Faz um grande esforço para colocar de lado distrações desnecessárias;

– Encara os problemas como desafios e não apenas contratempos. Tem uma espécie de espírito esportivo com relação ao trabalho, e sabe que em qualquer esporte há ocasionalmente contusões e hematomas, enganos, reveses e decepções. Aprende com os erros próprios e alheios, e ajuda seus subordinados a fazerem o mesmo;

– Se os recursos são escassos, inclusive o tempo, trabalha com *inteligência*. Faz render ao máximo aquilo que tem em mãos, inclusive pequenos intervalos que surgem aqui e ali. Não procrastina; os papéis não se acumulam em sua mesa. Pensa antes de agir, e então age de forma inteligente e decidida;

– Como homem íntegro, assume pessoalmente a responsabilidade, sem desculpas, sem álibis, sem lamentações, sem "vitimismo", sem colocar a culpa nos outros. Aceita as consequências de suas decisões e ações livres, inclusive de seus erros;

– Quando não tem certeza sobre o que fazer, busca o melhor conselho possível e pondera-o com seriedade. Então age. Em qualquer circunstância, nunca permite que sua indecisão leve à inação. Sua função é agir, é para isso que lhe pagam;

– É consciente de sua autoridade e está à vontade com isso. Possui direitos porque possui deveres. Sabe que seus direitos são parte do cargo;

– Respeita e confia em si mesmo, e essas características inspiram o respeito e a confiança dos outros;

– Recompensa o esforço, fazendo com que os elogios sejam tão específicos quanto as críticas, e igualmente sinceros. Apoia e encoraja seus funcionários, pressionando-os a darem o melhor de si, sem se importar com limitações pessoais. Considera como parte do seu trabalho tirar os obstáculos da frente das pessoas e eliminar o que quer que esteja impedindo o seu melhor desempenho;

– Quando precisa corrigir os outros, corrige a *falta*, não a *pessoa*. Vai em cima do erro, e não daquele que o cometeu. Corrige as pessoas em particular, nunca em público. Se passa da conta, pede desculpas. Coloca a justiça acima do próprio ego;

– É um bom ouvinte. Quando as pessoas o procuram com problemas, dá-lhes sua atenção integral. Enquanto as ouve, tenta compreendê-las: seus motivos, sua experiência (ou a falta dela), suas necessidades e incertezas. Reflete: "Será que existe um problema maior por trás deste pequeno problema? Qual é? Como posso ajudar?";

– Quando pensa sobre o desenvolvimento profissional de seus funcionários, sua referência – de forma consciente ou intuitiva – está no caráter deles: discernimento, responsabilidade, perseverança, disciplina. Quer e espera que seus funcionários se esforcem por crescer nessas áreas. Sua empresa depende disso. Ele sabe que seu negócio será tão forte quanto as pessoas que trabalham nele;

– É profissional. Isto é, define como meta um alto padrão de desempenho e trabalha o melhor que pode, esteja com vontade ou não. Em certo sentido, é forte o bastante para ignorar a fadiga, a ansiedade ou as tentações de relaxar. Aprecia sua alta performance; seu gosto de viver vem tanto do trabalho como das horas de lazer. E aprecia seu lazer porque o mereceu;

– De forma consciente ou inconsciente, sabe que nenhum ideal torna-se realidade sem sacrifício. Seus elevados ideais pessoais e profissionais, de fato, transformam seu trabalho esforçado em uma aventura.

Se você teve a sorte de trabalhar com um chefe assim, ou próximo desse ideal (como eu tive), sabe como essa é uma experiência agradável e imensamente gratificante. É muito animador trabalhar com chefes atenciosos, confiantes e competentes. Você sente que está trabalhando mais *com* eles do que *subordinado* a eles, pois os verdadeiros líderes têm "colaboradores", não seguidores. Grandes chefes como esses ensinam muito a seus funcionários e com frequência conquistam sua calorosa devoção.

Com efeito, é comum que os trabalhadores enxerguem o bom chefe como uma espécie de figura paterna. A combinação de visão e sentido prático, previdência e ação, firmeza e compreensão, saudável sentido de dignidade e espírito de serviço, competência e desejo de continuar aprendendo, seriedade de propósitos e delicadeza de toque: tudo isso corresponde também à descrição das características de um grande e dedicado pai.

É o seguinte: se você é agora esse tipo de profissional (não importa o tipo de trabalho que faz), ou se aspira a esse ideal de liderança algum dia no trabalho, então é capaz de ser um grande pai. As atitudes, valores e conduta de um grande chefe – a liderança eficaz no trabalho – aplicam-se também à vida em família. Um grande pai é um grande homem, um homem íntegro, e homens assim não vivem vidas separadas.

Liderança em casa

Descrevemos o líder ideal no trabalho. Agora vejamos como essas mesmas características aplicam-se ao papel de um homem como chefe de família. O que farei aqui é um esboço a grandes traços da figura de um grande pai. No resto deste livro, focarei nos detalhes.

Eis minha descrição de um pai e líder inteligente, um grande homem:

– O homem coloca sua esposa em primeiro lugar. Em suas prioridades, a felicidade e bem estar dela são o mais importante, e os filhos sabem disso. Sabem porque o pai os leva através de seu próprio exemplo a amar, respeitar e cooperar com a mãe. Se alguma vez não o fizerem, deverão responder por isso ao pai. (Nisto está

mais da metade do "segredo" da paternidade eficaz: esforçar-se por viver como um marido dedicado e protetor, que apoia sua esposa);
– Tem um espírito de colaboração ativa com sua mulher. Enxerga-a como sua *companheira* em um trabalho de equipe. Em conjunto, trabalham o máximo possível para se apresentarem aos filhos como uma unidade. Consultam-se mutuamente sobre decisões, grandes e pequenas, que afetam o bem das crianças. Usam as forças um do outro e, de formas diferentes mas complementares, apoiam-se reciprocamente;
– Muito importante: um grande pai trabalha com sua mulher para manter uma visão de longo prazo (de vinte anos de antecedência) sobre o crescimento do caráter dos filhos, não importa qual seja sua ocupação futura. Ambos os esposos imaginam os filhos como homens e mulheres adultos e virtuosos: com consciência, generosidade, competência, responsabilidade, autodomínio. Esse ideal distante porém claro forma a base de seus ensinamentos, práticas e correções *agora*;
– Enxerga todos os sacrifícios que faz – o duro trabalho de ser pai – como um *investimento*, e não apenas um incômodo contratempo. Está investindo principalmente na estabilidade e felicidade dos futuros casamentos de seus filhos, e não apenas de suas carreiras. Sente que quaisquer virtudes que os tornem ótimos cônjuges e pais os levarão também a ter sucesso em seus empregos. Espera poder receber depois sua recompensa, o pagamento por seus sacrifícios: orgulhar-se de seus filhos adultos e apreciar a vida com seus netos;
– Corrige os erros dos filhos, mas não os censura como pessoas. "Odeia o pecado e ama o pecador". Une a correção e a punição a uma carinhosa capacidade de perdoar, compreender e encorajar. Não é fraco nem brusco, mas *afetuosamente assertivo*. Ama demais os seus filhos para permitir que cresçam com os defeitos da infância intactos;
– Quando deve corrigir alguém na família, sempre que possível o faz de modo particular e privado. Não faz repreensões em público;

– Nunca tem medo de tornar-se temporariamente "impopular" com seus filhos. Sua felicidade a longo prazo é mais importante do que o mau humor e desgaste atuais causados pela correção. Tem confiança de que o ressentimento deles logo passará, e que algum dia irão compreender e agradecer pelo amor que havia por trás daquela correção;

– Ele encoraja seus filhos, mostrando e explicando como fazer bem as coisas e como fazer a coisa certa. *Dirige-os* mais do que os controla, e faz elogios tão específicos quanto as críticas;

– Tem consciência de sua autoridade, que tem tanto peso quanto sua responsabilidade. Não permite que os entretenimentos eletrônicos em casa boicotem essa autoridade ou destruam suas lições sobre o certo e o errado. Mantém os meios de comunicação sob o controle de seu critério e apenas permite aquilo que sirva para unir a família;

– Conversa com os filhos até que uns e outros se conheçam perfeitamente. Faz o que for preciso para escutar os filhos, e presta muita atenção ao crescimento do seu caráter. Monitora e guia seu desempenho nos esportes, tarefas domésticas, lição de casa, boas maneiras e relacionamentos com irmãos e amigos. Sabe o que se passa em sua casa e dentro da mente de seus filhos;

– Respeita a liberdade e os direitos dos filhos. Ensina-lhes como usar sua liberdade de modo responsável, e exerce apenas o mínimo de controle necessário. Define limites para o comportamento de seus filhos, traça a divisão entre o certo e o errado. Dentro desses limites, as crianças podem fazer o que acharem melhor; além dos limites, elas passam a infringir os direitos dos outros, e isso ele não permitirá;

– Deseja que seus filhos sejam ativos, e sabe que todas as pessoas ativas cometem enganos. Leva os filhos a aprenderem com seus erros. Ensina-lhes que uma vida ativa envolve assumir riscos de forma inteligente, inclusive o risco de errar, e que não há nada de errado com os erros se aprendemos com eles;

– Põe de lado seu cansaço, ansiedade e tentações de relaxar, colocando seus deveres de pai à frente de objetivos egoístas. Põe de lado o jornal para ajudar com a lição de casa. Deixa de assistir TV para dar bom exemplo. Deixa que os filhos o ajudem a trabalhar em casa, mesmo quando estejam mais atrapalhando do que ajudando. Como um bom chefe, está sempre disponível para ajudar e aconselhar; em consequência, os filhos sentem que, se realmente precisassem dele, deixaria tudo para atendê-los. Está disposto a postergar o lazer de sua vida até que os filhos tenham crescido e saído de casa; agora, enquanto ainda moram lá, as necessidades deles estão à frente do seu conforto;

– Sem se tornar um chato, usa de vez em quando algumas expressões na vida familiar, frases ricas de significado moral, que são aquelas "realidades invisíveis" que servem para uma grande vida: *integridade, honradez, honestidade, o melhor possível, coragem, responsabilidade, honra familiar, fidelidade à vontade de Deus*;

– Dá a seus filhos uma noção de história familiar e de continuidade. Conta histórias sobre avós e antepassados, gente de uma coragem silenciosa e por vezes heroica. Deixa seus filhos saberem que descendem de gente heroica;

– Deixa que as crianças conheçam suas opiniões e convicções sobre eventos atuais e sobre sua possível evolução, que será o mundo futuro com o qual seus filhos terão de lidar. Explica, o melhor que pode, as causas passadas e as implicações futuras dos assuntos atuais. Como lê muito, sabe muito, e assim leva seus filhos a tornarem-se leitores;

– É aberto às sugestões dos filhos, à sua "contribuição" nas decisões de família. Afinal, a família é deles também. Em assuntos de pequena relevância, cede e deixa que prevaleça a vontade dos filhos. Mas os assuntos maiores e mais importantes são decididos pelos pais. Por exemplo, permitirá às vezes que as crianças decidam qual sobremesa quererão ou qual jogo jogar, mas são ele e sua esposa quem decidirão a qual escola as crianças irão e quais programas de TV e sites de internet são permitidos em casa;

– Leva muito em conta a opinião de sua mulher, especialmente no que se refere aos filhos. Põe de lado seu ego e aceita um fato evidente da vida: que na maior parte das vezes, ela está certa, pelo menos em parte. Isso inclui seu desempenho como pai. Não permite que o orgulho o deixe cego para a verdade;

– Quando ofendeu alguém, pede perdão. Coloca a justiça acima de seu ego;

– De forma habitual, pontua suas frases, especialmente quando se dirige à esposa, com *por favor*, *obrigado* e *desculpe-me*, e faz com que as crianças façam o mesmo;

– Tira forças de sua fé religiosa e de seu amor à família;

– Sabe que o tempo é pouco e passa depressa. Por isso, usa recursos escassos com inteligência. *Arranja* tempo, mesmo pequenos intervalos aqui e ali, para conviver com seus filhos;

– Sua vida como marido e pai é, para ele, uma nobre e sacrificada aventura. Enquanto seus filhos estiverem sob seus cuidados, não abandonará ou relaxará seus esforços por lhes formar o caráter para o resto das vidas. Protegerá e sustentará a família custe o que custar, pois ela é o sentido da sua vida, o objeto de seus esforços, o centro de seu coração.

Crianças com um pai assim, totalmente apoiado por uma grande esposa, têm uma boa chance de se tornarem grandes homens e mulheres. Crescem honrando o pai e a mãe, vivem de acordo com lições aprendidas desde a infância, e passam-nas íntegras e intactas a seus próprios filhos.

Tenha confiança. Encha-se de esperança. Outros homens normais tornaram-se pais assim, e você também é capaz disso.

* * *

Até aqui, demos uma perspectiva geral, um panorama, do que um pai inteligente é e faz. O resto deste livro focará em aspectos específicos e dará muitos conselhos e dicas práticas, quase todos extraídos da experiência de outros pais, que os adquiriram muitas vezes com grande esforço.

Levantei até agora muitos pontos que provavelmente geraram perguntas em sua mente. Nos próximos capítulos, procurarei respondê-las. Além disso, usei termos sem chegar a defini-los – caráter, assertividade carinhosa, integridade, etc. – e pretendo explicá-los claramente.

Antes de entrar em detalhes, entretanto, tenho mais algumas observações a fazer.

Primeiro, peço-lhe que tenha paciência se alguns termos ou ideias aqui parecem repetir-se. Alguns realmente surgem em vários contextos diferentes. Os aspectos mais importantes da paternidade, como o caráter e o exemplo, podem ser estudados de vários ângulos, como as diferentes facetas de uma joia ou um complexo tema melódico em um *rondó* de Mozart. Os princípios são basicamente simples, mas sobressaem em emaranhados diferentes e por vezes complexos na vida familiar. Se voltamos a eles sob diferentes ângulos, em certo ponto você passará a ver tudo – espero – em uma unidade tridimensional, não como um esboço mas como uma escultura.

Segundo, como você provavelmente já terá percebido, escrevi este livro para homens que vivem em famílias intactas, com o pai e a mãe. A maioria dos exemplos que usei são tirados de famílias assim. Se você é divorciado e está separado de seus filhos, pode ser que encontre muitas coisas úteis neste livro, ou pode ser que não. Com toda a sinceridade, eu não sei. Como disse, dependi da experiência dos outros para quase tudo o que está aqui, e conheci principalmente famílias intactas, de forma quase que exclusiva. Sem dúvida, é necessário um livro como este para pais separados, mas, infelizmente, não serei eu que o escreverei. Dou todo o meu apoio a qualquer um que o possa fazer.

Terceiro, estou consciente de que muito do que digo sobre os pais pode ser dito também sobre as mães. Seria possível usar "mãe" no lugar de "pai" em muitos trechos aqui. Não o faço para depreciar o papel central e importantíssimo das mães – longe disso, mas porque preciso ajudar os homens a perceberem claramente o papel especificamente masculino de sua paternidade. Os homens são progenitores também, e se de fato fizessem a sua parte e vivessem a sua paternidade, a vida de suas esposas melhoraria muito. (Muitíssimas mulheres me disseram isso.)

    Finalmente, você pode discordar, e discordar frontalmente, de algumas coisas que digo aqui. Não há problema. Não me considero o dono da verdade. Nesse misterioso negócio da correta educação dos filhos, ninguém conhece todas as respostas. Peço-lhe simplesmente que tenha a mente aberta e lembre-se de que o que estou discutindo aqui são experiências da vida real, não algo que tirei do nada. Se, após uma leitura cuidadosa, você ainda acha que estou errado, convido-o a fazer o que eu fiz, escrever o seu próprio livro. Este é um país livre. Ninguém vai impedi-lo.

    Dito isso, vamos ao que interessa...

CAPÍTULO II

Sua missão é criar adultos, não crianças

Desejo começar com uma afirmação abrangente com a qual acredito que você concordará: nos negócios, na vida profissional e nos assuntos de Estado, nossos líderes mais respeitados são aqueles que enxergam mais longe no futuro e preveem com mais clareza os perigos e oportunidades que virão. A previdência estratégica e a liderança de respeito parecem andar de mãos dadas.

Se você folhear as obras de líderes americanos excepcionais – pessoas como George Washington, John Adams, Thomas Jefferson, Theodore Roosevelt, Martin Luther King, ficará impressionado com sua visão cheia de esperança e direcionada para o futuro. Referem-se constantemente à "posteridade", e preveem os acontecimentos de uma forma que é, ao mesmo tempo, realista e esperançosa, um idealismo sem ilusões. Napoleão disse-o bem: "Um líder é um vendedor de esperança".

Percebi essa mesma dinâmica em ação nas famílias. Os pais e mães mais eficazes que conheci pareciam todos mover-se por uma visão estratégica e de longo alcance: *veem-se criando adultos, não crianças*.

Nem todos os pais pensam assim. Uma família americana moderna é bastante ocupada, ocupada demais. Ou melhor, ocupada com as coisas erradas, e pelas razões erradas. Muitos pais parecem estar presos como ratos em uma gaiola, correndo sem sair do lugar enquanto tentam lidar com os problemas básicos da existência familiar no dia a dia. Não pensam no futuro. Seus horizontes se estendem apenas pelos próximos dias ou semanas ou, no máximo, até o próximo verão. Esses pais presos ao presente com frequência recebem um golpe e ficam completamente chocados quando seus filhos, felizes e ocupados, encontram-se depois com problemas dolorosos e mesmo com tragédias na vida, começando nos primeiros anos da adolescência e cada vez mais como jovens adultos.

Pais eficazes e inteligentes também são muito ocupados, e enfrentam, como todo mundo, contas e prazos, compromissos e problemas, os diferentes altos e baixos da vida familiar. Mas todos os seus sacrifícios estão focados, e não se perdem, graças à sua visão. Esses pais e mães olham para o futuro distante, vinte anos ou mais à frente, e imaginam seus filhos como homens e mulheres crescidos, adultos competentes com suas próprias responsabilidades familiares e profissionais. Isto é, *veem seus filhos como adultos em formação.*

Em consequência, esses pais inteligentes e previdentes compreendem que têm um trabalho a fazer, um dever a cumprir com seus filhos. Devem operar neles profundas mudanças, começando agora, para construir as virtudes que seus filhos, de forma evidente, ainda não têm. Em outras palavras, anteveem que precisam civilizar seus filhos, e transmitir-lhes uma consciência e um caráter que durem a vida toda e que os levem a serem bem-sucedidos em todos os aspectos da vida, mas especialmente no casamento. É disso que trata a paternidade.

Deixe-me dizê-lo de outra forma, usando algumas comparações.

Da forma como vejo, as famílias americanas parecem dividir-se de forma ampla em duas categorias. Uma poderia chamar-se o *tipo consumista*; a outra é o *tipo esportivo*. Alguns pais tratam a vida familiar como um piquenique, um lugar para o consumo de prazer, e seus filhos com frequência deparam com problemas depois. Outros veem a vida em família como uma aventura, um grande esporte, e seus filhos em boa parte se dão bem. Por que isso acontece?

Os pais consumistas acham que a vida em família é um pouco mais do que uma sucessão de agradáveis distrações. A vida, para pais e filhos, centra-se principalmente – diria quase inteiramente – em um descanso passivo e despreocupado, em entretenimento e diversão: uma sucessão ininterrupta de esportes, comida e bebida abundantes, programas de TV, videogames, internet, filmes, música, festas, compras. O inimigo da família é o tédio, que deve ser evitado a todo custo. Assim, as crianças são mantidas perpetuamente ocupadas, ininterruptamente entretidas. As regras familiares, se houver alguma, focam principalmente em controle de danos: manter os aborrecimentos em um mínimo, manter as crianças fora de problemas, impedi-las de quebrar a casa. Nesses lares de "piquenique", os filhos são ensinados o tempo inteiro a serem consumidores, e não produtores; são treinados a se tornarem apreciadores da vida e compradores. Em consequência, as crianças crescem vendo a vida como uma brincadeira, como um direito à felicidade e à diversão, pois é só isso que experimentam na vida familiar.

Mais cedo ou mais tarde, é claro, todos os piqueniques descambam no tédio; no fim, as pessoas levantam-se e vão fazer coisas melhores.

E o mesmo parece acontecer na família consumista. A partir do início da adolescência, muitos filhos de famílias "piquenique" mudam para outras sensações, mais fortemente prazerosas: álcool, drogas, a cultura do rock, sexo sem compromisso. Crianças que cresceram vendo a vida como uma brincadeira tratarão o automóvel como um brinquedo, e poderão matar ou aleijar a si mesmas e a outros. Têm uma forte tendência a tratar as pessoas como objetos, simples ferramentas e brinquedos para seu uso ou divertimento. Veem o sexo como um brinquedo, uma poderosa forma de diversão, e lançam-se na direção de gravidezes indesejadas, abortos e casamentos desastrosos.

Contraste tudo isso com a vida da família "esportiva", a família centrada em formar o caráter. Estes pais percebem que têm uma missão de importância vital com seus filhos, uma tarefa a realizar. Têm um objetivo pelo qual esforçar-se, como em um esporte vigoroso, isto é, a espécie de adultos que seus filhos serão ao crescerem. Há muita diversão na família, sem dúvida, mas esta vem do trabalho tanto quanto do lazer, do fato de conseguir realizar algo importante, um ideal distante que dá valor aos sacrifícios presentes.

Na família "esportiva", os pais vivem como adultos responsáveis e esperam que seus filhos façam o mesmo. As regras são estabelecidas com um propósito claro e importante: formar a consciência e o caráter das crianças através do exemplo e da prática repetida de uma vida responsável. A vida familiar é ativa, dinâmica, como em qualquer esporte, e os pais conhecem todos os triunfos e reveses, as derrotas e decepções temporárias, todos os altos e baixos da luta ao longo do caminho até a vitória final, quando seus filhos emergirem na vida adulta como homens e mulheres éticos, competentes e responsáveis.

Se você quer transformar sua vida de família em uma aventura, deve ser esperto o suficiente para reconhecer esta realidade da vida: *Ou os pais pagam o preço agora, ou o pagarão depois.*

Pais que descuidam da educação do caráter de seus filhos, que levam a vida tranquilamente como em um piquenique, podem pagar um enorme preço depois quando seus filhos se encontrarem com problemas.

Em contrapartida, porém, pais e mães que se sacrificam agora para fortalecer o caráter de seus filhos podem aproveitar depois a vida quando eles crescerem de acordo com suas expectativas. Quando os filhos começarem a namorar, os pais terão pouca necessidade de se preocuparem. Como os filhos têm um caráter bem formado, escolherão bons amigos, e depois bons cônjuges. Antes de terminarem a adolescência, as crianças pensarão e agirão como adultos maduros, ganharão o respeito de todos os que as conhecerem, e honrarão suas famílias.

Pague agora ou pague depois, parece que é assim que a coisa funciona. Pense na sua missão paterna como um investimento, e reconheça que qualquer grande investimento requer um planejamento cuidadoso e inteligente. Assim, você deve pensar no futuro, vinte anos à frente, quando seus filhos forem adultos. É nessa antecipação que sua paternidade inteligente e eficaz começará a apoiar-se.

Como começar? Comece cultivando o seu forte instinto paterno de proteger sua família de danos. Você não pode se dar ao luxo de ser ingênuo, como tantos pais "piquenique", sobre os perigos que ameaçam seus filhos. Nada empurra um homem à ação com mais força e rapidez do que sentir que a sua família corre perigo. Qualquer homem inteligente que ame seus filhos fica intranquilo, e mesmo alarmado, quando percebe que há forças destrutivas na sociedade de hoje, e talvez até mesmo dentro de sua própria casa.

Vejamos os problemas que um pai atual tem de enfrentar.

Claramente, há algo de errado na sociedade de hoje. Por muitas razões, uma grande quantidade de pais não consegue formar o caráter de seus filhos.

Olhamos ao nosso redor, em nossos locais de trabalho e em nossas vizinhanças, e vemos jovens de vinte anos que são imaturos e irresolutos, irresponsáveis e moles, inquietos sobre si mesmos e sobre o seu futuro. Podem ser habilidosos tecnicamente, e ter empregos com bons salários, mas suas vidas pessoais e casamentos são um caco. Parecem estar perpetuamente presos na adolescência, em uma perigosa união de poderes de adultos com irresponsabilidade de crianças. Alguns sofrem em vidas mutiladas ou destruídas por uso de drogas. Mesmo quando estão livres das drogas, muitos enxergam o trabalho como uma mera satisfação do ego ou – o que é uma atitude adolescente – nada além de um mal necessário para poder "gastar dinheiro". Uma grande quantidade vive como narcisistas insensíveis, que se preocupam pouco ou nada com pais ou filhos. Retêm, às vezes de forma trágica, os defeitos e fraquezas da infância. Por alguma razão, nunca crescem de fato.

É claro que muitos desses adolescentes e jovens problemáticos trazem as feridas – talvez permanentes – de uma infância passada em meio aos horrores de famílias disfuncionais, com dependência de álcool e drogas, violência física e sexual, pobreza extrema.

Porém, o que hoje deixa intrigados os psicólogos, professores e conselheiros matrimoniais é o grande número de jovens advindos de famílias *normais* que apresenta problemas sérios. De forma inquestionável, a distinção entre normal e disfuncional em nossa sociedade tornou-se nebulosa. Ou então, para dizer de outra forma, existe algum tipo de disfunção sutil mas grave em ação em muitos dos típicos lares americanos de classe média.

As crianças podem crescer em uma família na qual o pai e a mãe vivem juntos, a vida é confortável e fisicamente segura, e todos desfrutam dos prazeres de um próspero estilo de vida suburbano. Mesmo assim, na adolescência e na juventude, suas vidas são devastadas pelo álcool e outras drogas, penosas e prolongadas brigas conjugais, falta de foco e instabilidade profissional, busca do prazer a todo custo, problemas com a lei, uma disforme agonia psicológica e até mesmo o suicídio.

Considere este fato perturbador: a taxa de suicídios entre os jovens nos Estados Unidos é diretamente proporcional à renda familiar. São as crianças de nossas classes média e alta, e não as que vivem nas áreas mais pobres dos centros das cidades, que com mais frequência tiram a própria vida.

O que está acontecendo hoje com nossas famílias de classe média, supostamente normais, que possa explicar esses problemas? O que está – ou não está – acontecendo em casa para que as crianças envelheçam sem crescer, cheguem à idade adulta sem critério e força de vontade suficientes para viver bem?

Mais para a frente delinearei o que penso serem os principais problemas nas famílias normais de hoje, esses aspectos da vida familiar que atrapalham a formação do caráter das crianças. Mas primeiro, gostaria de esboçar para você um retrato próximo, uma descrição da família "normal" tipo "piquenique" em ação.

A família consumista: um retrato

Vale a pena aqui olhar mais de perto para os traços típicos da família consumista. O que se segue é um retrato daqueles lares normais onde, infelizmente, as crianças estão fadadas a ter problemas no futuro. Isto é, se você olhar para trás, para a infância de muitos jovens e adolescentes problemáticos, como descritos acima, que características de suas vidas familiares verá que se repetem uma e outra vez com espantosa regularidade? Mesmo com muitas variações nos detalhes, este é o padrão das famílias consumistas. Olhemos primeiro para os pais, e depois para os filhos.

Pais destinados a terem problemas

Pais consumistas vivem vidas divididas. Vivem como produtores no trabalho e consumidores em casa. De fato, para seus filhos, parecem trabalhar apenas para poder consumir. Sua casa, separada do mundo real das realizações adultas e relacionamentos éticos com os outros, é um local equipado com aparelhos para o entretenimento, dedicado ao conforto, ao relaxamento e à diversão. Só que esse universo de deleites confortáveis é a única coisa que os filhos veem, e, para as crianças, "ver é crer". Esse casulo de prazer escapista envolve-as completamente, e molda sua única experiência de vida. Torna-se o ambiente dentro do qual formam suas atitudes e hábitos mais profundos, e de fato toda a sua filosofia de vida: "O que importa na vida é o prazer".

Por estarem absortos em si mesmos e centrados principalmente no momento presente, os pais consumistas raramente pensam sobre o futuro dos filhos, isto é, a espécie de homens e mulheres que estes serão quando crescerem. Seu horizonte temporal estende-se, quando muito, apenas a alguns meses ou um par de anos à frente. Quase nunca imaginam seus filhos como homens e mulheres adultos com quase trinta anos, com responsabilidades familiares e profissionais próprias. Quando pensam no futuro dos filhos, fazem-no em termos de carreira, e não de caráter. Pensam no que os filhos *farão*, não no que *serão*.

Os pais parecem esperar – de fato, assumem como certo – que seus filhos crescerão naturalmente bem desde que se mantenham ocupados em divertir-se e blindados (mais ou menos) de influências externas. Em outras palavras, pensam que a moral, a consciência e o critério dos adultos vai se formar gradualmente em seus filhos de modo natural e espontâneo, junto com seu aumento em estatura. Quando os pais chegam a pensar em caráter, acham que é algo que deve ser *mantido* nas crianças, e não *formado do zero*.

Os pais descem ao nível das crianças, como realmente todos os pais deveriam fazer; porém (e aqui está o problema) *permanecem* lá. Por sua própria e evidente devoção a uma vida doméstica "livre de problemas" longe do trabalho, deixam de elevar seus filhos a níveis adultos de ponderação responsável e ação. Fazem pouco para preparar os filhos para a vida e conduzi-los a um serviço responsável. Com efeito, estes parecem não ter um conceito do que significa "ser adulto", exceto pelo que veem em filmes e seriados de TV. Os pais parecem não se dar conta de que têm um trabalho a fazer, uma ação a tomar, uma mudança a realizar nas mentes, corações e vontades dos filhos: fortalecer a consciência e o caráter de cada filho para toda a vida.

Tanto pai como mãe cedem prontamente aos desejos e "sentimentos" dos filhos, mesmo quando julgam que isso seja um erro. Com muita frequência na vida familiar, permitem coisas que desaprovam; isto é, permitem que as súplicas e o choro das crianças vençam seus receios paternos. Os pais movem-se pelos sorrisos das crianças, e não pelo seu bem; cederão em muitas circunstâncias para evitar enfrentar uma crise de birra. Sem querer, ao fazerem isso, esses pais ensinam aos filhos a deixar que desejos intensos, ou mesmo caprichos, passem rotineiramente por cima de juízos de consciência. Assim, as crianças deixam de distinguir entre desejos e necessidades; para elas, os desejos *são* necessidades. Como resultado, os "sentimentos", e não a consciência, passam a guiar a ação.

O pai é uma figura moral fraca no lar. Não ensina a diferenciar o certo do errado de forma confiante e premeditada, e não faz nada para preparar seus filhos mais velhos para suas vidas fora de casa, especialmente em assuntos morais. Delega as "coisas das crianças" à sua mulher. Para os filhos, dá principalmente a impressão de uma figura amigável e um pouco enfadonha, às vezes até uma espécie de irmão mais velho. Na vida em família, veem-no inteiramente absorvido em suas próprias atividades de lazer (como assistir TV ou praticar esportes) e pequenos consertos. Como nunca o veem trabalhando, não fazem ideia de como ganha a vida, ou mesmo do que significa essa expressão. Mais ainda, é raro que ele demonstre respeito e gratidão explícitos a sua esposa, de forma que ela também parece uma figura fraca aos olhos dos filhos.

Os pais fazem o mínimo na prática da religião. Embora a família possa ir a um templo de vez em quando, ou mesmo com regularidade, isso se faz como uma rotina social impensada. A vida em família tem pouca ou nenhuma oração, nem antes das refeições nem em qualquer outro momento. Assim, as crianças nunca veem seus pais vivendo um sentido de responsabilidade perante Deus ou alguma força moral interior. "Deus" é apenas uma palavra (às vezes uma interjeição), não uma pessoa, certamente não um amigo. Aos olhos dos filhos, os pais não parecem ter de responder a nada nem a ninguém, exceto a uma agenda implacavelmente ocupada.

Os pais assistem televisão de forma indiscriminada e permitem "entretenimento adulto" na casa. Embora possam restringir, mais ou menos, o acesso de seus filhos a material inapropriado, estão transmitindo uma mensagem poderosa: "Quando você for velho o bastante, poderá ver de tudo". Em consequência, para os filhos, a dicotomia certo-errado torna-se estritamente uma questão de idade: "Se o que é errado para as crianças está bem para os adultos, esperem só até eu fazer quatorze anos!".

Crianças destinadas a terem problemas

À primeira vista, a maioria das crianças de lares como esses não parecem ser muito problemáticas. Tipicamente, são alegres e bem arrumadas, agradáveis e sorridentes, com frequência muito ativas, mas apenas para as coisas de que gostam. Estão acostumadas a sensações agradáveis. Gostam de serem apreciadas, e de fato esperam sê-lo não importa o que façam. Como estão acostumadas a tratar os adultos (incluindo seus pais) como iguais, parecem carecer ingenuamente de respeito e bons modos. Com algumas poucas exceções aqui e ali, parecem ser completamente despreocupadas. De fato, a maioria realmente o é, por enquanto.

As crianças têm uma baixa tolerância ao desconforto e mesmo aos inconvenientes. Têm horror à dor física, por mais leve que seja, ou mesmo pela ameaça de dor. Suplicam, importunam e dão desculpas com sucesso para escapar de compromissos desagradáveis e "aborrecimentos", promessas e acordos prévios, aulas de música, lição de casa, tarefas domésticas, compromissos, prazos.

Acreditam que qualquer coisa pode ser feita para provocar o riso. Se uma travessura ou comentário depreciativo diverte a elas e a seus amigos, fazem-na alegremente, não importa quem possa se magoar. Pensam que seu direito a divertir-se deve deixar de lado os direitos e sentimentos das outras pessoas. Na verdade, a existência de direitos e sentimentos de outras pessoas é algo que quase nunca passa por suas cabeças. Sua visão de vida permanece a mesma desde a primeira infância: "Primeiro eu!".

As crianças têm bastante dinheiro para gastar e tempo livre. Habitualmente, ingerem refrigerantes, doces e guloseimas em excesso. Passam incontáveis horas completamente absorvidos em sensações eletrônicas (jogos de computador, televisão, internet) e outros tipos de diversão. Em geral, são livres para consumir qualquer coisa que quiserem a qualquer hora que quiserem, e é isso que fazem.

Os filhos demonstram pouco ou nenhum respeito pelas pessoas fora da família: hóspedes, amigos dos pais, professores, vendedores, idosos. Quase nunca demonstram bons modos em público.

Por favor e *obrigado* estão ausentes de suas falas. Nos aniversários e no Natal, abrem montes de presentes, mas esquecem-se de escrever ou telefonar para dizer "obrigado" aos parentes, e não veem razão para isso. Em alguns casos, as crianças podem ser superficialmente agradáveis com as pessoas (desde que isso não lhes custe nada), mas não têm nenhuma preocupação pelas necessidades e interesses dos outros.

Ironicamente, apesar de todos os esforços dos pais em dar-lhes um lar agradável, os filhos têm por eles pouco ou nenhum respeito. Acham que seus pais são "legais", e admitem que "gostam" do papai e da mamãe a maior parte do tempo. Mas não estimam seus pais como pessoas fortes nem, portanto, como exemplo a serem imitados. Quando se lhes pergunta quem admiram mais, desfilam uma longa lista de artistas, especialmente comediantes e astros do rock.

Não conhecem quase nada sobre a história pessoal de seus pais, e absolutamente nada sobre os avós e antepassados. Assim, não têm noção de história familiar e continuidade moral, isto é, como são os últimos em uma longa linhagem de pessoas que se amavam e que lutaram, muitas vezes de forma heroica, em servir uns aos outros e permanecer juntos nas horas boas e nas más.

As crianças não têm heróis em suas vidas, pessoas reais ou personagens históricas ou literárias que tenham se superado no serviço aos outros e, cumprindo o seu dever, realizado grandes feitos. Na ausência de heróis, admiram e imitam bizarras "celebridades" da mídia e figuras de faz-de-conta dos desenhos. Como alguém disse, "se as crianças não tiverem heróis, seguirão os palhaços".

As crianças não se importam em causar embaraços à família. Com frequência, sequer entendem o que isso significa, pois não têm estrutura para compreender o que é vergonhoso. São insensíveis a qualquer sentimento cultivado de "honra familiar". Se suas roupas e comportamento em público envergonham os pais, pior para eles.

Queixam-se e choramingam por situações que não podem ser evitadas: mau tempo, atrasos razoáveis, desconforto físico, cargas de trabalho moderadamente pesadas, diferenças de personalidade, e coisas assim. Sua palavra de queixa mais comum é "chato". Como suas vidas em casa são controladas, mais do que dirigidas, estão acostumadas a que seus problemas sejam resolvidos por adultos obsequiosos. Descobriram por experiência que se resistirem o bastante, alguém finalmente virá para livrá-las de seus problemas. Em consequência, aprendem a escapar dos problemas, e não a solucioná-los; aprendem a fugir do desconforto, e não a suportá-lo.

Não têm passatempos verdadeiros exceto assistir televisão, jogar no computador e ouvir música (em geral, apenas barulho com ritmo). Suas vidas parecem inteiramente plugadas a aparelhos eletrônicos, e não sabem o que fazer sem eles. Seu pensamento é dominado pela cultura do entretenimento; em certo sentido, *acreditam* nela. Sabem de cor os textos de dezenas de músicas e comerciais, mas não conhecem nenhum dos Dez Mandamentos.

As crianças (mesmo as mais velhas e os adolescentes) tendem a formar opiniões por impulso e por impressões vagas. Quase nunca são pressionadas a confiar em razões e provas factuais para seus julgamentos. Assim, são facilmente manipuladas por adulações, apelos emocionais e pressões de grupo. Não conseguem reconhecer afirmações enganosas – como nas propagandas, na cultura "pop" e na política – quando as veem. Seguem a multidão aonde quer que esta vá. Percebem vagamente que alguma coisa é "legal", mas não conseguem explicar por quê.

Nunca perguntam: "Por quê?", exceto para desafiar as ordens da autoridade legítima. São intelectualmente embotadas, até mesmo inertes, demonstrando pouca curiosidade sobre a vida fora de seu universo de família-escola-parque. Na escola, ainda por cima, são com frequência péssimas e incorrigíveis em ortografia, e escritoras desleixadas. Isto é, são descuidadas no trabalho e não levam a correção a sério. Para elas, quase todo o prazer vem de uma diversão escapista, e não do trabalho bem feito, das realizações sérias, do cumprimento do dever, do serviço aos outros, ou de objetivos pessoais obtidos através de um esforço deliberado. Se uma tarefa não for "divertida", não estão interessadas.

As crianças têm pouca noção de tempo. Como quase nunca precisam esperar por algo que desejam, e muito menos fazer por merecê-lo, têm expectativas pouco realistas sobre o tempo necessário para completar uma tarefa. Estimam um tempo muito longo ou muito curto. Em consequência, tarefas demoradas são adiadas por muito tempo ou pequenos encargos parecem uma montanha. Mesmo crianças mais velhas, quando chegam ao Ensino Médio, não têm virtualmente nenhum conceito de prazos ou de trabalho constante em um horário autoimposto. Parecem flutuar à deriva em um *agora* etéreo e sempre presente –, e essa forma de pensar continua adolescência adentro, e até mesmo quando se tornam jovens adultos.

Ao longo do Ensino Médio e do Superior, veem a escola como uma última chance de aproveitar a vida, e não como uma preparação para esta. A formatura aparece como um acontecimento pungente e triste, pois creem que a melhor parte da vida é o que ficou para trás, e não o que está à frente. O que está à frente são os problemas – as "chateações", como eles dizem – do trabalho de verdade, das responsabilidades e dos compromissos, da rotina diária, dos orçamentos e contas, férias de duas semanas, liberdade bruscamente diminuída, e um acentuado declínio em seu padrão de vida. Dessa forma, quem pode desejá-lo? Quem pode suportá-lo? Por que crescer?

Como já explicamos, esse retrato de uma família fadada a ter problemas é apenas um esboço, não uma descrição completa. Com certeza, há gradações entre as famílias; algumas terão parte dessas características, mas não todas. Mesmo assim, elas aparecem de forma repetida nas histórias pessoais de adolescentes e jovens problemáticos vindos – devemos reforçá-lo – de lares aparentemente normais.

CAPÍTULO III
Obstáculos à formação do caráter

Como se chegou a essa extraordinária situação? Como é possível que pais e mães normais – gente bem intencionada que ama seus filhos – errem de tal maneira na sua educação, e tenham de pagar o preço por isso depois? O que está – ou não está – acontecendo nas famílias intactas, com pai e mãe, a tal ponto que o "normal" e o "disfuncional" estão mesclados e as crianças se confundem?

Não sou um sociólogo e não pretendo sê-lo. Em meus esforços para compreender o que está acontecendo, li incontáveis estudos sobre a família americana. Seria possível fazer uma fogueira bastante grande com a quantidade de estudos desse tipo que se publicam todo ano. Mas, por pouco que valham, ofereço-lhe aqui minhas próprias avaliações sobre o problema.

Se você pretende assumir sua missão e quer entender o trabalho que precisa levar a cabo, deveria ter consciência dos obstáculos que vai enfrentar, das atitudes e tendências sociais prevalentes com as quais deverá lutar. Um pai inteligente, como um homem de negócios inteligente, deve entender as armadilhas e obstáculos que poderiam atrapalhar seu desempenho profissional e frustrar suas ambições.

Da forma como vejo, aquilo que um pai consciencioso deve enfrentar hoje em dia é o seguinte:

Obstáculo: *Muitos pais e escolas veem o caráter como algo a ser mantido nas crianças, e não formado.*

Um professor que conheço, extremamente experiente e equilibrado, pai de quatro filhos crescidos (todos eles jovens excelentes), contou-me a seguinte história:

Havia chamado os pais de um garoto de doze anos que era desatento e indisciplinado dentro de classe. Sua lição de casa, quando a fazia, era desleixada, e ele raramente estudava para as chamadas orais. Além disso, com frequência vagava pela escola cansado e irritadiço por ter dormido pouco; ficava em geral acordado até tarde assistindo TV ou jogando videogames. Seu corpo bastante flácido demonstrava que era, como seus pais, um grande sedentário.

Durante a entrevista, o pai do garoto sentava-se imóvel na cadeira, olhando seu relógio, sem dizer quase nada; sua esposa era quem falava na maior parte das vezes. (Para professores experientes, esse é um mau sinal; o pai está desinteressado dos filhos e provavelmente deixa a maior parte da sua criação a cargo da mãe.)

Depois que o professor explicou o problema e insistiu para que os pais exigissem mais das tarefas escolares de seu filho, a mãe assumiu uma atitude defensiva, especialmente com relação ao excesso de televisão. Disse: "Quero que meu filho seja exposto a *tudo*. É uma criança basicamente feliz em casa, e quero que permaneça assim. É um bom menino, e quero que faça suas próprias escolhas. O trabalho do senhor é ensiná-lo, e não é culpa dele se a sua matéria não lhe agrada".

O professor rapidamente compreendeu a situação da família: o problema está nos pais, não no garoto. Disse silenciosamente a si mesmo: Então os pais querem que ele seja exposto a tudo, é? Mas gastaram US$ 3.000 em um aparelho dentário, para que não esteja exposto a dentes estragados ou a uma má imagem. Que tal expor o garoto aos bons modos? Que tal expô-lo um pouco a assumir responsabilidades, ou a resolver os seus problemas, ou a respeitar os direitos das outras pessoas? Por que não expô-lo ao conceito de trabalho? O que acontecerá com este garoto se ele crescer sendo exposto exclusivamente a um lazer conseguido sem esforço, nadando em um rio de intermináveis experiências sensoriais? Se não é capaz de dizer "não" a si mesmo agora, como poderá dizê-lo quando for depois exposto às drogas, como são todas as crianças de hoje?

Como você pode adivinhar, a reunião foi um fracasso. Também o eram os pais. E também, no fim, foi o menino. Aos dezoito anos, duas semanas antes de se formar no Ensino Médio, seus pais presentearam-no com um carro novo. Seis semanas mais tarde, depois de beber cerveja demais em uma festa, morreu em um acidente de trânsito.

Por alguma razão que não consigo entender, ao longo das últimas gerações nossa sociedade formou um conceito romântico, sentimental e basicamente errado da infância. Essa atitude vê as crianças como criaturinhas quase perfeitas, adoráveis e virtuosas, que deveriam ser criadas de forma a crescerem com todas as suas qualidades de infância intactas. Em outras palavras, elas nascem virtuosas, e é a sociedade que as corrompe. O mau caráter infiltra-se desde fora, principalmente através do ócio em suas vidas.

Essa atitude defende que, para educar bem os filhos, os pais devem mantê-los incessantemente ocupados e satisfeitos consigo mesmos.

Em consequência, decorre que o seu ambiente deveria evitar a dor, satisfazer todas as suas vontades, tanto como suas necessidades, e ser repleto de sensações agradáveis, de espontaneidade, e de um cuidadoso planejamento da vida familiar para evitar que as crianças se entediem.

Junto a tudo isso existe a crença de que as crianças vão se tornar naturalmente adultos capazes de cuidarem de si mesmos. Desde que sejam mantidas em atividade e divertidas, conseguirão de alguma forma crescer bem e obter sucesso em suas carreiras.

É uma crença comum. Há nela, é claro, algo de verdade; se fosse completamente sem bases, ninguém acreditaria nela. Afinal, as crianças pequenas têm mesmo qualidades maravilhosas e encantadoras que deveriam manter por toda a vida: afeição pela família e amigos, uma fé religiosa simples (quando são educadas nela), curiosidade, amor pelo aprendizado, franqueza e simplicidade, uma tendência inata para a verdade. E certamente é verdade que se deve evitar o ócio e combater as más influências externas.

Porém, o problema básico com essa forma de pensar é que ela olha *para trás*. Vê na infância seu padrão de referência, e não olha para a frente, para a vida futura das crianças quando forem adultas.

Mais ainda, e de forma mais grave, ignora cegamente os defeitos óbvios da infância – egoísmo, falta de critério, impulsividade irrefreável, irresponsabilidade e escapismo – que, se não forem corrigidos, endurecerão em hábitos pétreos e serão uma carga pesada e mesmo esmagadora para os jovens anos mais tarde.

Depois de vinte anos na área da educação, tenho de dizer o seguinte: os pais que estão determinados a preservar seus filhos exatamente como eram na infância realmente conseguem fazê-lo. Isto é, os defeitos e egocentrismo dos primeiros anos permanecem em boa parte inalterados, e o que era irritante quando os filhos estavam no jardim de infância torna-se monstruoso na adolescência. A falta de um afetuoso controle paterno na infância leva à falta de autocontrole no Ensino Médio e depois. Hábitos de permissividade apoiados pelos pais levam à permissividade consigo mesmo, incluindo o prazer imediato, o que com muita frequência inclui drogas, álcool e sexo promíscuo.

A falta de uma autoridade paterna evolui para o desprezo por outras formas de autoridade, inclusive a lei. Isso pode levar ao excesso de velocidade e imprudência ao volante, furtos em lojas, vandalismo e tráfico de drogas. (Pergunte a qualquer policial como muitos garotos aparentemente normais arranjam problemas com a lei.)

Finalmente, uma passividade prolongada – esperando que os pais cheguem para resolver todos os problemas – leva à ansiedade passiva na vida adulta, a um "complexo de vítima", a uma flutuante falta de confiança em si mesmo ou, o que é pior, a uma confiança enganosa e excessiva combinada com incompetência.

Um sinal dessa atitude nos dias de hoje: as crianças são completamente controladas até perto dos quatorze anos, e a partir daí vivem virtualmente sem nenhuma supervisão de qualquer espécie. Muitos adolescentes, tendo sido controlados mas não dirigidos desde a infância, rebelam-se e buscam escapar de seus pais. Essa tentativa de fuga com frequência toma caminhos extremamente perigosos, e seus desastrosos resultados podem partir o coração dos pais.

Obstáculo: *Os pais não pensam o suficiente no futuro de seus filhos como homens e mulheres adultos.*

Deixe-me explicar aqui com mais detalhes o que mencionei antes.

Naquelas ocasiões em que pais tipo "piquenique" chegam a pensar no futuro de seus filhos, fazem-no quase exclusivamente em termos de carreira: Onde farão a faculdade, e como poderemos pagar? No que irão trabalhar? Como podemos colocar as crianças no caminho educacional certo para chegar a uma carreira de sucesso?

Curiosamente, esse pensar no futuro quase nunca leva em conta uma consideração sobre o caráter das crianças. Os pais pensam pouco, quase nada, sobre como serão o critério, o sentido de responsabilidade, a coragem pessoal e o autocontrole de seus filhos no futuro, ou como essas virtudes podem influenciar – muito mais do que uma faculdade – o sucesso ou o fracasso das suas carreiras.

Em outras palavras, esses pais pensam no que os filhos *farão*, e não no que *serão*.

O que é realmente chocante para mim é quão raramente os pais pensam no futuro casamento de seus filhos, que é onde o caráter conta mais. Por incrível que pareça, parecem ignorar a taxa de divórcio atual de 50% e os perigos que uma futura separação poderia significar para a felicidade deles. E também não pensam sobre esta poderosa ameaça à sua própria felicidade: a potencial perda permanente de seus netos, ou o crescimento destes em uma família ferida e sem pai.

Essa falta de previdência sobre como será o caráter dos filhos no futuro é um dos maiores problemas na vida de família de hoje. E, surpreendentemente, também o observamos em pais que em outros âmbitos orgulham-se de sua capacidade de planejamento estratégico a longo prazo, qualidade que exercem rotineiramente em seus assuntos financeiros e em seus empregos.

Deixe-me delinear brevemente esse problema em um contexto histórico.

A mudança para a forma atual de consideração das carreiras é algo recente em nossa sociedade, resultado do enriquecimento, da urbanização e da enorme expansão das opções de carreira.

Até cerca de um século atrás, os trabalhos que as pessoas teriam na vida eram em geral bastante fixos. As filhas de um homem seriam todas donas de casa, isto é, parceiras na administração da casa, onde estava centrada a maior parte das atividades artesanais e de cultivo da terra. A maior parte dos filhos homens seguiriam seus pais como fazendeiros, negociantes, mineiros, artesãos, e coisas assim. Como as linhas de trabalho futuro das crianças eram relativamente definidas, os pais não se preocupavam demais com isso. Elas aprendiam um ofício observando os pais trabalharem, ou juntando-se a algum artesão como aprendizes.

Como a escolha da carreira em si não era um problema, os pais pensavam muito mais no crescimento do caráter e nos casamentos de seus filhos. Faziam algumas perguntas-chave enquanto eles cresciam:

– Será que nossos filhos se tornarão algum dia adultos equilibrados, competentes e responsáveis? Terão um comportamento ético e conquistarão o respeito dos outros?;

– Serão conhecidos como pessoas que dizem a verdade e mantêm a palavra?;

- Serão fortes o bastante para afastar tentações que ameacem a sua honra, a sua castidade, seus casamentos e suas almas?;
- Terão discernimento suficiente para casarem-se bem e dar-nos bons netos?;
- Sua conduta e seu caráter trarão honra para nós, seus pais?

Com essas perguntas-chave em vista, os pais agem para formar bem seus filhos. Sua visão centrada no caráter e projetada no futuro levava-os a uma ação direta e sacrificada.

Aqui está o ponto principal. Os pais e mães bem-sucedidos de hoje – isto é, os pais das famílias "esportivas" – ainda pensam e agem dessa forma. Eles ainda se propõem essas questões cruciais sobre o caráter. Nunca permitem que uma vida de família cheia de compromissos turve sua visão de futuro. Na verdade, seu ideal de longo prazo para o caráter dos filhos dá à vida de família um significado muito maior. Há um *propósito* claro e estimulante para todos os seus esforços para educá-los.

Obstáculo: Os filhos quase nunca veem o pai trabalhar.

Um amigo meu de Chicago uma vez contou-me uma história de sua família. Seu irmão, um profissional muito bem-sucedido, vivia no centro de Manhattan com sua esposa, também ela uma importante executiva, e sua filha de cinco anos. Chegou o momento em que sua filhinha, Amy, teve de candidatar-se para entrar no jardim de infância em uma elegante e altamente seletiva escola de Nova Iorque. A menina compareceu, vestida com suas melhores roupas, para uma entrevista pessoal com a encarregada de admissões da escola. (Sim, em Manhattan fazem esse tipo de coisas.)

A funcionária da escola perguntou à garotinha: "O que o seu pai faz, Amy?".

Depois de pensar por um momento, Amy sorriu e respondeu: "Ele corre".

Divertida, mas um pouco perplexa, a mulher fez outra pergunta: "E a sua mãe? O que ela faz?".

Amy franziu a testa, ponderou um pouco, e então, com um grande sorriso de satisfação, disse: "Ela faz compras!"

O papai corre e a mamãe faz compras: isso era tudo o que a menina conseguia ver. Quantas crianças de hoje enxergam seus pais dessa forma? Quando e como veem-nos dedicados a um trabalho sério?

Por séculos, os meninos e meninas viram seus pais trabalharem em casa. Hoje, isso raramente acontece. A casa, hoje, não é um local de trabalho, mas sim um lugar para o descanso e o lazer. Podemos facilmente esquecer o quão recente foi essa mudança, e como alterou o conceito das crianças sobre a vida adulta.

A casa costumava ser em primeiro lugar um local de trabalho, um centro de ofícios sérios e rentáveis, como o cultivo da terra ou algum comércio, como o de ferreiros, carpinteiros ou sapateiros. No passado, os filhos presenciavam o pai e a mãe trabalhando constantemente em casa, com frequência juntos, e todas as crianças tinham que contribuir com seus próprios esforços para fazer o negócio da família avançar.

Diz-se que não conhecemos de verdade uma pessoa até que a tenhamos visto trabalhar. Quando as crianças viam seu pai trabalhando, enxergavam seu lado sério. Viam-no exercer ativamente seu caráter de forma plena. Viam-no tratar as pessoas de forma cordial mas séria. Todos os dias, viam-no lutar contra obstáculos, prazos, pessoas difíceis e circunstâncias adversas. De incontáveis formas, viam suas virtudes em ação: sua prudência e ética, seu senso de responsabilidade, sua determinação e coragem, sua disciplina; em resumo, todas as suas qualidades viris. A vida no lar apresentava com muita força uma lição diária e constante sobre o caráter, através do exemplo, da prática orientada e da constante explicação.

Compare essa situação do passado com a da família de hoje. Como praticamente todos os pais hoje trabalham fora de casa, e portanto fora do campo de visão de seus filhos, as crianças são privadas de seu exemplo poderoso. De fato, a menos que o pai se desdobre para apresentar aos filhos esse lado de sua vida, as crianças o verão principalmente como um homem que só descansa. Veem-no sair de manhã, desaparecer de vista, e retornar à noite, com frequência cansado demais para fazer outra coisa que não relaxar em frente à televisão. Assim, formam apenas uma ideia vaga de suas capacidades e virtudes, que são exercidas no trabalho com força total. As crianças veem as virtudes do pai em "ponto morto", se é que chegam a vê-las. Se fala pouco sobre o trabalho, e se as próprias crianças estão excessivamente ocupadas em assistir televisão, formam apenas uma noção confusa de como ele ganha a vida, ou mesmo do que esta expressão significa. As crianças ficam sem um parâmetro real para compreender as responsabilidades da vida adulta.

Mais ainda – e isto é importante, os filhos não têm base para *respeitar* o seu pai.

O respeito quase sempre surge, tanto entre as crianças quanto entre os adultos, de alguma percepção de força. Se as crianças só veem o pai descansar e brincar, têm poucos motivos para respeitá-lo. Com certeza, se pratica esportes com eles, ganharão algum respeito por suas qualidades atléticas, mas isso é drasticamente diferente de respeitar o seu caráter.

Assim, se o lado "divertido" do pai é tudo o que as crianças veem ou, pior ainda, se ele passa longos períodos assistindo televisão com eles ou sozinho, então os filhos passam a considerá-lo uma espécie de irmão mais velho em tamanho grande, um companheiro de brincadeiras em casa. Ele é, em sua perspectiva, divertido e amigável (até certo ponto), mas não alguém digno de muito respeito, e certamente não a ser imitado.

Mas as crianças precisam imitar alguém. Faz parte de sua estrutura interior, especialmente no final da infância e início da adolescência. Buscam uma vida para imitar. Se o pai não serve, voltam-se inconscientemente para substitutos, para outros homens adultos que sejam menos tediosos, mais interessantes e atraentes, mais poderosos. Alguém tem que preencher o vácuo.

Em muitas casas, especialmente quando os filhos entram na adolescência, esse vácuo é preenchido por "celebridades" de todos os tipos: artistas, cantores de rock, atores, comediantes, apresentadores de programas de entrevista. Afinal, que outros adultos interessantes e atraentes as crianças veem? É claro, essas criaturas da mídia raramente demonstram um grande caráter. É possível que demonstrem exatamente o oposto. Mas é fato que irradiam uma aura atraente de poder e de realização sem esforço. Com certeza, isso tudo é apenas uma encenação, mas as crianças não compreendem. Ver é crer.

A questão é esta: a menos que um pai esteja atento a esse problema e faça algo a respeito, seus filhos podem vir a considerá-lo uma figura fraca. Sem perceber, ele está competindo com figuras da cultura do rock no coração de seus filhos pré-adolescentes, e pode perder essa disputa – com resultados tristes e mesmo trágicos – se nunca chegou a conquistar o respeito deles durante a infância.

Obstáculo: Os homens subestimam seu papel nas vidas dos filhos que estão entrando na adolescência, e assim afastam-se exatamente quando estes têm mais necessidade deles.

Um bom amigo meu de Nova Iorque estava voltando de carro para casa uma noite com seu filho mais velho, Matthew, de doze anos, ao seu lado. Durante algum tempo, olharam para a frente em silêncio, até que Matthew disse de repente: "Ei, papai, que tal se você e eu fôssemos ao aeroporto de La Guardia neste final de semana para ver os aviões decolarem e pousarem?".

O pai ficou tão surpreso – disse-me – que quase perdeu o controle do carro. Matthew nunca antes demonstrara o menor interesse em aviões, nem nunca propusera um passeio tão pouco usual. O pai respondeu: "Mas por que motivo iríamos querer fazer uma coisa dessas? De onde você tirou essa ideia?".

Sem se intimidar, Matthew replicou: "Bem, não temos de fazer isso se você não quiser. Que tal pescarmos? Poderíamos em vez disso ir pescar em algum lugar? Não importa. Podemos fazer o que você quiser..." O garoto continuou listando outras atividades que os dois poderiam fazer juntos; uma longa lista, por sinal.

Pouco a pouco, o pai percebeu: "Meu filho deseja apenas estar comigo, é isso. A atividade em si não é importante. Ele só quer que nós dois passemos algum tempo juntos". Esse pai inteligente compreendeu os sinais de seu filho, seu grande desejo de estar em sua companhia. Daquele dia em diante, desdobrou-se para conseguir estar com seu filho, antes que fosse tarde demais.

Há um importante estágio na vida das crianças, que começa aos nove anos para as meninas e por volta dos onze para os meninos, em que seus olhos se voltam para analisar seu pai com grande cuidado. Inconscientemente, esquadrinham sua forma de pensar e de reagir às coisas. Prestam uma atenção muito mais profunda àquilo que pensa, ao que diz, e à maneira como vive. Por que isso acontece?

Lembre-se de que um homem conduz a sua vida em duas áreas, em casa e no mundo exterior. Embora possa acontecer de o pai e a mãe trabalharem fora de casa, mesmo assim há uma forte tendência de as crianças enxergarem seu pai como "orientado para fora" e sua mãe como "orientada para casa". Um estudo recente mostrou que mesmo em famílias em que ambos trabalham fora de casa, a mãe acaba fazendo 80% do trabalho de casa. Incontáveis mães trabalhadoras poderiam confirmá-lo.

Até recentemente, é claro, essa dupla especialização era verdadeira nas famílias ocidentais, e ainda vale no resto do mundo. Em qualquer caso, as crianças parecem considerar naturalmente a mãe como a especialista nos assuntos da casa, enquanto o pai se especializa em lidar com os problemas para fora da porta de casa. Aos olhos dos filhos, o pai age como a ponte entre o lar e o resto da sociedade.

Lembre-se também de que a palavra "adolescente" costumava significar, muito apropriadamente, "jovem adulto". Antes da invenção de nossa cultura adolescente na metade do século XX, o início da puberdade significava o começo de uma verdadeira maioridade, com quase todas as suas graves responsabilidades. Considere quantas personagens históricas estavam realizando trabalhos importantes antes dos dezoito anos, e quantas moças estavam noivas ou casadas a essa idade.

Hoje nosso Ensino Fundamental termina tradicionalmente no nono ano porque, até o começo do século XX, os jovens saíam da escola aos treze anos para começar a trabalhar. Continuar e entrar no Ensino Médio era relativamente raro, e fazer faculdade era um luxo dispendioso.

Então, como hoje, a puberdade trazia novas possibilidades à vida, mas naquela época histórica, trazia também novas e graves responsabilidades. Assim, as capacidades do adolescente eram rapidamente canalizadas para um exercício produtivo. Pouco depois de se tornarem capazes de conceber, os jovens casavam-se. Assim que os músculos e mentes adquiriam praticamente a força de adultos, passavam a trabalhar por conta própria. Embora ainda não tivessem chegado aos vinte anos, os adolescentes eram realmente adultos, ou quase, e era assim que se consideravam.

Alguns exemplos históricos:

– Aos dezessete anos, George Washington trabalhava como agrimensor-chefe[1] do Condado de Culpeper, Virginia, e supervisionava uma equipe de assistentes; como a maior parte da riqueza naquela época provinha da terra, era um trabalho de grande responsabilidade;

– Thomas Jefferson entrou no College of William and Mary[2] aos quinze anos;

– Alexander Hamilton dirigia uma importante companhia de importação e exportação nas Ilhas Virgens quando tinha quatorze anos;

---

(1) No original, "*chief surveyor*". (N. do T.)
(2) Segunda universidade mais antiga do EUA, localizada em Williamsburg, Virginia. (N. do T.)

– Quando o Marquês de Lafayette ofereceu seus serviços a Washington durante a Revolução Americana, tinha dezenove anos; havia deixado na França, a cargo de seus parentes, sua amada esposa – com a qual se casara aos dezesseis – e sua filha de dois anos;
– Thomas Edison, talvez o maior inventor dos EUA, começou a trabalhar como vendedor em trens, viajando centenas de milhas por semana, quando tinha apenas treze anos;
– Quanto às moças, a maioria estava noiva ou era casada aos dezesseis anos, e eram ocupadas mães e donas de casa ao completar dezenove anos.

Em outras palavras, os adolescentes na maior parte de nossa história eram adultos em tudo exceto na experiência, e esta era rapidamente adquirida.

Um parêntese aqui: muitos dos problemas de adolescentes de hoje parecem advir das tensões de uma infância prolongada. Os adolescentes possuem quase todas as capacidades físicas e intelectuais dos adultos, mas continuam a viver como crianças crescidas. Possuem as possibilidades sem responsabilidades que as equilibrem. Esse estado de coisas – capacidades não exercidas – leva do tédio aos consequentes problemas sociais: imprudência ao volante, uso de drogas, pequenos crimes, vandalismo e outros. Realmente, quase não é culpa deles. Assim como a radiação gama é perigosa se não está direcionada, assim também a força, que, se não se extravasa de forma responsável, leva à agressividade.

Para voltar ao assunto: essa tendência perfeitamente natural para a independência começa de forma lenta alguns anos antes da puberdade. De maneira intuitiva, ao que parece, as crianças sentem que em breve sairão de casa. Como o pai é percebido como o especialista nos assuntos externos à família, os filhos voltam-se para ele como um guia. Ele serve como um modelo e um mentor para terem sucesso no mundo exterior em que logo entrarão.

Esse processo de observar o pai mais de perto é gradual e sutil, mas muito real. Meninos e meninas fazem-lhe mais perguntas. Gostam de passar o tempo com ele, de estar ao seu redor com mais frequência, de prestar atenção ao juízo que faz sobre as coisas, de descobrir mais sobre seu trato profissional e ético com outras pessoas.

Nessa dinâmica, o pai tem um papel extremamente importante no julgamento moral dos seus filhos. Nos anos anteriores, sua esposa fez a maior parte do trabalho na formação da consciência das crianças, ou ao menos com mais frequência do que seu marido. Ele lhe deu o seu apoio, é claro, mas foi ela quem transmitiu a maioria dos ensinamentos sobre o certo e o errado. *Agora que as crianças se aproximam da adolescência, o papel do pai é mostrar a seus filhos como as lições de sua mãe também se aplicam ao mundo exterior.*

Por exemplo:

– Colocamos nossos melhores esforços em casa para realizar as tarefas domésticas e fazer a lição de casa, e fazemos depois o mesmo em nossos trabalhos. A "marretagem" leva ao desemprego;

– Praticamos as boas maneiras na família, e devemos fazer o mesmo no trabalho e na sociedade;

– Dizemos a verdade e mantemos a palavra em casa, e devemos fazê-lo no trabalho. Na vida profissional, quem mente ou descumpre promessas perde o emprego;

– Respeitamos a autoridade dos pais, e todas as outras autoridades também, inclusive os chefes e a lei. O que se chama "obediência" em casa, no trabalho chama-se "trabalho em equipe". Na vida adulta real, todo mundo responde a alguém;

– Respeitamos os direitos dos irmãos, e devemos respeitar os direitos de todos na sociedade;

– Os pais punem o mau comportamento, e o mesmo faz a lei.

E assim por diante. Em outras palavras, um pai dá uma forma acabada e amadurecida à consciência que os filhos terão por toda a vida: *Tudo o que lhes ensinamos sobre o certo e o errado em casa é também a forma como nós adultos vivemos como pessoas honradas, responsáveis e ponderadas.*

Junto a tudo isto, há outra dinâmica sutil em ação. Quando os meninos se aproximam da adolescência, olham para o pai como modelo de realização varonil: a forma como um homem deve viver. No início da adolescência, podem questionar ou até mesmo desafiar o julgamento moral do pai em certos pontos, mas o que estão procurando é o raciocínio adulto que há por trás. Querem saber por que ele traça os limites naquele ponto. E algumas vezes o pai precisa mostrar-lhes esses limites claramente, fazendo finca-pé neles.

É interessante que as meninas também estudam seu pai muito de perto. De forma intuitiva, estão colocando-o como um modelo, um padrão vivo, para avaliar os outros homens. Moças adolescentes que conhecem bem seu pai e respeitam-no profundamente tendem a usá-lo como um padrão para avaliar os homens de sua própria idade.

Se um pai demonstra um afeto respeitoso por suas filhas, elas serão em geral cuidadosas com relação às formas como dão e recebem afeto em suas relações com os rapazes. Papai é o modelo. De fato, parece que uma jovem que respeita profundamente seu pai sente-se mais fortemente atraída por pretendentes que se pareçam com ele, especialmente em seu caráter. Com frequência, acaba casando-se com um homem que inconscientemente a lembra de seu pai.

Em muitas famílias hoje, infelizmente, os homens ignoram – são cegos e surdos – as solicitações de seus filhos pré-adolescentes por atenção e conversa. De forma típica, formaram há muito tempo, e ainda o mantêm, o hábito de delegar os assuntos das crianças a suas esposas. Não conseguem enxergar como seus filhos estão mudando, e não apenas crescendo. As crianças crescem, mas os adolescentes mudam.

Além disso, muitos homens próximos aos quarenta anos com frequência estão concentrados em suas próprias preocupações da meia-idade. Interiormente, lutam e preocupam-se com pressões maiores no trabalho, contas maiores a pagar, alguma apreensão com aqueles primeiros cabelos grisalhos e sinais de declínio de força física. Embora não necessariamente sofram uma terrível e esmagadora crise da meia-idade, mesmo assim estão inclinados a passar demasiado tempo absortos em si mesmos. Justo quando seus filhos mais precisam deles, durante essa pequena janela de oportunidade, estão bem menos disponíveis e atentos do que eram durante a infância dos filhos.

O resultado? Quando as crianças entram em cheio na adolescência, voltam-se para seus colegas buscando liderança e um apoio em que construir sua confiança. Os garotos buscam em vários lugares por modelos, e os encontram na indústria do entretenimento. As meninas deixam que as emoções e a pressão do ambiente determinem sua atitude com relação aos homens, e têm parâmetros fracos para avaliar os rapazes de sua idade. Podem acabar por entregar seu coração a uma pessoa qualquer, e por partir os de seus pais.

Obstáculo: Os pais precisam competir pela atenção de seus filhos com formas eletrônicas de entretenimento.

Antes de a mídia eletrônica invadir em peso a vida de família, os pais e mães gozavam da atenção exclusiva de seus filhos. Todos os dias, as crianças viam seus pais executarem pessoalmente um trabalho responsável e depois descansarem com divertimentos saudáveis, e juntavam-se a eles no trabalho e na diversão. Como a casa era razoavelmente silenciosa, os filhos podiam ouvir os pais conversando entre si e com seus irmãos, parentes e vizinhos. Dessa forma, através do ir e vir da conversação na vida de família, aprendiam a forma de os adultos pensarem, reagirem e julgarem.

O tempo livre em casa era preenchido com conversas, leitura, jogos e enigmas: atividades da mente. Mais ainda, as crianças tinham tempo e incentivo para ler e para fazer com atenção a lição de casa.

Em muitas famílias ocidentais de hoje, talvez na maioria, essas saudáveis interações familiares praticamente desapareceram. As crianças, frequentemente seguindo o exemplo de seus pais, passam horas isoladas, olhando como em um transe para um tubo de raios catódicos. Ou apertam botões em um estupor febril nos videogames ou na internet, totalmente absorvidas em fantasias frenéticas e, com frequência, violentas. Em algumas casas, as crianças retiram-se para os seus quartos e isolam-se completamente da família para buscar a companhia da televisão e de seu computador, e de mais ninguém.

Hoje em dia, os próprios pais com frequência retiram-se para uma poltrona, e sentam-se silenciosos e imóveis por horas a fio diante da televisão, inertes como um vaso de planta. Esses homens parecem ignorar totalmente um importante fato da vida: em algum lugar da casa, seus filhos estão ficando mais velhos..., mas não estão crescendo.

As crianças precisam de tempo para aprender com as ações e decisões de seus pais. O que aprendem nos primeiros dezesseis ou dezoito anos determinará como viverão nos cinquenta anos de vida seguintes. Só que hoje o tempo passado juntos é gravemente truncado, extremamente breve. Nas dezesseis horas que passam acordadas em cada dia, as crianças tipicamente gastam apenas fragmentos de tempo na companhia do pai, não mais do que um par de horas, se tanto. E se a TV fica ligada por horas, o tempo dos filhos com seu pai é reduzido a minutos, certamente menos do que meia-hora por dia. É pouquíssimo tempo para ensinar muitas coisas, e é um recurso insubstituível. É por tudo isso que assistir televisão sozinho – tanto os pais quanto os filhos – é algo que corrói os laços entre eles. A televisão é um rival pela atenção dos filhos.

Considere o seguinte: quando os adolescentes e jovens de hoje são solicitados a listar as pessoas que admiram, quase sempre dão os nomes de artistas e outras figuras públicas que aparecem na televisão. Raramente mencionam seus pais; quase nunca citam "meu pai".

Quando as crianças em uma família "piquenique" veem os pais compartilharem sua dependência por assistir TV de forma indiscriminada, tendem a vê-los como *iguais*, companheiros de cela

85

passivos, simples parte do auditório, mais parecidos com consumistas que só querem divertir-se do que com pessoas fortes e produtivas; seguidores, e não líderes.

Por outro lado, quando os pais exercem um controle criterioso sobre o que se assiste na televisão, mantendo-o em um mínimo racionalmente planejado, tornam-se, aos olhos dos filhos, mais fortes do que seu rival. Como a TV é poderosa, quem a controla é ainda mais poderoso. Pai e mãe demonstram claramente que estão no comando. Emergem inquestionavelmente como líderes dentro de casa.

Essa rivalidade assume ainda outra forma. Pais e mães responsáveis querem que os filhos cresçam nas virtudes; porém, o que a televisão apresenta glamurosamente é o *oposto* delas. As crianças precisam de uma prática repetida de juízos lógicos e criteriosos; porém, a TV apresenta-lhes ondas de estímulos sensoriais sem forma, e não ideias. Os filhos precisam de exemplos vivos de esforço paciente, determinado e objetivo; mas a televisão apresenta soluções rápidas, escapadas fáceis e resolução violenta de conflitos. Os jovens precisam de figuras heroicas que se sacrifiquem com coragem, generosidade e um elegante autodomínio; mas a televisão exalta a vulgaridade, a irreverência, os excessos emocionais e o comodismo material. As crianças precisam ser encorajadas a ler; porém, a televisão substitui a leitura e parece até mesmo ignorar sua existência; quando foi a última vez em que você viu alguém na TV lendo um livro? Em resumo, pais responsáveis querem tecer uma tapeçaria na vida de família, da qual seus filhos possam aprender, um tecido de vivências realistas e retas. A televisão trabalha para desfiá-lo.

Nada disso implica, é claro, que o entretenimento eletrônico não tenha um lugar legítimo em casa. Pelo contrário, a televisão e seus acessórios podem beneficiar a família sob certas condições: quando é de boa qualidade, quando une em conversa os membros da família (como nos eventos esportivos), e quando é mantida sob o criterioso controle dos pais.

Os meios de comunicação não são em si mesmos inimigos, mas rivais, especialmente na atenção das crianças em relação ao seu pai. Um pai inteligente sabe disso, e age de acordo. Trata os meios de comunicação como trataria rivais poderosos e traiçoeiros em qualquer outra disputa importante; isto é, vigia-os com atenção e não os deixa vencer.

Obstáculo: *Nossa prolongada prosperidade transformou nossas crianças e adolescentes em uma classe ociosa.*

Ao longo da história, na maioria das sociedades houve uma pequena e rica aristocracia (ou o seu equivalente) que usava suas riquezas e seu poder para viver como uma classe ociosa. Quais eram as principais características dessa elite próspera? E por que essas características parecem tão familiares? Pense sobre isso...

– A classe ociosa não realizava nenhum trabalho produtivo sério. Vivia de uma renda conseguida sem esforço; isto é, do dinheiro alheio;

– Os membros dessa classe viviam inteiramente como consumidores. Sua única função positiva na economia era gastar dinheiro;

– Gozavam de benefícios extraordinários: boa saúde e cuidados médicos, refeições regulares, relativa segurança, educação superior e grau universitário, ambiente quente e confortável, tempo e liberdade para viajar, entretenimento rico e variado à vontade, bastante tempo livre para apreciar esportes e festas;

– Sofriam também os vícios ligados à riqueza e ao poder: fuga frenética do tédio, abuso de álcool e drogas, preocupações com a diversão, promiscuidade sexual, infidelidade conjugal, ignorância quase total sobre os graves problemas sociais de sua sociedade, e uma cruel indiferença para com o sofrimento alheio.

Não se requer muita imaginação para ver como essas características se aplicam hoje a um grande número dos nossos jovens. Não a todos, de forma alguma, mas a uma porcentagem assustadoramente alta. Se você duvida, dê uma boa olhada em como é o fim de semana entre os adolescentes em qualquer shopping center da cidade, ou como é a vida em uma típica república de faculdade. A vida de muitos adolescentes e estudantes universitários de hoje parece-se notavelmente com a vida da aristocracia francesa em Versailles em meados do século XVIII.

Ao contrário das elites históricas, entretanto, nossa própria classe ociosa de jovens enfrenta um sério problema: a maioria deles não herdará uma grande fortuna. Em algum momento, em geral pouco depois de completarem vinte anos, precisam assumir as graves responsabilidades do trabalho e da família; isto é, uma redução nas delícias do ócio e um aumento nos desafios normais da vida adulta. Como conhecem pouco ou nada além de sensações divertidas desde a infância, encaram a perspectiva da maioridade com temor e apreensão. Converse com alguns ansiosos veteranos da faculdade e você verá o que quero dizer. Em sua perspectiva, infelizmente, os melhores anos da vida ficaram para trás.

Esse estado de coisas incentiva pouco a maturidade. Muitos jovens adultos trabalham duro para aprender uma habilidade vendável e ganhar o bastante para viver decentemente. Mas sua vida pessoal, as horas fora do trabalho, demonstram uma incansável tentativa de continuar a irresponsabilidade despreocupada da juventude, uma recusa ou incapacidade de amadurecer. Oscilam entre a escravidão nos dias úteis e a libertinagem aos fins de semana. Quando casam, tratam seus filhos – se decidem tê-los – como companheiros de brincadeira ou animais de estimação pela casa. Subornam-nos com aparelhos e diversões, em busca de reduzir os problemas ao mínimo. Esperam que as esposas os mimem como seus pais o faziam. Estão, por força do hábito, acostumados a receber, e não a dar, e esse egoísmo corrói seus casamentos como ácido. Colocam as coisas à frente das pessoas, e frequentemente tratam as pessoas como coisas. Sob essa busca de prazer, são ansiosos e solitários, inseguros de si ou do que representam de fato. Para eles, a vida de casados consiste em diversões compartilhadas intercaladas com o tédio, reclamações constantes e discussões.

* * *

Evidentemente, não há muito o que você possa fazer para mudar essas tendências de nossa sociedade. Mas você pode fazer muitas coisas com seus filhos para criá-los bem. Muitos jovens hoje são bem educados em casa, e ao crescerem tornam-se adultos competentes e responsáveis que vivem em função do bem dos outros. Seus próprios filhos podem – *devem* – estar entre eles.

Todos esses problemas estão infiltrados na vida familiar já há algum tempo, quase três gerações. Juntos, são um desafio a você, que vai em frente em seu grande esforço de criar bem os filhos. Enquanto estes crescem e tornam-se adultos e (como você espera) amadurecem de verdade, você terá de lançar mão de todos os seus recursos de inteligência, dedicação e amor sacrificado: todas as suas forças de homem.

Esse pensamento leva-nos a outro obstáculo ainda mais sutil que você poderá enfrentar. Um número significativo de homens hoje – incluindo talvez você mesmo – são inseguros de si em seu papel de pais. Querem fazer a coisa certa com os filhos, mas não têm certeza do que isso significa, ou de como exatamente se espera que executem essa tarefa.

Não é nenhuma surpresa. Muitos homens hoje cresceram no ambiente familiar que esboçamos acima. Quase nunca viram seus pais trabalhando. Viveram em uma casa com excesso de diversões e poucos exemplos a seguir. Suas capacidades foram pouco exigidas antes dos vinte e um anos. Seus pais, pelos motivos que forem, nunca lhes ensinaram de forma sistemática as virtudes. De fato, muitos e muitos homens, especialmente na última geração, não tiveram um pai em casa. Não tiveram uma liderança masculina confiante e admirável que pudessem seguir, e por isso agora não sabem o que fazer ou como fazê-lo.

Em outras palavras, as últimas décadas – digamos, desde o fim da Segunda Guerra Mundial – viram um rompimento, gradual e profundo, no processo pelo qual os pais passavam aos filhos a sabedoria coletiva da paternidade construída ao longo de séculos: as grandes lições de vida que os homens ensinavam a seus filhos com o exemplo, a prática dirigida, a conversa orientadora e o encorajamento. Isso deixou os pais de hoje tremendamente inseguros sobre como lidar com sua maior responsabilidade. É triste dizer, mas muitos homens ainda ignoram inclusive que têm uma responsabilidade na formação do caráter de seus filhos.

Assim, se você não tem certeza sobre o que fazer, está em grande companhia.

Mas também há razões para a esperança. Se há algo que a história nos ensinou, foi que os seres humanos possuem incríveis poderes de resiliência, inesperadas reservas de força em face de grandes desafios. Alguns dos homens que realizaram os maiores feitos na história – Washington, Jefferson, Hamilton, Lafayette, Robert E. Lee, Isaac Newton –, para citar apenas alguns – vinham de lares sem um dos pais.

Quando precisamos, quando não há escolha, somos capazes de sobreviver e triunfar mesmo sem aquilo que é "necessário". Em última análise, o sucesso na vida – como pai ou como qualquer outra coisa – é uma questão de visão de longo prazo inspirada por um grande e apaixonado amor.

CAPÍTULO IV
Concentre-se no caráter de seus filhos

Chegou a hora de entender melhor o que significa "caráter". Usei essa palavra nos capítulos anteriores, e dei indícios de seu significado. Como formar o caráter dos filhos é o componente essencial da missão de um pai, esse deve saber o que está fazendo. Já é hora de formar sobre ele um conceito claro e uma compreensão prática.

O caráter é uma qualidade espiritual que reside na inteligência, na vontade e no coração. Como todas as outras qualidades espirituais que admiramos nas pessoas – carisma, coragem, força de vontade, autoconfiança sadia, "classe" –, o caráter é difícil de definir, mas bastante fácil de perceber. Reconhecemo-lo quando o vemos nas pessoas, e ficamos aflitos, ou ao menos incomodados, quando vemos que está ausente nas pessoas com as quais devemos conviver ou das quais dependemos.

Vamos circular ao redor do significado com algumas descrições tiradas do senso comum; depois, poderemos defini-lo com mais precisão.

– Como disse uma pessoa sábia certa vez, o caráter é aquilo que nos resta se algum dia vamos à falência. Ele é o que cada um de nós é, descontados nosso dinheiro e nossas posses;

– O caráter é o agregado das qualidades que as pessoas estimam em nós apesar de nossas deficiências pessoais. Na verdade, é aquilo que admiram em nós pela nossa forma de lidar com essas deficiências. Por exemplo, é fácil respeitar um homem que admite ser um "alcoólatra em recuperação" e que luta para superar seu problema;

– O caráter é o que as pessoas admiram em nós independentemente de nossos talentos e habilidades adquiridas. As pessoas podem possuir talentos e habilidades extraordinários e mesmo assim carecerem de caráter. Por exemplo, leia a página esportiva e observe as falhas pessoais evidentes e mesmo destrutivas de atletas inquestionavelmente talentosos. Ou olhe ao redor em seu local de trabalho: no mundo corporativo não são poucos os bárbaros tecnicamente hábeis;

– O caráter é o que os empregadores buscam quando leem as entrelinhas de cartas de recomendação e currículos de candidatos;

– O caráter é o que faz com que os outros se orgulhem de serem nossos amigos, e não meros conhecidos. É o que faz uma amizade durar a vida inteira;

– Caráter é o que as crianças desejam ver em seus pais. É a parte de suas vidas que os filhos imitam de forma inconsciente. É a medida pela qual julgam depois os outros adultos e inclusive seus próprios colegas. O caráter de um homem é aquilo que move seus filhos a desejarem ser como ele quando crescerem; e suas filhas a desejarem casar um dia com um homem exatamente como ele.

Como essa é uma ideia bastante escorregadia, precisamos de algum tipo de estruturação para pensar nela, uma forma racional de quebrá-la em várias partes. Mostrarei aqui aquela que achei mais útil. Tem um *pedigree* de mais de dois mil anos de idade, um esquema originalmente imaginado pelos gregos.

Os gregos antigos tinham muito a dizer sobre o caráter. Como estavam afastados de nosso complicado e confuso mundo de computadores, armas nucleares e aparelhos complexos, puderam formar uma ideia clara e insuperável da natureza humana. Embora vivessem vidas imperfeitas – massacravam povos inteiros e praticavam o infanticídio, as melhores inteligências entre eles ainda pensavam profundamente sobre a ética, a bondade, a beleza e a verdade. Após dois milênios, ainda recorremos à sua sabedoria, pois fazem-nos pensar.

Para as maiores mentes da Antiguidade, especialmente Aristóteles, o caráter aparece como uma integração daquilo a que deram o nome de virtudes, essas forças da inteligência, da vontade e do coração construídas através da prática constante: *prudência, justiça, fortaleza e temperança*. O caráter, para eles, é a soma total dessas forças habituais, juntas na personalidade de uma pessoa. Ele determina o que somos no cerne de nossa própria pessoa, a nossa alma. E afeta diretamente a forma como convivemos com os outros.

Infelizmente, em nossa era alguns desses termos antigos sofrem de má fama. A *prudência* hoje adquiriu um significado negativo: uma timidez ou excesso de cálculo, uma espécie de temerosa hesitação em face de uma situação difícil. A *temperança*, da mesma forma, tomou um significado distorcido: abstinência de álcool, uma hostilidade puritana contra as bebidas alcoólicas.

Em nome de uma compreensão bem mais clara, e de uma ação paterna confiante, sugiro que você considere as grandes virtudes – isto é, as forças do caráter – em termos mais modernos e de senso comum:

- A prudência é a *capacidade de julgamento criterioso e a consciência;*
- A justiça é o *sentido da responsabilidade*;
- A fortaleza é *a coragem, a persistência, a "garra"*;
- A temperança é *o domínio de si, a autodisciplina e o autocontrole.*

A esses quatro conceitos clássicos de virtude, acrescentarei outra força interior extraída de nossa moral judaico-cristã, a do *coração*. Os gregos antigos eram, em muitos aspectos, um povo sem coração. Isso significa *generosidade, magnanimidade, caridade, capacidade de compreensão, compaixão e perdão*. Em termos religiosos, significa fé, esperança e caridade.

Explicarei essas virtudes em detalhes ao longo do restante deste livro. Mas antes de continuarmos, devo apresentar algumas ideias que você precisa compreender desde o princípio, pois são cruciais à sua tarefa de pai. São os alicerces sobre os quais um homem "edifica" os seus filhos.

Em primeiro lugar, as crianças não vêm ao mundo com essas virtudes. Com certeza, resplandece nelas o brilho de muitas belas qualidades, que nos encantam e nos levam a amá-las. Porém – sejamos francos, não começam a vida dotadas de critério, responsabilidade, perseverança corajosa ou autodomínio. Essas virtudes devem ser construídas desde os alicerces enquanto as crianças crescem; caso contrário, crescerão sem adquiri-las.

Para dizê-lo de outra forma, as crianças vêm ao mundo como o exato oposto dessas virtudes. Apesar de seus encantos e de sua graça, são conduzidas por um pensamento impreciso e emocional, por um irresponsável egocentrismo, pelo escapismo e por uma constante compulsão de comodismo. Vivem como hedonistas centradas no próprio "eu", entregues a satisfazer imediatamente suas paixões e apetites, e determinadas a impor suas vontades sobre todos a seu redor, às vezes pela manipulação e ocasionalmente pela força.

Se alguém duvida disso, deveria conversar um pouco com qualquer pai ou professor experiente. Ou passar um par de dias monitorando um pátio de escola. Ou escutar e observar como crianças pequenas se comportam extremamente mal quando acompanham seus pais às compras. Por que será que notamos as falhas e vícios com mais facilidade nos filhos dos outros?

O segundo ponto essencial, relacionado ao anterior, é este: sua tarefa como pai é colaborar com sua esposa para garantir que os seus filhos não cresçam desse jeito, como hedonistas imponderados e egocêntricos, impulsivos e irresponsáveis, manipuladores ou valentões. *Sua tarefa é ensinar-lhes as virtudes do bom senso, da responsabilidade, da perseverança corajosa, do autocontrole e do coração. Esse é o cerne de sua responsabilidade como pai.*

A experiência universal da raça humana é esta: para fracassar nessa tarefa, para ver seus filhos crescerem com os defeitos da infância intactos, tudo o que você precisa fazer é... nada. Não fazer nada é flertar com o desastre. Se você negligenciar sua responsabilidade como pai – se, por exemplo, deixar o trabalho de criar os filhos para sua mulher –, poderá descobrir um dia (como tragicamente descobrem tantos homens em nosso país) que eles se tornaram adolescentes e adultos jovens com seus vícios infantis ainda fixos firmemente no lugar. Aos quinze ou vinte ou vinte e oito anos, seus filhos fisicamente crescidos poderão ser versões com 1,80m de altura do que eram aos dois anos de idade. Como adultos, poderão ainda viver como hedonistas egocêntricos, dominados por apetites descontrolados (inclusive pelas drogas), homens e mulheres irresolutos e irresponsáveis, e virtualmente incapazes de servir às outras pessoas –, mesmo se quisessem.

Por favor, entenda isto, pois é de importância vital: *Suas crianças não terão crescido quando forem capazes de cuidar de si mesmas. Terão crescido real e verdadeiramente apenas quando forem capazes de cuidar dos* outros –, *e desejarem fazê-lo.*

Assim, provocar uma mudança em seus filhos, levá-los a tornarem-se homens e mulheres de caráter forte é o seu grande desafio como pai. É a maior responsabilidade de sua vida de homem. E, não importa o que mais conquistar em sua carreira, ter sucesso nisso – conseguir que os filhos cresçam dessa forma – será a maior realização de sua vida.

Formar o caráter

Fiz aqui apenas um esboço rudimentar dessas grandes qualidades do caráter, mas elas são reais. Para entendê-lo de forma mais palpável, por favor pare por um momento e pense naquelas pessoas que você mais estimou na vida: pais, parentes, vizinhos, chefes e colegas de trabalho, figuras da vida pública. Faça uma lista de seus nomes e pense em suas extraordinárias qualidades.

Não é verdade que os admirava por suas capacidades de inteligência, vontade e coração? Não é verdade que demonstravam excelente critério, sabedoria, uma refinada consciência sobre o certo e o errado? Como demonstravam sua integridade moral? Que espécie de coragem traziam consigo para resolver os problemas ou para conviver pacientemente com eles? Não apresentavam consideração pelas necessidades e sensibilidades dos outros? Não aproveitavam bem a vida, desfrutando dela ao máximo mas sem exceder-se? Não pareciam colocar sempre as pessoas à frente das coisas? Não era divertido estar com eles, e agradável trabalhar a seu lado?

Seus filhos podem crescer e tornar-se como essas pessoas admiráveis.

Como os pais o fazem? Como os jovens crescem em caráter em suas casas? A experiência coletiva da vida de família em todo o mundo demonstra que as crianças aprendem o caráter de três formas, e nesta ordem:

– Primeiro, pelo *exemplo*: aquilo que as crianças observam nas vidas dos pais e de outros adultos a quem respeitam;
– Segundo, pela *prática dirigida*: aquilo que as crianças são ordenadas a fazer, ou obrigadas a fazer de forma repetida, apesar de sua resistência, por seus pais e outros adultos respeitados, como técnicos, avós e tutores;
– Terceiro, pela *palavra*: a *explicação* que as crianças ouvem dos pais e de outros sobre o que observaram e foram obrigadas a fazer.

Deixe-me focar com mais detalhes essas três formas de aprendizado. Elas são o perfil do seu papel como um pai eficaz.

O exemplo

Você ensina o caráter a seus filhos em boa medida através do exemplo, e, se posso dizê-lo dessa forma, quando menos percebe.

Você provavelmente já notou que as crianças têm um ouvido seletivo, uma espécie de filtro que descarta coisas desagradáveis como as repreensões e as correções. Às vezes ouvem, às vezes não, e com frequência é difícil dizer o quanto do que você fala está sendo absorvido.

No entanto – e este é o ponto principal –, elas veem tudo. Não deixam escapar nada em seu campo visual. Seus pequenos olhos ávidos, como seus corpos pequenos e ágeis, estão em constante movimento, procurando e analisando, notando cada detalhe da vida dos pais. É como as crianças funcionam: observando como os adultos, principalmente os pais, conduzem suas próprias vidas.

Se o que veem em você e em sua esposa são as suas virtudes – seu critério, responsabilidade, rijeza, autocontrole, generosidade –, prestam grande atenção. Percebem em você uma força confiante e madura, e essa percepção leva-os a respeitá-lo. Os filhos devem, acima de tudo, ter um profundo respeito por seus pais, e, nunca é demais repetir, todo o respeito deriva de uma percepção de força.

Esse respeito, por sua vez, leva os filhos a imitarem inconscientemente os pais, repetir suas ideias e comportamentos, suas atitudes e valores. Assim, ao decorrer dos anos, os filhos crescem e inconscientemente, pouco a pouco, vão adotando o caráter dos pais.

Em outras palavras, você e sua esposa dão os principais ensinamentos sobre as virtudes quando menos têm consciência disso. Seus fragmentos de conversa, suas reações aos acontecimentos (bons e maus), seu empenho no trabalho e no lazer, seus comentários diante das notícias, seu humor, tudo o que os irrite ou alegre, até mesmo sua forma de olhar –: todas essas percepções penetram nas mentes e corações de seus filhos. Com efeito, aquilo que as crianças ouvem por acaso em casa é pelo menos tão importante – e com frequência mais – quanto qualquer coisa que você lhes diga diretamente.

Assim, por favor pense nisto:

– Onde, e em quais circunstâncias, seus filhos o veem vivendo de forma responsável em casa?;

– De que formas veem que você se agarra a uma tarefa, recusando-se a desistir?;

– Como aprendem sobre a sua prudência, sobre seus princípios éticos? O que ouvem por acaso em casa –, ou você está sendo afogado pelo barulho da TV?;

– Como lhes *demonstra* que considera a mãe deles a melhor mulher do mundo? Onde e como veem que você exercita o autocontrole e a moderação na comida, bebida e diversões, e até mesmo no próprio trabalho?;

– Eles o veem trabalhar, quando suas atitudes estão em pleno rendimento?;

– Veem-no praticar a cortesia: *por favor, obrigado*, e ações que transmitem essas atitudes, com sua esposa e convidados?;

– Em que circunstâncias testemunham outros adultos mostrando respeito a você?

Em suma, nenhum homem pode ensinar o caráter de forma eficaz a menos que dê, em primeiro lugar, um exemplo do que espera de seus filhos. Se você quer ser um bom pai, deve primeiro lutar para ser um bom homem.

Prática dirigida

Não o esqueçamos: a virtude é o hábito de se viver bem, e todos os hábitos são adquiridos praticando-o repetidas vezes. Você, como pai, deve levar seus filhos a *agir*, a aprender fazendo.

Um pai sábio e experiente é astuto o bastante para compreender esta sólida realidade: as crianças estão adquirindo hábitos, sejam bons ou maus, o tempo todo. Formam-nos a partir de qualquer coisa que pratiquem de forma repetida, tanto virtudes como vícios.

Pense nisto: se permanecem inertes todos os dias, crescerão preguiçosas. Se esperam que os adultos arrumem suas bagunças, nunca serão organizadas. Se são pressionadas a ler todos os dias, se tornarão leitoras. Se absorvem grandes doses diárias de

TV, serão sedentárias e fãs fervorosas de "celebridades". Se sempre conseguem o que querem, nunca aprenderão o autocontrole. Se dizem "por favor" e "obrigado" com frequência, passarão a usar essas palavras por conta própria; caso contrário, permanecerão insensíveis e grosseiras. Se fazem a cama todas as manhãs, transformarão essa prática em uma parte inconsciente de seu ritual diário. Se tiverem que refazer a lição de casa mal feita à noite, aprenderão a fazê-la bem da primeira vez. E assim por diante.

Todos os dias os filhos formam hábitos permanentes. A questão é: quais?

É aqui que entra seu verdadeiro trabalho de pai. É aqui que você fará um esforço sacrificado todos os dias, por anos, para transformar os hábitos diários de seus filhos em virtudes que durem a vida toda.

Você levará as crianças a tornarem-se responsáveis fazendo-as viverem responsavelmente: executar as tarefas domésticas e fazer a lição de casa o melhor que puderem. Arrumar sua própria bagunça, aceitar as consequências de sua preguiça, praticar os bons modos na família e dentro de casa, dizer a verdade e manter a palavra.

Ensinará a justiça corrigindo sua grosseria e desprezo egoísta pelos direitos dos outros, especialmente seus irmãos. Ensinará a distinguir o certo do errado punindo de forma rápida e justa quando se comportam mal, e elogiando com sinceridade quando se comportam bem, e fazendo-os pedir desculpas.

Você lhes ensinará a fortaleza encorajando-os a perseverar nas tarefas difíceis, e a não ser lamuriosos ou desistir. Você não resolve os assuntos deles, mas sim os *dirige*; isto é, não faz o trabalho por eles ou controla todos os seus esforços. Em vez disso, mostra-lhes o que deve ser feito e diz: "Tente fazer assim, você consegue fazer sozinho". Você não assume as rédeas até que eles tenham feito uma boa primeira tentativa; então, mostra-lhes como se faz e ajuda-os a aprenderem com seus próprios erros. Como disse uma vez uma pessoa sábia: "A coragem é a recordação dos sucessos passados". Dessa maneira, você os leva a crescer em confiança ao colocar suas habilidades para enfrentar desafios. Sua autoconfiança brota da confiança que você tem neles.

Você ensinará uma autoestima realista e saudável a partir de um trabalho bem feito, e assim gerará neles o princípio de um duradouro sentido de profissionalismo. Se o trabalho deles é bagunçado e descuidado, você os obriga a fazê-lo de novo, e então elogia quando está bem feito.

Em resumo, você lhes ensinará uma importantíssima lição de vida: o conforto e a conveniência são apenas consequências de uma vida bem-sucedida, e não o seu propósito. Estamos aqui para servir os outros com nossas habilidades, é para isso que serve a vida adulta. Você os levará, através de uma ação concreta e dirigida, a esquecer seus interesses egoístas – da mesma forma que você – e a contribuir com as necessidades e o bem-estar da família. Tudo isso, conforme seu planejamento como pai, é uma preparação prática para as suas vidas no futuro como maridos e esposas, pais e mães, trabalhadores e cidadãos.

Como pai, você nunca afrouxará nem desistirá, até que seus filhos tenham a capacidade de viver de forma correta por conta própria.

Um pai inteligente contou-me sua experiência de ensinar suas duas filhas a arrumar a bagunça em seus quartos. Disse-me:

> Eu ficava dizendo às minhas filhas que elas já tinham idade suficiente (tinham então nove e onze anos) para manter seus quartos limpos, mas a bagunça continuava. Seus hábitos de desleixo da infância continuavam inalterados, e isso estava deixando minha mulher louca.
>
> Ocorreu-me que minhas filhas talvez não compreendessem o conceito de "quarto arrumado", então decidi ensiná-las eu mesmo. Instituí aquilo que chamei de "o Exercício dos Dez Minutos". Isto é, ia ao seu quarto e recolhia suas coisas com elas; os três juntos, esforçando-nos para terminar a tarefa em dez minutos. No final, quando tudo estava em ordem, eu apontava

ao meu redor e dizia: "Isto, meninas, é um quarto arrumado. Entenderam?".

Fiz isso com elas duas ou três noites por semana durante alguns meses. Então, em certo ponto, mandei-lhes fazer o mesmo sozinhas. Nesse momento, elas já sabiam o que eu queria dizer; havia-lhes mostrado meu padrão de ordem. Quando inspecionei o quarto, naturalmente, elogiei-as por seu trabalho, disse que estava orgulhoso delas, o que as agradou muito. Mostrei-lhes também o pouco tempo necessário para realizar algo quando realmente nos resolvemos a fazê-lo. Seu trabalho não foi perfeito em todas as vezes posteriores, mas fizemos um grande progresso.

A palavra

Finalmente, a explicação verbal.

Por alguma razão que nunca compreendi, muitos pais acreditam que a conversa – sermões, broncas, reprimendas, etc. – são a principal maneira de formar o caráter dos filhos. Isso é positivamente falso. O exemplo paterno e a prática dirigida pelos pais são muito mais poderosos. As palavras, em qualquer forma, são mais eficazes – e talvez seja a única forma em que são eficazes – quando funcionam para *explicar* ou *recordar* às crianças aquilo que estas veem e são levadas a fazer na vida de família.

Em outras palavras, uma explicação verbal funciona principalmente para formar o critério e a consciência das crianças, para dar-lhes uma compreensão racional, um sentido da devida importância do exemplo permanente dos pais, e de suas exigências para que se vivam as outras virtudes: responsabilidade, rijeza perseverante, autocontrole e um espírito de perdão generoso.

Por exemplo, você e sua esposa dizem *por favor* e *obrigado* um ao outro e insistem em que seus filhos façam o mesmo. E explicam repetidamente a razão: as pessoas têm dignidade, direitos e sentimentos, e, portanto, temos obrigação de mostrar-lhes respeito.

Outro exemplo: você e sua esposa guardam as coisas em seus devidos lugares, e fazem com que seus filhos façam o mesmo. Explicam-lhes que os adultos não gostam de bagunça, e que ninguém deveria ter que procurar por uma coisa colocada deixada fora do lugar por causa do desleixo e egoísmo de outra pessoa. As necessidades dos outros sempre têm prioridade sobre nossa própria preguiça e desleixo.

Outro: você e sua esposa persistem em uma tarefa da casa até que ela esteja realizada a contento, e fazem com que os filhos também se comportem assim com suas tarefas domésticas e lição de casa. Explicam-lhes a importância do trabalho bem feito e da desgraça que é ser um preguiçoso e desistir diante das dificuldades. Olhando para o seu futuro, vocês explicam como no mundo profissional dos adultos, espera-se que todos entreguem um trabalho de alta qualidade. Essa capacidade adulta de realizar o trabalho da melhor maneira possível leva anos de prática, e deve começar na infância.

Ainda outro exemplo: você e sua esposa recusam-se a assistir programas de TV ou a acessar sites de internet que tratam seres humanos como coisas, e não permitem esses programas em sua casa. Explicam suas convicções morais, e a forma como vocês e sua família se esforçam por vivê-las. Quando os filhos forem adultos – dizem-lhes –, poderão dirigir suas próprias famílias segundo suas próprias convicções, as quais vocês esperam que sejam as mesmas que as suas. Mas enquanto isso, a casa é sua, e portanto a decisão sobre o que é permitido ou não também é sua, e ponto.

O resto deste livro trará muitos outros exemplos dessas lições que você deve ensinar a seus filhos. O ponto aqui é que você e sua esposa devem apoiar-se nas palavras para ajudar as crianças a compreender *o porquê* de vocês viverem como vivem, e *o porquê* de as pressionarem a fazer o mesmo: "É assim que adultos competentes, responsáveis e ponderados comportam-se diante de Deus e dos outros; e é assim que vocês devem viver quando crescerem e se tornarem adolescentes e adultos. Sua mãe e eu fazemos orientações e correções porque amamos vocês".

Como qualquer pai que já passou algum tempo na luta lhe dirá, as crianças com frequência resistem a essas lições; não compreendem, ou recusam-se acaloradamente a compreender, aquilo que você lhes diz. Essa rebelião acende-se de modo especial durante os dois períodos mais problemáticos da vida das crianças: entre os dois e cinco anos, e de novo entre os treze e dezessete. São períodos emocionais na vida, e as emoções intensas alteram a percepção e bagunçam as motivações. Mesmo assim, você e sua esposa preparam-se para resistir e perseveram pacientemente. Vivem com a fé granítica de que algum dia, mais cedo ou mais tarde, seus filhos irão entender. E em certo momento, talvez anos depois, eles recordarão do que vocês lhes disseram, e seus ensinamentos finalmente serão absorvidos, especialmente quando começarem suas próprias famílias. Isso já não aconteceu com você mesmo? Não é verdade que tem hoje uma compreensão mais clara e um maior apreço pelas carinhosas correções que recebeu de seus pais?

O que desejo sublinhar aqui é que a prática dirigida constrói hábitos, enquanto as explicações verbais – conversas em particular, correções fortes, broncas, etc. – constroem o critério, a consciência, atitudes e valores. As palavras sozinhas nunca poderão substituir o exemplo dos pais e a prática dirigida. Ao contrário, reforçam os bons hábitos, e arraigam-nos de verdade, ao explicar as razões por trás deles.

Assim, a conversa entre pais e filhos é tremendamente importante, e ocupa períodos de tempo. É por isso que os meios de comunicação eletrônicos – os maiores ladrões de tempo na vida familiar – devem ser mantidos sob um controle razoável. Um pai necessita de todo o tempo que puder arranjar para conversar com seus filhos, especialmente sobre assuntos que vão formar suas consciências.

Parece ser um fato da vida: *Para a maioria das pessoas, a voz da consciência é a voz de seus pais, a lembrança dos ensinamentos de seus pais sobre o certo e o errado.*

Um bom pai ensina os filhos, em primeiro lugar, a amar e honrar sua esposa, mãe deles. Seus filhos deveriam ouvi-lo explicar que mulher maravilhosa é a sua mãe, e por que você pensa assim. Chame a atenção de seus filhos para as grandes qualidades e beleza que você vê nela, por que começou a amá-la, e ainda a ama.

Todas as vezes que você o faz, reforça a autoridade dela sobre eles, especialmente quando você está fisicamente fora de casa. O efeito parece ser proporcional: quanto mais um homem honra sua esposa, mais os filhos respeitam a autoridade dela e cedem a ela.

De formas indiretas e sutis também, você leva suas filhas a imitarem o caráter da mãe. E mostra aos seus filhos a espécie de grande mulher que eles deveriam algum dia ter a esperança de desposar.

Suas conversas com os filhos deveriam levá-los a perceber toda a amplitude de seus critérios, valores, convicções pessoais e senso de honra familiar. Você lhes explica a história da família da melhor forma que souber: como os antepassados de seus filhos foram gente forte e corajosa. Você lhes conta histórias sobre o seu trabalho, e sobre o que faz para ganhar a vida todos os dias (como eles provavelmente não o veem trabalhar, você deve contar-lhes a respeito. Se não o fizer, como eles vão saber?). Você lhes explica os acontecimentos atuais, sua impressão sobre as figuras importantes nos jornais, e sobre as pessoas do passado e do presente que lhe inspiram respeito, e por quê.

As crianças deveriam passar a conhecer o pensamento de seu pai tão bem que possam prever como ele reagiria a praticamente qualquer coisa.

E, é claro, você deve *escutar*. Você pode aprender muito ouvindo seus filhos com atenção: o crescimento deles na capacidade de julgar e na consciência, suas preocupações e inseguranças, seus problemas. Os problemas das crianças parecem pequenos, até mesmo risivelmente insignificantes para os adultos, mas são para elas grandes cargas; quando você as ouve, pode entender, explicar e encorajar melhor.

Muitos pais tiveram esta experiência: se ouvir seus filhos quando são pequenos, estes serão abertos e sinceros com você quando se tornarem adolescentes, e isto é de importância vital. Na época mais incerta e temível de suas vidas, recorrerão a você como a um guia, apoiar-se-ão em sua força viril, confiarão em seu critério, extrairão confiança de seu amor paterno.

Por favor, tenha em mente: em minha longa experiência com adolescentes, percebi que aqueles que têm um profundo amor e respeito por seus pais permanecem praticamente imunes às perigosas pressões dos colegas e intocados pela cultura do "sexo-drogas". O caráter de seu pai é a medida pela qual julgam os seus colegas.

Outra ideia importante aqui: quando conversar com seus filhos, assegure-se de *ouvir com os olhos*. As crianças são sensíveis ao que veem nos olhos dos pais. Faça contato visual com eles, especialmente com suas filhas, para mostrar que lhes está dando toda a atenção; essa é a importância que você lhes dá. Quando olharem em seus olhos, deixe-lhes ver o afeto viril que lhes tem, suas esperanças quanto ao seu futuro, seu orgulho pelo caráter que estão desenvolvendo.

CAPÍTULO V
Mais sobre o caráter

Até aqui ainda estamos olhando em linhas gerais para a missão de um pai – construir o caráter de seus filhos –, mas agora desejo aproximar o foco, mostrar as virtudes em mais detalhes, tornar a descrição do trabalho mais específica.

Todo trabalho sério exige alguma espécie de estrutura conceitual: uma forma de considerar o projeto completo a partir de vários pontos de vista fixos e diversos. Um arquiteto precisa pensar nas necessidades e preferências dos clientes, limites de orçamento, características do terreno, restrições de zoneamento, acessibilidade, e assim por diante. E qualquer empresário que crie uma firma tem que ter em vista finanças, contas, marketing, necessidade de pessoal e gerência de operações.

O que estou esboçando aqui é um modelo de referência útil para a missão de um homem como pai. Se você é como a maior parte dos homens de hoje, precisa de um esquema para ver com clareza o caminho para o crescimento de seus filhos em maturidade, e depois poder agir com inteligência dentro desse esquema. A vida hoje é tão frenética e confusa que um homem precisa de alguma forma racional e sensata de separar os componentes de sua missão.

Já delineei este esquema de cinco partes: capacidade de julgamento, sentido de responsabilidade, coragem, autodomínio e grandeza de coração. Durante anos, usei essa divisão para orientar e encorajar pais em sua tarefa familiar, e muitos homens contaram-me agradecidos o quanto isso os ajudou.

Uma vez que você perceba esses componentes de bom senso (todos inter-relacionados, é claro), pode começar a agir com eficácia e confiança. Depois deste capítulo, o resto do livro mostrará *como* pais e mães trabalham para construir cada uma dessas virtudes. Mas antes de passarmos ao *como*, precisamos terminar de mapear o *porquê*. O que estamos tentando conseguir com isso?

Pais veteranos lhe dirão: se o *motivo* é forte e claro o bastante, você pode deduzir boa parte do *como* por conta própria.

Na vida em família, da mesma forma que nos negócios ou mesmo na guerra, se uma estratégia está clara e o objetivo é apaixonadamente perseguido, então as táticas não importam tanto. Se você sabe o que está buscando, pode se dar ao luxo de improvisar, experimentar, abordar de diferentes ângulos, tentar o que outros já tentaram, e até mesmo cometer erros durante o caminho. Desde que continue movendo-se na direção de seu objetivo – inexoravelmente, com coragem, sem desistir ou afrouxar, você tem uma chance real de vencer no fim.

Um pai inteligente explicou-me sua filosofia desta forma:

> Quando eu estava fazendo aulas de direção, muito tempo atrás, meu pai deu-me um bom conselho. Disse-me que quando um motorista vai passar por um espaço estreito – com trinta centímetros, ou menos, de espaço de cada lado do carro –, deve olhar para a frente, para um ponto além do obstáculo, e continuar dirigindo. Não deve ser tão cauteloso a ponto de reduzir a velocidade a quase nada e temerosamente olhar de um lado para o outro, tentando medir o espaço em frações de centímetros. Se você fizer isso – disse-me –, pode bater em algo ou ser atingido por trás porque está lento demais. Ele disse que, desde que você olhe sempre em frente e continue andando, então de alguma forma, misteriosamente, passará com segurança.

Descobri que isso também funciona com a função de pai. Não fique preso e paralisado com os problemas ao longo do caminho. Apenas olhe em frente, para o futuro de seus filhos, e continue indo para lá, não importa o que aconteça. De alguma forma, misteriosamente, funciona; você atravessa os obstáculos e continua. Na paternidade, como na direção, acredito que seja a confiança que o faz ir em frente.

Assim, aqui estão, uma a uma, as forças que seus filhos devem ter sólidas como granito em suas mentes, vontades e corações antes de saírem de casa para sempre.

Capacidade de julgamento

Quer ver alguns exemplos de falta de critério, erros inacreditavelmente tolos cometidos por adolescentes e adultos jovens? Leia seu jornal, ou converse com alguns professores e conselheiros matrimoniais, ou olhe com atenção ao redor em seu ambiente de trabalho. Eis uma triste amostra:

– Uma executiva de meia-idade (criada em uma casa sem pai) presta uma declaração sob juramento em um processo em que sua empresa está envolvida. Durante o questionamento, revela-se que ela mentiu em seu currículo: nunca recebeu o MBA que afirmara ter por muitos anos, desde o início de sua carreira. No dia seguinte, é demitida e tem a carreira arruinada;
– Uma jovem casa-se com um homem sobre o qual seus pais e amigos lhe haviam alertado: um idiota frívolo, preguiçoso, egoísta e inútil. Suas emoções cegam-na para aquilo que todos os outros conseguem ver. Dois anos depois, o homem a abandona por outra mulher, e deixa-a sozinha para cuidar do filho recém-nascido;
– Um rapaz de dezesseis anos obtém a carteira de motorista e dirige o carro da família durante quatro meses, a cada vez com maior

velocidade e imprudência. Desde que tinha cerca de dez anos, possuía o hábito de mexer no rádio e toca-fitas do carro enquanto sentava no banco da frente. Apesar das advertências de seus pais, mantém este hábito, embora seja agora o motorista sentado ao volante. Uma noite, enquanto dirige sozinho em alta velocidade, tira seus olhos da rua por alguns segundos para ajustar o toca-fitas, tentando encontrar uma de suas músicas favoritas. Seu carro colide com um carvalho e ele morre;

– Duas garotas de quinze anos vindas de lares sem pai estão conversando em uma esquina às 2h30 da madrugada (algo que nenhum pai normal permitiria) e são abordadas por um grupo de marginais em um carro, todos estranhos. Após uma breve conversa, as garotas aceitam seu convite de dar um passeio. Uma hora depois, as duas são estupradas e abandonadas na rua;

– Um estudante universitário brilhante e popular torna-se representante de classe e controla grandes somas de dinheiro destinadas pela universidade aos gastos com a direção dos alunos. Ele "empresta" vários milhares de dólares para pagar pesadas dívidas que acumulou em seus cartões de crédito. Seu desvio é descoberto, e ele é expulso da universidade. Suas chances de carreira no futuro são, para dizer o mínimo, duvidosas.

Basta de falar de decisões errôneas. Como podemos entender a ideia oposta? Pensar como um adulto maduro e responsável? Aqui estão algumas formas de encarar o assunto, formas que você pode explicar aos seus filhos:

1) Fundamentalmente, a capacidade de julgamento é o *discernimento*. Isto é, a *capacidade adquirida de fazer distinções*, especialmente as grandes distinções na vida: a verdade da falsidade, o bem do mal, o certo do errado. (Falaremos mais sobre isso depois.) No plano moral – isto é, na interação entre direitos e deveres –, é a nossa consciência;

Em relação a isso, é também a capacidade de compreender a natureza humana e a experiência de vida: discernir o que é importante na vida e o que não é, o que é importante nas pessoas e o que não é. Temos bom critério quando temos a capacidade de avaliar as motivações das pessoas, seus valores e suas prioridades na vida. É a capacidade de reconhecer a bondade, a verdade e a beleza na vida e nos outros, e distingui-las do que é mau, falso e sórdido.

Alguém perguntou certa vez a um professor de Oxford o que ele achava que era o objetivo da educação. Sua resposta: "Ora, fazer com que os jovens saibam reconhecer o que é lixo quando o virem!" Não é uma má definição. Como resultado de sua educação em casa e na escola, os jovens deveriam reconhecer as mentiras, as afirmações ideológicas e as imposturas de todos os tipos quando as vissem;

2) O bom critério é também *perspicácia*. É a habilidade de apreciar o bem que há nas pessoas, e compreender com profundidade o que é que as move com mais força na vida: isto é, seus valores. É a capacidade de avaliar as pessoas rápida e profundamente, mas sem o desejo de dominá-las. Aristóteles dizia (para parafraseá-lo) que um filósofo – alguém que ama a verdade e o bem – combina a perspicácia e a bondade. Alguém que possua ao mesmo tempo a perspicácia e a boa vontade tem a essência da sabedoria. Um grande pai tem dentro de si essa espécie de perspicácia aguçada e benevolente, e seus filhos aprendem de sua sabedoria;

3) O bom critério também significa um respeito pelo aprendizado e pela formação intelectual. Em uma palavra, *cultura*. Esta é uma cordial familiaridade com as maiores conquistas do espírito humano: aquelas realizações da inteligência, da vontade, do coração e do corpo que nos inspiram e provam que os seres humanos não são simplesmente animais racionais. A grande arte, diz-se, torna-nos orgulhosos de sermos humanos;

4) A consciência – dimensão moral da prudência – é o parâmetro para julgar qual é a coisa certa a fazer em uma situação complicada. Ela nos diz o que *deveríamos* fazer para vivermos de forma ética e honrada, em paz com os outros, respeitando seus direitos, dignidade e sensibilidades. Essa capacidade da consciência não é um amontoado de sentimentos informes; é uma compreensão in-

teligente do bem e do mal, do certo e do errado, construída ao longo de uma vida inteira de aprendizado, mas de modo especial durante os anos da juventude.

Distinções

Um pai inteligente que conheci em Washington, D.C., é um excelente professor e escritor. Ele me disse o seguinte:

> Penso que um dos papéis dos pais é ensinar aos filhos o *vocabulário* da vida reta. Isto é, as crianças não precisam simplesmente ser ensinadas a distinguir o certo do errado; precisam de palavras e termos específicos para incluir esses conceitos em seus juízos e mantê-los lá. Precisam conhecer os *nomes* dos conceitos importantes. Caso contrário, seus juízos permanecem confusos e sentimentais. Usam "legal", "demais", "ruim" e outras expressões imprecisas que são apenas bolhas de som ao redor de um sentimento informe e mesmo impensado.
>
> Ao longo de vários dias, fiz uma lista dessas palavras, para usá-las com frequência quando ensinar e corrigir meus dois filhos. Ela incluía termos que as crianças raramente ouvem hoje em dia, que compreendem de forma muito vaga. Exemplos: *honradez, integridade, ética, profissionalismo, magnanimidade, caridade, ceticismo saudável, amor-próprio, vaidade, etiqueta, comodismo, consideração, grosseria, compromisso.*
>
> Assim, quando um dos meus filhos tenta contar uma mentira para escapar de um problema, refiro-me à sua honradez e integridade (expressões que já discutimos antes), e ele entende o que quero dizer. Se seu irmão adolescente tenta esquivar-se de uma promessa, falamos em termos de compromisso. Quando estou conferindo sua lição de casa e vejo que foi malfeita, corrijo-os em termos de profissionalismo, porque eles sabem que considero os trabalhos de escola como uma preparação para um trabalho profissional sério. E assim por diante.

Quando participava de debates no colégio, costumávamos iniciar cada debate com uma assim chamada "definição de termos". Definíamos cada palavra importante no tópico em discussão. Aproveitei essa ideia sensata, que interrompe as fúteis discussões semânticas, e apliquei-a para ensinar aos meus filhos padrões éticos maduros. Uma vez que os pais tenham ensinado esses termos e o que significam, podem passar a referir-se a eles. Funciona.

Como esse sábio pai percebeu, o critério lida principalmente com a habilidade de fazer distinções importantes na vida. As crianças aprendem-nas de seus pais e de outros adultos que respeitam. Para listar apenas algumas que um homem deve ensinar a seus filhos:

– Vida adulta real da vida apresentada na TV e nos filmes;
– Humor e espirituosidade do ridículo grosseiro;
– O nobre e o belo do sórdido e do esquálido;
– Espírito de serviço responsável de egoísmo imaturo;
– Perspicácia e ceticismo saudável de cinismo;
– Heróis de celebridades e artistas;
– Coragem de covardia;
– Risco calculado de imprudência;
– Profissionalismo de desleixo descuidado;
– Opiniões ponderadas de "sentimentos";
– Fato comprovado e conhecimento certo de suposições e "impressões";
– Amor-próprio saudável de vaidade e orgulho;
– Divertimento razoável de hedonismo;
– Amor de erotismo;
– Cortesia e boas maneiras de grosseria;
– Integridade de desprezo pragmático pela verdade e pela palavra dada;
– Competição honrada de ambição implacável;
– Amor pela família e amigos de individualismo egoísta.

113

É uma lista pequena, mas estou certo de que você captou a ideia. Tente aumentá-la a partir de sua própria experiência, e dos detalhes em outros pontos deste livro. Em quantas outras distinções você consegue pensar, discernimentos morais que seus filhos precisam aprender antes de terminarem a adolescência?

Compreendendo os acontecimentos: olhar para trás e para a frente

A capacidade de julgar corretamente nunca é um estado de espírito estático. Está vigorosamente ativa, alerta, buscando uma melhor compreensão dos acontecimentos e das pessoas.

Assim, pessoas de bom critério interessam-se pelos acontecimentos atuais. Leem o máximo que podem para permanecerem bem informadas.

Suas mentes buscam compreender as causas passadas dos acontecimentos atuais. Fazem perguntas habitualmente, a si mesmos e aos outros, para tentar *explicar* as coisas. Gostam de perguntar-se: "*Por quê?*". Pessoas de critério maduro também fazem especulações sobre o futuro. Buscam as direções futuras das tendências de hoje, e essa linha de raciocínio leva-as a decisões e ações no presente. Propõem-se grandes perguntas sobre a vida daqui a uma geração, o futuro em que seus filhos viverão. Alguns exemplos...

– Em que ponto de nossa história foi que a política, o *showbiz* e a propaganda se converteram em uma coisa só, a ponto de os homens públicos assumirem a aparência e o discurso fútil das celebridades de Las Vegas? Como posso ajudar os meus filhos a reconhecerem um cabeça-oca de palavras melífluas quando o virem? Quando ouvirem a arenga de algum homem público, como posso ajudá-los a perceber que ali há menos verdade do que parece?

– Os brinquedos e jogos infantis costumavam relacionar-se de alguma forma ao trabalho e à vida dos adultos: conjuntos de química, aeromodelos, microscópios, kits de construção, e coisas assim. Agora, uma enorme percentagem consiste em alienígenas estranhos, monstros grotescos, criaturas de uma fantasia escapista, e videogames em que as crianças treinam matar pessoas por diversão. O que significa essa evolução? As crianças estão sendo lançadas no mundo adulto –, ou separadas dele? Como tudo isso se relaciona com o que vemos com tanta frequência: jovens adultos que vivem uma existência de "história em quadrinhos", aparentemente aprisionados em uma adolescência perpétua?

– Todas as culturas costumavam colocar heróis diante dos jovens para que estes os imitassem: homens e mulheres notáveis presentes no folclore, literatura, história e religião. Em que momento nossa sociedade começou a apresentar "celebridades" atrapalhadas e idiotas em seu lugar? Quem são os heróis dos meus filhos? Por quais pessoas eles têm respeito, e por quê?

– Por que há tantos casais separados? O que está destruindo as famílias? Como a vida de família mudou desde a época de nossos avós e ancestrais? Será que o problema é o dinheiro e as limitações de tempo, ou será que é o compromisso moral? Como os pais podem viver compromissos morais tradicionais nas circunstâncias familiares atuais?

– Ao que parece, cerca de metade da geração dos meus filhos terá se divorciado aos trinta e cinco anos. O que minha esposa e eu podemos fazer agora, aqui em casa, para garantir um casamento estável e permanente para nossos filhos, de forma que estejam do lado certo daqueles 50% da estatística, que permanecem casados?

– É triste ver monumentos e placas erigidos pouco depois da Primeira Guerra Mundial; fazem referência a "A Guerra Mundial", ou a "A Grande Guerra", como se nunca fosse haver outra. E mesmo assim, hoje ainda falamos "*da* Grande Depressão", como se nunca fosse haver outra. Os meus filhos compreendem que a paz e a prosperidade (que é a única coisa que conheceram) não são um estado da natureza, que as guerras e depressões reaparecem em ciclos históricos, e podem acontecer novamente durante suas vidas?

– Se meus filhos tiverem algum dia de enfrentar as dificuldades de uma grave recessão econômica, outra Depressão (que é possível, e alguns dizem provável), de que virtudes precisarão para triunfarem, ou mesmo para simplesmente sobreviver? Quão importante será que tenham uma autoconfiança realista, determinação, habilidade de interesse para o mercado, esperança religiosa, resiliência ante a adversidade, e habilidade de viver de forma simples e modesta?

– Se a economia de nosso país se tornar cada vez mais ligada à de outros países, quão importante será que meus filhos conheçam um ou mais idiomas estrangeiros? Saberão como apreciar e relacionar-se com pessoas diferentes?

– Se as crianças de hoje são constantemente bombardeadas com uma forma glamurosa e superficial de relacionar-se com o sexo oposto, como isso poderia atrapalhá-los quando escolherem um cônjuge no futuro? Como minha esposa e eu podemos ensinar os nossos filhos a avaliar o verdadeiro caráter dos homens e mulheres, a perceber a diferença entre ilusões "românticas" e o amor verdadeiro?

Como mencionado antes, nos negócios e na vida profissional, ao que parece, a estima que uma pessoa recebe dos colegas é proporcional à sua visão de futuro. Aqueles profissionais que pensam com uma antecedência de cinco, dez, vinte e cinco anos – e que agem agora para controlar os acontecimentos futuros – são os que emergem como líderes respeitados.

O mesmo ocorre na vida familiar. Quando os pais pensam profundamente sobre o futuro das vidas dos filhos – em termos de caráter, e não apenas de carreira, conquistam o seu respeito. Um pai que pensa com seriedade sobre o futuro é um líder para seus filhos. E com o tempo, estes passam tacitamente a considerá-lo um herói.

Aprender com os erros

Todo pai deseja que seus filhos em crescimento sejam ativos. E se é um pai inteligente, sabe que as pessoas ativas – tanto as crianças quanto os adultos – cometem erros. Apenas os grandes preguiçosos cometem poucas falhas ativas, mas caem de cabeça nos piores erros de todos: negligência, imprevidência, prazos perdidos e oportunidades desperdiçadas.

Assim, se você os ensinar a tomar iniciativas, seus filhos cometerão muitos erros ao longo do caminho. É algo que você espera e tolera, aproveitando seus erros, em casa, na escola ou nos esportes, como uma chance para firmar o seu critério. De que forma você deveria reagir?

De duas maneiras:

Primeiro, julgue se eles estavam honestamente tentando fazer a coisa certa. Dê-lhes crédito e sinceros elogios por seus esforços. Deixe sempre claro que você não espera a perfeição e nem mesmo o sucesso; mas que insiste em que façam o melhor possível para superar-se.

Segundo, ensine-lhes uma verdade sobre a vida adulta: os erros são valiosos se aprendemos com eles. Sente-se e converse com seus filhos, e faça-os pensar sobre o que aconteceu...

- O que você estava pensando quando fez isso? O que achava que aconteceria?
- O que exatamente houve de errado?
- Qual foi a sua reação? O que você pensou e sentiu?
- O que as pessoas ao redor disseram e fizeram? Como o seu erro as afetou?
- Se o seu erro causou algum problema ou ofensa para alguém, como você acha que essa pessoa está se sentindo neste exato momento?
- O que você pode fazer agora para reparar esse erro? Se você ofendeu alguém, mesmo sem querer, não acha que deveria pedir perdão?
- Se alguma vez estiver nessa situação outra vez, o que fará de diferente? O que você aprendeu?

Uma vez conheci um pai inteligente que trabalhava como piloto profissional para uma grande companhia aérea. Disse-me o seguinte:

> Pelo que posso ver, os mais graves problemas da adolescência ocorrem por decisões mal feitas, e não por malícia. Mesmo garotos bem-intencionados se metem em problemas porque não sabem o que fazer.
> Em nosso treinamento, usamos um simulador de voo, por razões óbvias. É melhor fazer uma tolice em realidade virtual do que em um 737 real durante a decolagem. Vejo minha vida de família como uma espécie de simulador para a vida adulta de meus filhos. O que é o treino, afinal, senão aprender com a experiência sem perigo? Quando eles cometerem erros, como todos nós, é melhor que seja em casa enquanto são pequenos e o dano é mínimo. É melhor que haja pequenos erros agora do que grandes erros depois.

Ele está certo. Uma família saudável é um lugar onde as crianças *podem fazer a experiência de cometer erros sem perigo*.

É melhor corrigir maus hábitos e atitudes agora, em casa, antes que estes levem a tropeços graves e mesmo letais; erros que podem prejudicar seus casamentos e carreiras, ou mesmo matá-los. Pense no que pode acontecer com as crianças se crescerem sem corrigir seus defeitos atuais:

– Podem ter uma explosão de ira se são contrariadas. Se tentarem o mesmo depois com seus chefes, poderão colocar em risco suas carreiras.

– Podem acostumar-se a serem servidas em todas as ocasiões. Se exigirem o mesmo de seus cônjuges, seus casamentos vão implodir.

– Podem ter uma atitude descuidada com relação ao tempo e aos prazos. Se o fizerem no trabalho, serão demitidos.

– Podem tentar contar mentiras em casa para evitar a culpa e o castigo. Se mentirem para seus chefes, cairão fora.

– Podem ficar sentados o dia inteiro em casa, esperando serem entretidos, impacientes de tédio, contando com seus pais para repararem os danos causados por seus tropeços. Se depois não aceitarem a responsabilidade de cuidarem de si mesmos, serão varridos de lado por seus adversários –, e nunca chegarão a realizar nada.

– Podem ter uma atitude agressiva, de "primeiro eu", em casa. Se depois dirigirem um carro da mesma forma, poderão matar alguém. Se tratarem assim suas esposas, poderão destruir seus casamentos, e seus netos crescerão em um lar desfeito.

Assim, corrija os erros de seus filhos agora, enquanto ainda são relativamente inofensivos, enquanto você ainda tem tempo.

Sabedoria

Uma ideia adicional aqui sobre o bom critério, e sobre como um pai transmite essa capacidade para seus filhos.

Existe uma coleção de verdades sobre a vida, que cada geração transmite à seguinte. Essa espécie de conhecimento vai muito além do ensino de habilidades ou do amontoar grandes massas de informação, que é o procedimento padrão de muitas escolas. Em uma palavra, é *sabedoria*. É algo que normalmente não se ensina nas escolas ou universidades, a menos que alguns professores sejam excepcionalmente bons e dedicados. O conhecimento da vida é ensinado e aprendido principalmente em casa, através do exemplo e dos conselhos de nossos pais.

Essas lições de vida são depois reforçadas, não na escola ou na universidade, mas no primeiro emprego dos jovens, sua primeira experiência real com responsabilidades de gente grande. Ainda mais tarde, essas lições aprendidas dos pais são realmente absorvidas durante os primeiros anos do casamento. "Meu pai e minha mãe tinham razão...": isso é o que os jovens compreendem.

Aqui está um exemplo real dessas lições perspicazes e sábias em ação.

Certa vez eu estava conversando com uma mãe sobre como os

jovens em idade de casar precisam avaliar o caráter de um candidato a cônjuge, e de como isso é difícil quando, como eles dizem, "o amor é cego".

Ela contou-me esta história:

> Quando eu estava saindo de casa para começar a faculdade, meu pai deu-me um dos melhores conselhos que já recebi. Disse-me que algum dia eu me apaixonaria por um jovem e consideraria seriamente casar-me com ele. Naquele momento, ele alertou-me que eu provavelmente acharia difícil ser objetiva sobre o rapaz e avaliar com profundidade o seu caráter. Assim, este era seu conselho: veja com atenção como esse rapaz trata seus irmãos e irmãs crescidos. É afetuoso com eles? Ama-os e respeita-os? Lembra-se de seus aniversários? Orgulha-se deles, feliz em estar em sua companhia, mantém contato?... Ou, pelo contrário, é-lhes indiferente? Briga com eles, guarda ressentimentos, mantém distância?... Há uma grande chance – disse meu pai – de que essa seja uma prévia da forma como ele tratará sua esposa: a forma como um homem trata seus irmãos é a mesma como tratará sua esposa.
>
> Aceitei o conselho de meu pai. Tive muitos relacionamentos curtos, até que conheci um jovem que tinha orgulho de sua própria família e era afetuoso com todos eles. Ele é agora meu marido.

Quais são algumas dessas importantes verdades sobre a vida que os pais precisam ensinar a seus filhos, especialmente a partir do início da adolescência? Eis algumas:

– A palavra *integridade* está relacionada aos termos "inteireza", "integrar" e "desintegrar". Refere-se à unidade. Integridade significa uma unidade de nossas intenções, palavras e ações: isto é, queremos dizer o que dizemos, dizemos o que queremos dizer, e mantemos nossa palavra. Nossa integridade é nossa honra, nosso bem mais valioso.

– Nunca devemos fazer promessas levianas, mas se as fazemos, temos de manter a palavra.
– A honestidade é a melhor política. Sempre.
– O tempo é um recurso, não algo passivo. Se o desperdiçamos, o perdemos. A negligência – deixar de agir a tempo – é com frequência um enorme erro; não fazer nada é em si mesmo um erro.
– Cuide da sua vida. Não se meta em problemas que estão fora de sua responsabilidade e, portanto, de sua autoridade.
– A autoridade e a responsabilidade devem estar sempre equilibradas; do contrário, o resultado são problemas. Como os pais têm uma enorme responsabilidade, possuem uma autoridade proporcional. Os jovens que desrespeitam a legítima autoridade de seus pais têm, quando crescem, problemas com todas as outras autoridades: professores, chefes, a lei, sua própria consciência.
– Se respeitamos a nós mesmos, conquistamos o respeito dos outros.
– A popularidade não é nem de longe tão importante quanto o respeito. Se nos esforçamos demais para fazer com que os outros gostem de nós, eles provavelmente não gostarão. Mas se nos esforçarmos em conquistar o seu respeito, junto com ele, obteremos sua apreciação.
– Ninguém respeita um mentiroso, um fofoqueiro, um cínico ou um "reclamão". Se agimos assim, as pessoas passam a desconfiar de nós e da nossa honra.
– Se lemos muito e com discernimento, as pessoas passam a respeitar o nosso critério.
– Às vezes é necessário mais sabedoria para aceitar um bom conselho do que para dá-lo.
– Um atalho para a felicidade pessoal: esqueça o seu ego e entregue-se generosamente a servir às necessidades daqueles à sua volta, começando por sua família.
– O amor não é um sentimento bonito. É, na realidade, a disposição e a habilidade de sacrificar-se pelo bem e felicidade dos outros. Em certo sentido, o amor é sacrifício.

– O trabalho duro sem um ideal que o motive é apenas escravidão; mas o mesmo trabalho duro, realizado por algum grande e apaixonado amor, transforma-se em um nobre sacrifício; e a vida torna-se uma aventura.

– O dinheiro é um instrumento para o bem daqueles que amamos e daqueles em necessidade, e apenas isso.

– As verdadeiras riquezas da vida são a família, os amigos, a fé e uma consciência limpa. Todo o resto é supérfluo.

Há dezenas, talvez centenas, de tópicos como esses, expressões sucintas de verdades sobre a vida derivadas da experiência. Em muitas culturas, esse tipo de sabedoria era transmitida de pais para filhos através de breves máximas como as de Benjamin Franklin ou do Livro dos Provérbios na Bíblia. O que quero dizer aqui é que os pais eram e são os principais mestres da sabedoria, do que é realmente importante na vida.

Observe que a maioria das lições de vida listadas aqui são tema das maiores obras da literatura universal. A grande literatura deveria ensinar sabedoria; deveria formar o critério nos jovens. As humanidades deveriam ensinar-nos sobre as pessoas, sobre a riqueza da experiência humana. Nas escolas de hoje – é triste dizer – a literatura quase nunca é ensinada dessa forma ou com esse propósito.

Responsabilidade

Irresponsabilidade significa basicamente tornar-se mais velho sem crescer, permanecer preso na atitude compulsiva de "primeiro eu" própria da infância. Se um pai não age deliberadamente para corrigir o egoísmo de seus filhos, esses permanecerão irresponsáveis por toda a vida, ou até que deparem com as consequências na vida real, algumas delas desastrosas.

Você provavelmente consegue pensar em dúzias de exemplos como estes:

– Um talentoso gênio da informática invade uma rede de abrangência nacional e insere um vírus apenas para divertir-se. Provoca um prejuízo de milhões de dólares antes de ser pego. Sua diversão interrompe-se de forma abrupta quando é sentenciado a um ano de prisão.

– Um jovem vendedor, novo no emprego, gosta de almoços muito demorados. Gosta tanto que chega habitualmente atrasado a compromissos no período da tarde. Seu chefe se irrita e manda-o embora.

– Uma estudante do Ensino Médio passa tanto tempo divertindo-se em seu último ano que adia seus pedidos de admissão na universidade até poucos dias antes do fim do prazo[1]. Ela perde a oportunidade de uma bolsa de estudos, o que obriga seus pais a tomarem grandes empréstimos para pagarem a mensalidade integral.

– Um grupo de estudantes universitários cria um rito de iniciação para a entrada em uma de suas associações acadêmicas. Como uma simples brincadeira, obrigam um calouro a beber um litro de vodca de uma vez. Ele entra em coma e morre.

– Marido e mulher, ambos criados de forma a enxergar a vida como pura diversão, passam a ficar entediados e aborrecidos com os defeitos um do outro. Resolvem separar-se e partem o coração de seus filhos.

O que, então, é a responsabilidade? Os gregos chamavam-na *justiça*, e diziam que significava dar a cada um o que lhe é devido. A palavra *dever* está relacionada com aquilo que é *devido*; um dever é algo que se deve aos outros por direito.

Se há alguma das grandes virtudes que as crianças entendem naturalmente, parece que é esta: elas têm uma noção precisa e poderosa do que é justo. Por essa razão, em geral é possível corrigi-las

---

(1) No sistema universitário americano, ao contrário do brasileiro, os alunos candidatam-se a vagas nas universidades baseados em seu desempenho no Ensino Médio, e recebem destas uma carta de aceitação ou não. (N. do T.)

de forma eficaz apelando com força a seu senso de justiça: "Não é justo com sua mãe que você deixe de fazer suas tarefas em casa; ela não deveria ter que arrumar a bagunça que você fez". Pais sábios descobrem-no rapidamente, e corrigem seus filhos em termos do que é justo. Isso prepara um terreno sólido para lições de moral mais complexas no futuro, especialmente durante a adolescência.

A virtude da responsabilidade é rica em significados. Eis como você pode explicá-la a seus filhos:

1) Responsabilidade significa agir de forma a respeitar os direitos dos outros, inclusive seu direito a não serem ofendidos. Assim, ela se ordena à caridade, à consideração pelas necessidades e sentimentos alheios. *Como as outras pessoas têm direitos, nós temos obrigações.* Nosso direito de dar socos termina no rosto de outra pessoa. Tenho o direito de fazer um desenho grande, mas não de pichar o muro alheio. Tenho o direito de ficar na fila, mas não de entrar no meio dela. Tenho o direito de dizer o que penso, mas não de interromper ou ofender alguém. Todo o desenvolvimento moral das crianças consiste em movê-las de *si mesmas* para *os outros*;

2) Responsabilidade é o *hábito de cumprir nossos deveres tenhamos vontade ou não de o fazer*. Na vida de família, é o amor sacrificado. Amar significa assumir e carregar nos ombros nossas obrigações familiares; na vida em família, o amor é responsabilidade.

E no mundo profissional, responsabilidade significa profissionalismo: a capacidade de fazer o melhor possível independentemente de como nos sintamos. Verdadeiros profissionais cumprem suas responsabilidades, realizam seu serviço o melhor que podem, mesmo quando não têm vontade. Dores de cabeça, preocupações pessoais, altos e baixos emocionais: nada disso impede profissionais (e pais) realmente eficazes de cumprirem suas obrigações;

3) Responsabilidade é o *respeito pela legítima autoridade*. Autoridade significa, entre outras coisas, o direito a ser obedecido. Grandes pais podem sentir-se inseguros sobre muitas coisas na educação de seus filhos, mas não têm dúvidas com relação a sua

legítima autoridade. Pais bem-sucedidos são conscientes e confiantes em sua autoridade. Partem do princípio, por assim dizer, de que seus filhos os respeitarão e obedecerão. Como resultado, estes, ao longo do tempo, passam a ter *confiança na autoconfiança de seus pais.*

Para dizê-lo de outra forma: pais e mães eficazes veem sua paternidade como uma espécie de cargo, como o de um presidente ou juiz da Suprema Corte. Quem carrega o peso de um cargo público de grande responsabilidade, quaisquer que sejam suas falhas pessoais, tem o direito a ser respeitado e obedecido. Assim, também, não importa quais faltas pessoais ou dúvidas possam ter, os pais – pela própria natureza de sua paternidade – têm o direito à respeitosa obediência de seus filhos;

4) Responsabilidade significa também *aceitar as consequências de nossas decisões e erros, incluindo nossas negligências.* Quantos problemas em nossa sociedade derivam das tentativas das pessoas de escaparem das responsabilidades? Pessoas responsáveis não se isentam da culpa; recusam-se a fazer-se de vítimas. Admitem seus erros com honestidade e enfrentam as consequências;

5) Responsabilidade é *a disposição e habilidade de honrar nossas promessas e compromissos, mesmo quando isso supõe sofrimentos.* Pessoas responsáveis suportam o sofrimento para manter sua palavra. Como a palavra dada significa muito para elas, não fazem promessas de forma rápida ou descuidada;

6) Responsabilidade é *o hábito de cuidarmos de nossa própria vida, e não nos metermos em assuntos que não nos dizem respeito.* Pessoas maduras não bisbilhotam, não fazem fofoca nem se intrometem. Concedem consistentemente aos outros o benefício da dúvida, e respeitam o direito alheio à presunção de inocência.

Crianças responsáveis aprendem com seus pais como usar suas habilidades para resolver problemas de forma a contribuir para o bem da família. Além de correções, recebem encorajamento de seus pais, e assim crescem em confiança. Em um sentido real, *responsabilidade é um outro termo para maturidade*. Os filhos de alguém se tornam maduros não quando atingem a puberdade e crescem em estatura física, mas quando pensam e agem de forma consistente como adultos altruístas.

Eis uma história sobre responsabilidade que me foi contada por outro pai inteligente:

> Meu filho Kevin, de onze anos, é um ótimo garoto, mas por muitos anos teve um irritante problema que deixava sua mãe e eu loucos. Ele perdia dinheiro. Não é que o gastava mal; deixava-o de alguma forma cair de seu bolso. Dei-lhe algumas carteiras nesse período, mas ele também as perdia. Era irritante, mas eu tinha esperança de que ele superaria essa fase.
>
> Ele também adorava colecionar cartões de beisebol, como eu, e um dia ambos fomos a uma convenção de cartões de beisebol que acontecia uma vez por ano em nossa cidade. Kevin estava na expectativa havia semanas, e minha esposa e eu permitimos que ele sacasse dez dólares de sua conta bancária para comprar alguns.
>
> Kevin e eu passamos a tarde examinando cartões, e ele fez uma pequena seleção que somaria dez dólares, seu limite. Quando chegamos ao caixa – como você deve ter adivinhado, Kevin perdera sua nota de dez dólares em algum lugar. De repente, ele não tinha nada. Voltou-se para mim pedindo um empréstimo, suplicando que lhe adiantasse o dinheiro para comprar os cartões que tinha em mãos.
>
> Reuni minha coragem e disse-lhe que não. Expliquei as razões: um acordo é um acordo; você perdeu seu dinheiro por descuido, e por isso agora deve enfrentar as consequências, é o que acontece na vida real. Ele pediu e suplicou, mas não desisti. Finalmente, teve de deixar os cartões no balcão, e chorou durante toda a volta para casa. Foi muito, muito duro para mim... mas não conseguia ver outra forma de lhe ensinar essa lição. Eu não podia deixá-lo crescer com esse hábito de ser descuidado.

Pode acreditar, ele sem dúvida aprendeu a lição. Para nós dois, foi um sofrimento que valeu a pena. Passou a carregar uma carteira, e nunca mais perdeu dinheiro. Isso aconteceu há doze anos.

Você pode explicar assim para os seus pequenos: *Responsabilidade quer dizer o seguinte: se nós não fizermos o que se espera que façamos, alguém pode sair machucado. Cumprimos o nosso dever de forma que os outros não sofram.*

Coragem pessoal

Coragem pessoal é a terceira grande virtude. Conhecemo-la também por outros nomes: *fortaleza, perseverança, rijeza, "garra"*.

Fora da guerra ou de alguma ameaça física à nossa segurança (como acontece nos bairros mais pobres), a coragem física não é muito necessária na sociedade civilizada urbana. Mas a coragem moral com certeza é. Viver significa assumir riscos e lutar com toda sorte de dificuldades, inclusive o problema de parecer diferente de nossos pares. Muitos jovens nunca aprenderam esse conceito, nunca conheceram em primeira mão nenhuma espécie de adversidade. E por isso, sofrem.

Veja estes exemplos:

– Adolescentes em uma festa ou baile são convidados por amigos a experimentar drogas ou "encher a cara". Eles têm medo de parecer diferentes ("caretas"), e por isso aceitam;
– Um jovem é grotescamente explorado por sua empresa. Por um medo obsessivo de fracassar, ele trabalha sessenta a setenta horas por semana. Fica angustiado porque isso está estragando seu casamento, mas não se arrisca a procurar outro emprego. Está preso por seu medo por todos os lados;
– Uma jovem mãe luta contra o mau comportamento selvagem

127

de seu filho de três anos. Ela lê pilhas de livros e tenta de tudo, desde pedidos até suborno, mas só consegue frustrar-se cada vez mais. Seu problema? Tem medo de que se o punir, seu filho passará a "odiá-la". Teme perder o afeto do filho;

– Um estudante dos últimos anos da universidade ainda não tem ideia do que fará na vida. Tem medo de escolher, decidir, correr o risco de comprometer-se. Qual a solução que dá? Adiar a decisão com mais alguns anos de pós-graduação. Mas primeiro tira um ano de folga para viajar e "pensar nas coisas com calma";

– Os dois primeiros anos do casamento são os mais difíceis. Cada cônjuge descobre que o outro tem defeitos, alguns deles insolúveis: limitações, hábitos irritantes, falhas na forma de pensar e agir, diferenças de gênio. Pessoas fortes dão de ombros e deixam que o amor cubra esses defeitos. Pessoas fracas, com seu baixo limiar de tolerância aos inconvenientes, exageram-nos e chegam a vê-los como absolutamente intoleráveis. A solução? Procurar um advogado, ir ao tribunal... e escapar.

Você pode explicar a coragem desta forma a seus filhos:

1) Fortaleza é *a habilidade adquirida de superar ou suportar as dificuldades: dor, desconforto, desapontamentos, reveses, preocupação, tédio.* É a força de vontade para resolver um determinado problema ou simplesmente para conviver com ele, mas nunca para fugir.

Quantos problemas sérios entre adolescentes e casais jovens brotam de um apelo fixo à fuga, de uma baixa tolerância ao sofrimento ou até mesmo aos inconvenientes? Como essa fraqueza relaciona-se com nossos problemas com drogas e abuso de álcool, e com boa parte de nossa impressionante taxa de divórcios?;

2) A rijeza é o *hábito de superar a ansiedade através de uma ação premeditada e honrada.* Transformamos nossas preocupações em ação. É o oposto da inércia lamurienta em face dos problemas, da compulsão pela reclamação fútil. As pessoas corajosas, com efeito,

veem o escapismo – a fuga das inconveniências – como indigna, até mesmo desonrosa;

3) A coragem pessoal, ampliada pelo bom senso, é a compreensão firme de um fato inevitável: a vida sempre traz sofrimentos, e muitos deles são inevitáveis, até insolúveis. Mas nós adultos aprendemos a conviver com eles da melhor forma possível; deixamo-los para trás e seguimos em frente. Relacionada com isso está a realista compreensão de que a expectativa é mais dolorosa que a realidade: os problemas imaginados parecem quase sempre piores do que realmente são quando de fato os enfrentamos;

4) Para considerá-la de outro ângulo, essa virtude é *uma confiança em nossa capacidade de resolver problemas, construída através da prática de resolvê-los por toda a vida*. Esportes, tarefas de casa, lição de casa, cumprir prazos, trabalhar da melhor forma possível sob uma pressão razoável: todas essas coisas constroem a coragem e a autoconfiança. E o mesmo ocorre com o constante e assertivo encorajamento dado pelos pais: "Você conseguirá se tentar", "Aguente firme e você vai conseguir", "Você é mais forte do que pensa".

Parece ser um fato na educação das crianças: um pouco de adversidade é saudável para elas. Existe um estresse bom. Excetuando algumas escolas mal orientadas, ninguém em nossa sociedade "trabalha em seu próprio ritmo". Se nossos antepassados tivessem trabalhado em seu próprio ritmo, ainda andaríamos em carroças e iluminaríamos nossas casas com velas. Foi necessária uma corajosa aceitação de risco e um trabalho duro e constante para produzir todos os nossos maravilhosos aparelhos poupadores de esforço. Quando confrontados com um nível razoável de estresse e adversidade, todos nós fazemos nosso melhor trabalho;

5) A fortaleza é também a nossa *determinação de superar as deficiências pessoais*. Se somos tímidos, aprendemos a ser ouvintes atentos e amigáveis, pois um "bom ouvinte" em geral atrai bons amigos. Se somos impulsivos, aprendemos a controlar-nos e a prever consequências; dirigimos nossa energia às coisas que queremos

realizar. Se somos preguiçosos, esforçamo-nos para uma ação deliberada. Se não conseguimos entender alguma coisa, buscamos o conselho de pessoas que respeitamos e tentamos pensar nas coisas de outra maneira. E assim por diante.

Em certo sentido, o poder da fortaleza é exatamente o oposto de "seguir os seus sentimentos", abordagem lamentavelmente comum hoje em muitas escolas e famílias. Com certeza, os sentimentos têm seu lugar na vida. Fortes sentimentos de amor e lealdade – dirigidos ao bem dos outros – podem levar-nos à grandeza. Mas na vida real, os sentimentos egocêntricos devem dar lugar ao dever; se não for assim, os jovens não terão praticamente nenhuma capacidade de *sacrificar-se*, que é a essência absoluta do amor verdadeiro. O amor genuíno com frequência significa *ignorar nossos sentimentos egoístas em nome dos outros*. Na vida real, amar significa servir aos outros corajosamente.

Um exemplo de coragem silenciosa e heroica na vida familiar é a forma como os bons pais persistem sem desistir em ensinar bons modos aos filhos. O pai e a mãe dizem às crianças uma e outra vez: "Diga *por favor*..., diga *obrigado*..., peça *desculpas*...". Insistem nisso por meses e até mesmo anos sem desistir, até que finalmente, de forma milagrosa, seus filhos começam a dizer essas palavras por conta própria.

Um casal contou-me como enxergava essa tarefa:

> É como bater um prego em uma parede muito dura, como concreto. Você bate uma e outra vez com o martelo, colocando um pouco de pressão no prego sem parar. Durante algum tempo, às vezes bastante tempo, você não vê nenhum progresso. Talvez esteja deslocando algumas moléculas com cada martelada, mas não consegue perceber o resultado de seus esforços. Depois de um tempo, o prego começa a entrar. Finalmente, após um longo tempo, ele está solidamente fixado na parede; está firme lá, e você pode pendurar qualquer coisa nele.

E é isso o que acontece com as crianças. Você ensina *por favor* e *obrigado* uma e outra vez, mesmo quando não percebe nenhuma mudança, mesmo quando elas continuam pegando as coisas sem agradecer. Você tem fé em que, se insistir haja o que houver, de alguma forma, mais cedo ou mais tarde, elas entenderão a mensagem e mudarão. E, por fim, acontece exatamente isso, e eles adquirem o hábito por toda a vida...

Autodomínio

A quarta grande virtude, *autodomínio* ou *temperança*, é uma das forças do caráter que mais admiramos nas pessoas. Em nossa cultura hedonista, um homem ou mulher moderados destacam-se da multidão. Às vezes, especialmente nos anos da adolescência, é necessária uma verdadeira coragem para resistir às pressões do ambiente, e manter-se firme como senhor da própria vida.

As crianças vão atrás de prazeres e poder. Dão rédea solta a seus apetites e paixões, enquanto resistem obstinadamente à palavra "não". Por isso, são escravas de seus medos e sensações. Se crescerem assim, acabarão por meter-se em sérios problemas, como estes jovens...

– Uma garota de quinze anos vai a uma festa na casa de seu namorado. Os pais do rapaz viajaram para a Flórida, e este desobedece sua proibição de organizar uma festa sem adultos enquanto estão fora. Já havia feito isso duas vezes antes. Os garotos bebem álcool, e então alguém distribui drogas compradas na rua naquele dia. A moça e outros amigos usam a droga, que é de má qualidade (traficantes não se preocupam com controle de qualidade). Em alguns minutos, eles começam a ter um ataque epiléptico e entram em coma. Paramédicos levam-nos para um hospital. Ao longo da semana seguinte, três dos rapazes morrem. Os restantes, incluindo a garota, recobram a consciência, mas suas mentes estão permanentemente destruídas. Durante anos, sofrem de amnésia e alucinações psicóticas, e é provável que nunca se recuperem;

– Um calouro da universidade convida alguns colegas para irem ao seu dormitório em uma noite de sexta-feira e consome sete ou oito cervejas em poucas horas. Ele se senta sobre o parapeito da janela, rindo e virando de uma vez sua última garrafa. Bêbado, perde o equilíbrio, cai de uma altura de quatro andares e morre;

– Dois rapazes de pouco mais de vinte anos estão indo para o trabalho em seus novos e potentes utilitários esportivos. Um deles fecha o outro de repente, quase provocando um acidente. Enfurecido, o que foi fechado acelera e faz o mesmo. Por vários quilômetros, os dois motoristas, agora em um furioso frenesi, xingando e gritando um para o outro, dirigem costurando o trânsito da hora do rush a uma velocidade de mais de 120 km por hora, fechando-se mutuamente. Ambos perdem o controle e colidem, provocando uma explosão que mata um deles e uma mulher que dirigia do outro lado da rua. Ela era mãe de dois filhos, e estava indo para seu primeiro dia em um emprego novo;

– Uma jovem do primeiro ano da faculdade vai a uma movimentada festa na casa de alguém e bebe até desmaiar. Na manhã seguinte, acorda de ressaca em seu próprio apartamento sem saber como chegou até lá. Não se lembra de nada. Algumas semanas depois, descobre que está grávida;

– Por causa de um medo mórbido de fracassar, um homem trabalha mais de setenta horas por semana em seu emprego, chega tarde em casa todas as noites, sai para trabalhar aos fins de semana. Sua mulher queixa-se amargamente sobre suas prioridades; ele a deixa sozinha tomando conta de seu filho de cinco anos; e o menino quase nunca vê o pai. A mulher abandona o marido, procura um advogado e o casamento está acabado. Ele continua voltando para casa tarde da noite, para um apartamento e uma vida vazios;

– Um jovem vendedor ganha quase vinte quilos em dois anos, e tem que ajustar ou trocar suas roupas a cada poucos meses. Desde a infância, sempre foi um pouco gordinho por excesso de comida e falta de exercícios. Agora que tem um salário à disposição, ele se deixa levar. Come alimentos calóricos, consome grandes quantidades de cerveja, assiste bastante esporte, mas nunca faz exercícios. Quando sua firma tem que fazer cortes na força de vendas, ele está entre os primeiros a serem demitidos. A empresa quer transmitir uma imagem de serviço rápido, competitivo, de ponta. E embora ele seja um rapaz bastante simpático, suas roupas justas e sua barriga avantajada dão a impressão errada aos clientes;

– Um homem jovem, com trinta e poucos anos, ainda tem o mesmo temperamento explosivo e de pavio curto que tinha desde a infância. Quando era adolescente, chegou a ser suspenso de jogos por perder as estribeiras com os árbitros. Sua esposa fica exasperada com seus chiliques. Seus filhos o temem. Um dia ele perde a paciência com um cliente importante. Quando seu chefe fica sabendo e tenta corrigi-lo, reage com outra explosão, sua última naquela empresa.

Sem dúvida, há muito em jogo em quão bem ou mal um pai consegue levar seus filhos a controlarem-se, a refrear seus desejos e paixões pelo uso habilidoso da palavra "não" e pelas ações que a sustentam. Explicarei como se faz para ensiná-lo nos próximos capítulos, mas por enquanto vamos nos concentrar na estratégia. O que significa a temperança ou autodomínio? O que você deveria ensinar para suas crianças a respeito disso e de sua urgente importância?

– Temperança é a capacidade de dizer *não*, a qualquer momento, à nossa preguiça, paixões e apetites. É a capacidade, adquirida pela prática, de *esperar* pelas recompensas e de *fazer por merecê-las*. Um homem ou mulher que se dominam também querem recompensas instantâneas como todo mundo, mas não as esperam nem necessitam delas. Pessoas temperantes não transformam os desejos em necessidades, e sabem a diferença entre um e outro.

As pessoas comodistas buscam as recompensas agora e postergam o esforço. Pessoas que sabem dominar-se fazem exatamente o oposto. Têm arraigado o hábito de *conquistar* o que desejam;

– Pessoas sóbrias apreciam os prazeres da vida com moderação, e nunca (ou quase nunca) em excesso. Não passam dos limites na comida, bebida, diversão, ou mesmo no trabalho. Como controlam a si mesmas, dão a aparência de uma discreta autoconfiança, de estar no controle da vida. Seu prazer vem das outras pessoas, e não apenas das coisas. A apreciação que têm da comida, bebida, diversão e trabalho vem da companhia – família e amigos – com quem as compartilham. São pessoas afáveis, com quem é divertido estar e agradável trabalhar. Sua maior satisfação é agradar seus amigos;

– Pessoas que sabem controlar-se não usam linguagem chula de forma gratuita. Apenas algumas raras e revoltantes provocações são capazes de levá-las a um acesso de palavrões, que é seguido por um pedido de desculpas quando necessário. O ponto é que estão habituadas a controlar suas palavras, e assim demonstram respeito pelas pessoas ao seu redor;

– Pessoas com autodomínio sabem usar o tempo. Com efeito, o termo "gerenciamento do tempo", muito usado nos negócios, é simplesmente outro nome para o autodomínio. Pessoas disciplinadas sabem planejar, propor-se metas e cumpri-las. Nunca exageram nem subestimam o tamanho de uma tarefa e o tempo necessário para completá-la;

– Pessoas disciplinadas têm arraigado o hábito de dizer sinceramente *por favor*, *obrigado*, *desculpe-me* e *dou-lhe minha palavra*. Se ofendem alguém, mesmo de forma não intencional, são rápidas em pedir desculpas. Estendem sua cortesia a todos, e conseguem fazê-lo mesmo em face de grosserias ou provocações.

Em uma palavra, pessoas que vivem a temperança têm "classe". Comedimento, etiqueta, um saudável amor-próprio, um espírito de serviço ativo, um permanente e ativo interesse pela dignidade e necessidades das pessoas a seu redor marcam o seu caráter. Todos os que as conhecem estimam-nas como grandes amigas.

O hábito do autodomínio faz mais do que trazer graça a nossas vidas; é absolutamente vital para a saúde física. As crianças que chegam à adolescência sem ele – e só agem por impulsos impensados – podem ferir-se ou matar-se, a si mesmas e a seus amigos. Considere o seguinte. Em meados da década de 1990, o governo dos EUA publicou os resultados de um estudo de dez anos sobre as causas dos acidentes automobilísticos fatais entre adolescentes. Os resultados eram surpreendentes: apenas 5% desses acidentes fatais eram causados por embriaguez (para mortes de adultos, a cifra chega a quase 50%). O que causou 95% dessas mortes de adolescentes? Você pode adivinhar. Excesso de velocidade, desejo de exibir-se, agressividade ao volante, imprudência, ignorar placas de "pare" e outros avisos, e inexperiência em geral. Em outras palavras, quase todos esses jovens morreram por causa de uma impulsividade não controlada, irresponsabilidade, ou falta de critério.

A capacidade de dominar-se previne tragédias, salva vidas.

Coração

Finalmente, *grandeza de coração*. Essa é a importantíssima capacidade espiritual que dá força a todas as outras virtudes. Ela dirige nossa prudência, responsabilidade, rijeza e autocontrole para o bem das outras pessoas, começando com nossa família e irradiando-se para os amigos, colegas, conhecidos, estranhos, e para o nosso país.

Os antigos romanos chamavam-na *magnanimidade*, "grandeza de alma". Nós a conhecemos por outros nomes: *caridade, compaixão, reconhecimento das necessidades dos outros, espírito de serviço, amor sacrificado*.

Trata-se da capacidade e do desejo de superarmo-nos, de suportar ou superar qualquer coisa pelo bem e pela felicidade de alguém. É a *generosidade*, o desejo de dar aos outros o melhor do que temos e esperar pouco ou nada em troca.

135

Valores

Onde uma pessoa coloca o seu coração? O que é que ela mais ama na vida? Responda a essas perguntas e você terá colocado o dedo sobre os valores daquela pessoa.

Este termo "valores" apareceu recentemente em uma série de controvérsias. Apareceu em acaloradas brigas políticas sobre os currículos escolares e a censura da mídia. Quero aqui manter-me longe desses emaranhados de políticas públicas e considerar os valores da forma como são ensinados em casa.

O fato é que todos têm valores. Todos têm algo que está mais próximo de seus corações e outras coisas que estão mais distantes.

Falar sobre os valores das pessoas é falar sobre suas *prioridades* na vida: o que vem em primeiro lugar, depois em segundo, terceiro, e assim por diante. Onde, em que ordem, as pessoas colocam suas paixões? O que é que amam mais? Eis a questão.

As pessoas diferem em seus valores porque diferem naquilo que amam mais e menos. Veja esta lista de coisas que as pessoas amam e pelas quais vivem, o que perseguem apaixonadamente como o objetivo de seus corações:

– Deus;
– Família e amigos;
– A nação;
– Dinheiro;
– A verdade;
– Fama e glória;
– Trabalho realizador e orientado ao serviço;
– Crescimento na carreira;
– Conforto e conveniência;
– Drogas;
– Prazer e diversão;
– Poder sobre os outros;
– Segurança;
– Conformidade, aceitação pelos outros;
– Vingança.

Diga isto a seus filhos: é possível dizer quais são os valores das pessoas vendo quais dessas coisas elas amam mais, e a quais dão pouca ou nenhuma importância.

Alguns pais entregam o coração a Deus, à família, aos amigos, à verdade, e ao trabalho orientado para o serviço. Todos que os conhecem consideram-nos grandes. Quando seus filhos os amam e respeitam, adotam ao crescer os mesmos amores e na mesma ordem: os valores de seus pais.

Outros homens colocam o poder, a carreira e o conforto à frente de tudo, e suas famílias sofrem.

Na adolescência, os jovens são fortemente tentados a colocar a conformidade e o prazer à frente da família. Mas se seus pais conquistaram seus corações durante a infância, se o amor dos adolescentes pela família vem em primeiro lugar, eles conseguem afastar essas tentações. Amam profundamente seus pais, e por isso nunca os trairão ou desgraçarão.

Por isso, seus filhos sabem quais são as suas prioridades, aquilo que você ama acima de tudo o mais? Diga-lhes. Estimule-os a que o sigam, a assumir os seus valores e viver de acordo com eles. E alerte-os sobre um dos grandes desastres da vida: casar-se com alguém com prioridades diferentes, cujos valores estejam em conflito com os deles.

Grandeza pessoal

No século III a.C., o filósofo chinês Mêncio disse: "Um grande homem é alguém que nunca perde o coração que tinha quando criança".

É óbvio (quando o entendemos) que as grandes forças do caráter têm de ser formadas do zero nas crianças à medida que crescem, pois elas não vêm ao mundo com critério, responsabilidade, coragem ou autodomínio. No entanto, sem nenhuma dúvida, as crianças possuem de fato belas qualidades que devem sobreviver intactas através da infância, até chegar à idade adulta, e a maior delas é a caridade.

É verdade, os pais devem pacientemente levar os filhos a tornarem-se competentes, bem preparados, decididos, responsáveis, perspicazes, experientes e difíceis de enganar. Mas, ao mesmo tempo, em seus corações as crianças nunca deveriam perder os mesmos grandes amores que tinham quando eram pequenas, amores que ainda veem vivos em você.

Quais são esses grandes amores da infância?

Amor à família. Um afeto natural e duradouro pelos pais, irmãos e irmãs, que são a bússola dos corações das crianças, o centro de sua existência. Durante toda a vida, os jovens deveriam manter sua amorosa confiança no pai e na mãe, lealdade a seus irmãos e irmãs já crescidos, e devoção às famílias que estes, por sua vez, formarem.

Amor a Deus. Uma confiança humilde, bela e sincera em Deus, a quem as crianças veem como um Pai cheio de amor e todo poderoso[2]. Grandes homens nunca perdem essa visão e essa fé, e veem-se como filhos de Deus durante toda a vida, assistidos pela amorosa proteção do Criador. Essa esperançosa confiança capacita-os a suportar qualquer sofrimento na vida e fortalece-os com um robusto senso de responsabilidade: integridade moral, consciência limpa, aquilo que a Escritura chama "justiça". Deus vive em casa, e não apenas na igreja. Se as crianças não encontrarem Deus nas vidas de seus pais, pode ser que nunca O encontrem.

Amor à vida, aos amigos, ao riso. As crianças acordam em cada manhã vendo o dia como uma aventura, uma chamada a divertir-se e fazer coisas com a família e os amigos. Compartilham com aqueles que amam o dom do riso, esse sinal esplêndido de um coração leve e limpo. Da mesma forma, quando adultas, deveriam ser movidas por essa mesma visão da vida como uma aventura, apre-

---

(2) Discuti a formação religiosa das crianças em meus livros *Enquanto ainda é tempo...: a formação moral e religiosa dos filhos*, 2ª ed., Quadrante, São Paulo, 2016; e *Anchor: God's Promises of Hope to Parents* [*Âncora: promessas divinas de esperança para pais*] (Scepter Booklets, EUA, 2003). Veja também meu site www.parentleadership.com.

ciando cada dia como um dom, deleitando-se com a companhia de seus amigos. Devem levar a sério suas responsabilidades, mas não a si mesmas.

Amor aos que passam necessidades. As crianças têm uma maravilhosa capacidade de misericórdia e compaixão. Vemo-lo no carinho com que cuidam de um animalzinho ferido ou sua sincera simpatia por um amigo que está sofrendo. Essa capacidade de apiedar-se, de sentir pena por alguém, nunca deve ser extinta. Durante toda a vida, os grandes homens e mulheres demonstram misericórdia para com os outros, e estendem seu coração e sua ajuda a estranhos em dificuldades. Odeiam o pecado, mas amam o pecador. Esforçam-se pela paz, perdoam as ofensas, não guardam rancor contra ninguém. Sabem que a caridade não significa doar roupas velhas: significa principalmente uma compassiva compreensão.

Amor à verdade. Crianças muito pequenas, ao que parece, são naturalmente sinceras; quando tentam mentir pela primeira vez, são ridiculamente ineptas. Dão sempre um jeito de colocar seus dedinhos bem em cima da verdade, com frequência com impressionante percepção, como o garotinho em "A Roupa Nova do Imperador". De forma instintiva e muitas vezes com uma exatidão impressionante, conseguem julgar o caráter das pessoas. Assim também na vida adulta, deveriam rechaçar todas as formas de enganação; deveriam reconhecer a mentira quando a veem. Deveriam ter a coragem de dizer a verdade e admitir quando estão enganados. Não deveriam nunca se tornar escravas da pior mentira de todas: o autoengano. Devem saber quem são e o que querem, e essas lições têm de ser lições aprendidas do pai e da mãe.

Grandes homens, portanto, são aqueles que possuem em suas almas as forças dos adultos e o coração das crianças. Com generosidade, dirigem suas vidas para as necessidades dos outros, e têm a força interior para servi-los com eficácia, começando por suas famílias. Para todos que os conhecem, são "prudentes como as serpentes e inocentes como as pombas": homens e mulheres grandes.

Sua tarefa como pai, sua missão na vida, é elevar seus filhos até esse ideal, formar neles a generosidade e o caráter com tal profundidade que dirija o curso de suas vidas para a grandeza. É isso que um grande pai faz.

CAPÍTULO VI

Confie no poder do "Nós" na vida familiar

A palavra "nós" é uma força poderosa na vida familiar. É o que sustenta a lealdade das crianças a seus pais, irmãos e irmãs, e é uma adesão por toda a vida às convicções de certo e de errado dos pais. Ela fortalece nos filhos por toda a vida a voz interior da consciência.

Já o testemunhei muitas vezes. A lealdade à sua família é o que resgata muitos adolescentes e jovens da calamidade. Os adolescentes afastam-se das drogas, da embriaguez e da direção imprudente, não apenas porque essas coisas são erradas, mas porque, se forem pegos, desgraçarão suas famílias. O medo de causar vergonha à família pode enrijecer a vontade dos jovens, levá-los a vencer a pressão do ambiente, dizer "não" a impulsos egoístas e viver com integridade.

Todas as famílias "esportivas" saudáveis que conheci, sem exceção, viveram de acordo com uma série de regras claras em casa, que definiam um alto padrão de conduta altruísta. Quando as crianças viviam de acordo com esses padrões todos os dias por vários anos – com quedas e solavancos ao longo do caminho –, gradualmente interiorizavam capacidades de julgamento, responsabilidade moral, perseverança aguerrida e consideração pelos outros. Regras familiares levadas a sério cimentavam os duros fundamentos interiores das crianças no lugar e formavam a base que estruturava seu caráter.

Por que uma família saudável tem regras? Por uma razão: porque ela tem uma *tarefa* a realizar, uma *missão de serviço* a completar. Uma família consumista do tipo "piquenique", em contraste, não tem tarefa alguma – pois a diversão é um passatempo estático, não uma conquista – e por isso não tem nenhuma razão para definir padrões de desempenho. Nenhuma expectativa por desempenho de nível profissional significa nenhuma necessidade de padrões.

Penso que você, como pai, verá seu desafio de forma mais atraente se considerar sua tarefa paterna de um ponto de vista profissional, da forma como as coisas funcionam em qualquer negócio sério. Eis como eu enxergo as coisas: qualquer empreendimento sério – seja um negócio, uma atividade sem fins lucrativos, uma sociedade e seu governo, ou uma família – tem três elementos básicos que o distinguem de uma operação indefinida, inútil ou amadorística:

– Primeiro: uma *missão*, um objetivo de longo prazo, uma tarefa realizada para a melhoria dos demais;

– Segundo: uma *cadeia de comando responsável*. Em qualquer grupo, algumas pessoas assumem o peso da responsabilidade e em consequência têm a autoridade para liderar; elas ensinam e dirigem outras a executar a missão da instituição e realizar o seu serviço. Dessa forma, líderes responsáveis dirigem aqueles que trabalham com eles, e não de cima para baixo, pois um verdadeiro líder tem *colaboradores*, não seguidores;

– Terceiro: *uma série de padrões de desempenho*. Essas são regras diretivas claras pelas quais os que estão no comando mostram aos outros o que se espera deles, as formas pelas quais podem contribuir com mais eficácia para a missão geral. Isso inclui uma descrição de tarefas e alguma espécie de protocolo que define padrões de desempenho aceitável: códigos profissionais, estatutos, obrigações contratuais, e coisas assim.

Toda família saudável é um empreendimento sério, e assim apresenta todos os três elementos descritos aqui: missão, liderança e padrões de desempenho.

Como a família "piquenique" não vai a lugar algum – isto é, não tem uma missão de verdade que a dirija –, os pais são líderes fracos (liderar para onde?) e as regras, se houver, têm apenas uma função *ad hoc*, como um curativo que mantenha as perturbações e os danos em um nível mínimo.

Como vimos até agora, um homem e sua esposa assumem uma importante missão na vida familiar: formar a consciência, o caráter e o espírito de serviço dos filhos para toda a vida. Como assumiram essa enorme responsabilidade, o pai e a mãe têm o direito e o dever de liderar. Todas as crianças precisam de liderança, e se os pais não as levam a fazer o bem, outra pessoa poderá levá-las a fazer o mal.

Nas muitas conversas que tive com ótimos pais e seus filhos, costumava sondá-los de tempos em tempos para aprender quais regras eram vividas por cada família saudável. Escrevia-as e guardava-as em uma enorme pasta. Às vezes eu as espalhava sobre minha mesa e agrupava as semelhantes, tentando encontrar padrões.

Eis o que percebi:

1) Todas as regras, de maneira direta ou implícita, começavam com a palavra "Nós", e não "Você". Por exemplo, a regra de limpeza não era: "*Vocês crianças* devem arrumar o seu quarto", mas sim: "*Todos nós* contribuímos para manter esta casa em um estado decente." Não: "*Você* deve ligar se for se atrasar", mas sim: "*Nós* ligamos se vamos nos atrasar". Não era: "*Você* deve guardar os brinquedos", mas: "*Todos nós* guardamos as coisas no lugar".

Em outras palavras, *os próprios pais seguiam as regras, as mesmas regras que impunham aos filhos*. Os pais viviam em sua casa como adultos responsáveis e com consideração, e insistiam em que os filhos fizessem o mesmo. O pai e a mãe, como quaisquer outros verdadeiros líderes, exigiam de si mesmos tanto quanto dos filhos. Praticavam o que pregavam e lideravam o caminho com o seu exemplo pessoal. Em consequência, todos os dias os filhos testemunhavam as convicções dos pais, vivas e em ação (e por isso, quando se tornavam adolescentes, nunca podiam acusá-los, com justiça, de hipocrisia);

2) *Obedecer a essas regras levava as crianças – ou forçava-as – a praticarem cada uma das virtudes*. Repetidamente, todos os dias, o pai e a mãe pressionavam os filhos a viver com integridade, assumir responsabilidades, executar os seus próprios afazeres, trabalhar conscienciosamente, discernir o certo do errado, respeitar a autoridade dos pais e considerar as necessidades e os direitos dos outros. A vida íntegra permeava todo o espírito familiar e penetrava no interior das crianças pouco a pouco, dia após dia;

3) *Todas as regras pareciam cair em cinco categorias separadas, mas interconectadas*:

– Nós respeitamos os direitos e a sensibilidade dos outros;

– Nós todos contribuímos para tornar a nossa casa um lugar limpo, ordenado e civilizado;

– Nós damos às pessoas as informações de que elas precisam para cumprir as suas responsabilidades;

– Nós usamos os meios de comunicação eletrônicos apenas para promover o bem da família, e nunca contra ela;

– Nós amamos e honramos o nosso Criador sobre todas as coisas; agradecemos suas bênçãos e pedimos a sua ajuda para as nossas necessidades e as dos outros.

Para o caso de lhe serem úteis, farei aqui uma lista dessas regras[1]. Deixe-me insistir em que aquilo que listarei a seguir tem um caráter *descritivo*, e não *prescritivo*. Isto é, estou descrevendo o que vi funcionar em várias famílias ótimas. Não tenho a pretensão de ser dogmático aqui nem quero insistir em que todas as famílias deveriam adotar todas essas regras em bloco. Eu não teria o direito de fazê-lo mesmo que quisesse.

Cabe a você pesar cada uma com sua esposa e julgar quais poderiam funcionar melhor para vocês e seus filhos. A família é sua, e portanto a decisão também.

1) Respeitamos os direitos e a sensibilidade dos outros

– Dizemos a todos, quando apropriado: *por favor, obrigado, com licença, desculpe-me, dou-lhe a minha palavra de honra*;
– Não insultamos as pessoas com palavras nem afrontamo-las com grosserias;
– Não revelamos segredos ou fazemos fofoca sobre as pessoas, nem as criticamos de forma negativa pelas costas. Evidentemente, em casos graves (drogas, comportamentos autodestrutivos, etc.) existe o dever de contar a quem possa ajudar a tempo;
– Mantemos os assuntos da nossa família dentro da família. Nada de "lavar a roupa suja" em público;
– Não fazemos comentários depreciativos de cunho racista, sexista, étnico ou religioso, nem mesmo como brincadeira. Não há lugar para um humor ofensivo em nossa casa;
– Não usamos palavrões ou linguagem chula;
– Nunca ridicularizamos ou fazemos pouco caso de alguém que se esforça;
– Não interrompemos a fala das outras pessoas, aguardamos a nossa vez de falar. Não distraímo-las quando estão falando com alguém, seja pessoalmente ou ao telefone. Se há uma situação urgen-

---

(1) Uma cópia delas está disponível também em: <www.parentleadership.com>.

te e temos de interrompê-las, então dizemos primeiro: "Por favor, me desculpe interromper";

– Respeitamos o direito dos outros à presunção de inocência. Antes de fazer um juízo negativo, ouvimos primeiro sua versão das coisas;

– Nunca mentimos uns aos outros. A menos que tenhamos sólidas evidências em contrário, presumimos que as outras pessoas da família estão dizendo a verdade;

– Nós não tentamos discutir quando somos corrigidos;

– Não fazemos promessas que não pretendemos ou não podemos cumprir. Se não somos capazes de cumprir uma promessa por motivos fora do nosso controle, pedimos sinceras desculpas;

– Respeitamos a propriedade e o direito à privacidade dos outros. Batemos à porta antes de entrar em uma sala fechada, pedimos permissão antes de pegar emprestada alguma coisa;

– Não nos provocamos ou brigamos durante as refeições;

– Se temos de levantar-nos da mesa durante as refeições, dizemos antes: "Desculpe-me, por favor";

– Cumprimentamos os adultos amigos da família com bons modos, um cumprimento caloroso, um cordial aperto de mão e olhando-os nos olhos. Damos aos convidados o melhor que temos. Porém, as crianças não falam com adultos estranhos sem a permissão dos pais;

– Demostramos especial respeito às pessoas mais velhas. Oferecemo-nos para ceder-lhes o lugar, abrir as portas e deixá-los passar à frente nas filas;

– Comemoramos as realizações uns dos outros. No entanto, seja qual for o resultado, apreciamos o esforço que cada um faz;

– Praticamos as boas maneiras ao telefone e assim honramos nossa família. Mantemos o uso do telefone sob um controle razoável: nada de ligações durante o jantar, nem no horário da lição de casa, nem após as dez da noite, exceto em caso de emergência; telefonemas em geral limitados a quinze minutos.

2) *Todos contribuímos para fazer de nossa casa um lugar limpo, ordenado e civilizado*

– Não entramos em casa com os sapatos molhados ou enlameados; se deixamos um rastro de sujeira, limpamo-lo imediatamente;
– Não trazemos atividades ao ar livre para dentro de casa: nada de jogar bola, correrias e perseguições, brincadeiras com água, lutas ou gritaria excessiva. Os homens da família não usam chapéu ou boné dentro de casa;
– Abrimos e fechamos as portas com cuidado; se acidentalmente batemos uma porta, pedimos desculpas;
– Não gritamos para as pessoas em outros aposentos. Vamos aonde estão e damos o recado em voz normal;
– Não consumimos alimentos fora de áreas de comer previamente determinadas: cozinha, sala de jantar, sala de jogos ou de TV;
– Não nos excedemos na comida ou na bebida. Nada de lanches não autorizados entre as refeições, especialmente logo antes delas;
– Tentamos comer toda a comida que nos servem;
– À noite, separamos as roupas que usaremos na manhã seguinte;
– Colocamos as roupas em seus lugares quando não estão em uso: roupas limpas em armários ou gavetas, roupas sujas na lavanderia;
– Quando acabamos de usá-los, colocamos os brinquedos, equipamentos esportivos e ferramentas em seus lugares;
– Se usamos um prato ou copo, lavamos e colocamos em seu lugar;
– Se tomamos algo emprestado, devolvemos. Se perdemos algo que emprestamos, pedimos desculpas e fazemos o melhor possível para substituí-lo ou pagar por ele;
– Fazemos nossas tarefas de casa prontamente e da melhor forma possível; começamos nossa lição de casa a uma hora fixa e não paramos até que esteja feita de forma adequada;
– Não devolvemos o carro com menos do que um quarto de tanque cheio;
– Todos podemos fazer sugestões sobre muitos assuntos na vida

em família, mas são os pais que tomam as decisões nos assuntos importantes. E são eles quem decidem quais são esses assuntos;
– Não buscamos os "resultados" em si, mas sim *que se faça o melhor possível*.

3) Damos às pessoas as informações de que necessitam para cumprirem com suas responsabilidades

– Quando estamos de saída, sempre informamos: aonde vamos, com quem e quando planejamos voltar;
– Pedimos permissão antecipadamente, com ao menos um dia de antecedência, para atividades importantes ou longas: passar a noite fora, acampamentos, viagens de longa distância, e coisas assim;
– Vamos direto para casa após a escola, trabalho, eventos sociais, exceto com consulta prévia;
– Voltamos de eventos sociais a uma hora razoável, previamente combinada;
– Se vamos nos atrasar, telefonamos;
– Anotamos recados de telefone de forma inteligente: nome de quem ligou e número de telefone, resumo da mensagem, se for o caso, data e hora da ligação, nome ou iniciais de quem anotou o recado;
– Em geral, esforçamo-nos por evitar surpresas desagradáveis e preocupações desnecessárias na família (já temos o suficiente).

4) Usamos os meios de comunicação eletrônicos e os jogos apenas para promover o bem-estar da família, nunca para prejudicá-la

– Temos apenas uma televisão na casa, de forma a monitorá-la e evitar que a família se fragmente por causa dela;
– Usamos a TV e os aparelhos de vídeo com parcimônia e discernimento. A maior parte de nossa recreação deve ser não-eletrônica: leitura, jogos, *hobbies*, esportes ou conversa;
– Não permitimos em nossa casa nada que ofenda nossos prin-

cípios morais e trate outros seres humanos como coisas: nada de pornografia (que é tratar as pessoas como objetos), nada de comentários depreciativos racistas, sexistas ou étnicos, nada de violência gratuita, nada de linguagem chula, nem de representações glamurosas de desrespeito e grosseria;
– Em geral – não sempre, mas muitas vezes – assistimos à TV juntos: esportes, programas e filmes de qualidade, notícias e documentários. E só;
– Não assistimos TV quando há escola no dia seguinte, a menos que assistamos todos juntos ou após consultar previamente, como dito acima;
– Se brigamos por causa da TV ou dos jogos, recebemos um aviso para pararmos; se a briga continua, a atividade é encerrada;
– Mantemos o ruído que fazemos em um nível razoável para não distrair ou incomodar os outros.

5) Amamos e honramos nosso Criador sobre todas as coisas; agradecemos por suas bênçãos e pedimos a sua ajuda para as nossas necessidades e as dos outros

– Damos graças ao Senhor adorando-O juntos como família;
– Esforçamo-nos por viver segundo os seus mandamentos;
– Respeitamos a consciência e os direitos dos outros que O adoram de forma diferente;
– Rezamos antes das refeições e antes de dormir. Rezamos pelas necessidades de nossa família e de nosso país, e pelas de todos os que sofrem. Servimos ao Senhor servindo aos outros;
– Vivemos com a confiança de que Deus nos assiste com sua amorosa proteção paternal. Os pais tratam seus filhos da mesma forma que Deus nos trata a todos: com um amor afetuoso e protetor, com atenção às necessidades, com claros padrões de certo e errado, uma compassiva compreensão e uma disposição pronta a perdoar;

– Sabemos que Deus nos manda honrar pai e mãe. A melhor forma de o fazermos é adotar os valores de nossos pais, viver de acordo com eles toda a nossa vida e transmiti-los a nossos próprios filhos de forma integral e intacta.

* * *

Aí estão elas, as regras mais frequentemente encontradas em boas famílias.

Viver de acordo com elas de forma perfeita todos os dias é, evidentemente, um ideal impossível. Uma certa dose de recaídas no erro e de falhas de desempenho é absolutamente normal. Ninguém é perfeito. Mesmo assim, essas regras estão fixadas no lugar como aquilo que tentamos atingir, um "lugar de descanso" para nossa consciência, como as teclas a que nossos dedos sempre retornam em um piano ou teclado. As pessoas de uma ótima família nunca chegam à perfeição, mas nunca deixam de tentar. Continuar tentando, sem se importar com as dificuldades, é a essência da grandeza.

É claro, você pode não concordar com algo do que está listado aqui. Você e sua esposa podem querer acrescentar ou tirar itens. É a sua família, e vocês dois podem compartilhar abordagens diferentes e valores próprios que queiram incluir na vida familiar.

Em qualquer caso, insisto em que você – como um pai responsável – trabalhe com sua mulher para estabelecerem um alto padrão de comportamento para si mesmos e para seus filhos, e depois ajam de acordo com ele todos os dias.

Se o fizerem, provavelmente verão seus filhos crescidos, daqui a vinte anos ou mais, estabelecerem o mesmo padrão alto de comportamento – e até mesmo exatamente as mesmas regras – para educar seus netos como grandes homens e mulheres. Essa será parte da recompensa, do retorno final pelo seu investimento de anos de trabalho duro: ver seus netos serem educados de acordo com os valores que vocês formaram com tanta paciência nas mentes e corações dos seus filhos.

Sua mulher, sua parceira

Eu estava conversando com um grupo de homens sobre o papel do pai na família, transmitindo o que havia aprendido, contando as lições que exponho neste livro, quando um homem de meia-idade, um dos melhores pais que já conheci, disse-me o seguinte, com muita ênfase: "Tudo o que você disse é verdade, Jim. Mas o ponto chave, mais importante do que qualquer outra coisa, é trabalhar em parceria com sua esposa. Unidade! É disso que se trata. Fique unido à sua esposa e tudo o mais entra nos eixos".

Ele tinha razão, e tenho de enfatizá-lo aqui: *o poder do "nós" começa por levar os seus filhos a honrar a sua esposa, mãe deles.* Se você vencer aqui, terá vencido metade da batalha.

Não se engane: sua mulher é a pedra angular de sua vida familiar. A vida de serviço interminável e sacrificado dela é a base de todas as coisas boas e grandes que os dois ensinarão aos filhos.

Já o disse antes, mas devo dizê-lo de novo: embora as crianças tenham ouvido seletivo, seus olhos esquadrinham tudo. Com os cantos dos olhos, absorvem tudo o que se passa entre você e sua mulher. E aprendem com o que veem.

Quando as crianças veem o pai demonstrar um afetuoso respeito pela mãe, começam elas mesmas a honrá-la. Mas se sentem que o pai é desleixado ou indiferente com relação à mãe, irão constantemente ignorar sua autoridade, e tratá-la cada vez com maior ousadia. As crianças imitam o que veem.

Em outras palavras, a autoridade da mãe em casa, sua habilidade de ensinar e liderar, depende enormemente do óbvio respeito e apoio que o pai lhe dá. Assim, um bom pai é acima de tudo um marido amoroso. É um homem que leva os filhos a amarem e honrarem a mãe, sua amada esposa. *Insiste* em que eles a respeitem e a sirvam, exatamente como ele mesmo faz.

Como expliquei acima, toda família saudável estabelece regras, padrões que dirijam as atitudes e o comportamento das crianças. Fiz uma lista delas. Mas a regra número um para os pais inteligentes e eficazes é esta: *A mamãe vem em primeiro lugar.*

Isto é, tudo aquilo que agrada à mãe – tudo o que lhe dá alegria, conforto, satisfação e honra – é o que faremos, e ponto final. É o que nós, as crianças e o pai, juntos, vamos fazer. Preste atenção no *nós*: todos nós na família, com o papai à frente.

Sob esta luz, aqui estão algumas perguntas para que você pense:

– Com que frequência, e de que maneiras, seus filhos o veem demonstrar afeto por sua esposa? Eles o veem abraçá-la e beijá-la, dar-lhe flores e outros pequenos presentes? Eles veem que você se lembra do aniversário dela e do aniversário de casamento, e os comemora como grandes festas? Tendo em vista as muitas distrações que puxam as crianças hoje (TV, videogames, horários apertados, internet), você se desdobra para que eles captem a mensagem?;

– Você diz a ela com frequência o quanto a ama?;

– Em conversas casuais com seus filhos, você às vezes os lembra daquilo que eles veem em suas ações, que a mãe deles é, na sua avaliação, a melhor mulher do mundo?;

– Você chama a atenção de seus filhos para a beleza especial de sua esposa, sua coragem e caráter, sua atenção aos detalhes, sua incrível resistência, seu constante e sacrificado amor pela família? Você demonstra aos filhos que está orgulhoso dela e que a considera a sua melhor amiga?;

– Você é sensível às necessidades dela? Arranja tempo para ouvi-la quando ela quer conversar, e *precisa* conversar? Você pede a opinião dela e lhe dá valor? Pergunta como pode ajudar em casa? Sente quando ela precisa de uma pausa ou um descanso, e o que faz a respeito?;

– Você deixa claro para suas filhas que a mãe delas é um modelo para que vivam no futuro como grandes mulheres?;

– Você explica a seus filhos por que a mãe deles é o padrão para o tipo de mulher que algum dia deverão procurar para se casarem? E que se o conseguirem, como você, poderão considerar suas vidas um sucesso?

Naturalmente, essa lista de perguntas funciona ao reverso também. Isto é, os sinais de amor e respeito que sua mulher tiver por você reforçarão sua autoridade de pai, mesmo se – ou especialmente se – você passa muitas horas trabalhando longe de casa. Mas isso não é problema seu neste momento. Estamos falando sobre o que você faz por ela.

Lembre-se: um casamento não é um contrato 50-50, um mero acordo comercial. Um casamento realmente saudável está mais para 80-20 ou 90-10. Se você estiver disposto a dar mais do que recebe – a dar mais peso às necessidades e sentimentos da sua esposa do que aos seus próprios –, então será um excelente marido e pai. Quando você demonstra mais amor a sua esposa, de forma deliberada e sincera, verá que ela o devolve a você em uma medida ainda maior. (De fato, talvez isso já esteja acontecendo, mas até agora você nunca tenha percebido.)

Não há como insistir demais neste ponto. O afetuoso respeito que você e sua mulher demonstram um pelo outro é mais da metade da tarefa de criar bem os seus filhos. Afinal, seu ideal de longo prazo é que cada um deles tenha um casamento sólido e crie uma ótima família. Assim, todos os dias, você e sua mulher, juntos, ensinam-lhes o que é de fato a vida em família: um amor generoso e sacrificado.

Consenso de direção

O escritor francês Antoine de Saint-Exupéry disse: "O amor não consiste em duas pessoas que olham uma para a outra. O amor consiste em duas pessoas que olham juntas na mesma direção".

Grandes pais olham para seus filhos juntos. Embora possam discordar em muitas coisas, bons maridos e mulheres compartilham uma única mente e uma única vontade no que concerne à educação dos filhos. Ambos têm a mesma visão de longo prazo sobre o seu futuro como homens e mulheres responsáveis, e estão determinados a trabalharem juntos, não importa o que aconteça, para torná-lo realidade.

Grandes pais têm sempre essa verdade diante de si: cada filho tem apenas uma mente e uma consciência, e, portanto, necessita de uma, e apenas uma, direção, recebida de ambos os pais. As crianças educadas em uma família unida aprendem desde o berço que cada um dos pais é "o chefe". Mais ainda, se lhe perguntam, respondem: "Meus pais sempre defendem um ao outro".

Sem dúvida, crianças cujos pais trabalham duro para obter esse *consenso de direção* crescem em caráter com maior rapidez. Quando passam pela adolescência, não conseguem jogar um pai contra o outro para esquivar-se por aí (olhe em volta e você encontrará famílias em que adolescentes astutos manipulam seus pais dessa maneira).

Pais que podem contar com o apoio um do outro são muito mais confiantes ao agir como líderes. Saber que você não está sozinho, que pode contar com um forte apoio, sempre aumenta a coragem e a confiança. Assim, as crianças conduzidas por pais unidos só conhecem uma direção clara e confiante em casa. Com esta espécie de orientação, crescem elas mesmas em confiança.

Como pai, você nunca deveria esquecer: crianças confiantes resistem às drogas. Adolescentes confiantes resistem às pressões do ambiente. Trabalhadores confiantes progridem na carreira, recebem respeito, aumentos e promoções. Jovens confiantes tendem a casar com sabedoria e criam filhos confiantes.

Grande parte de nossa coragem na vida – provavelmente a maior parte – deriva de crescermos em uma família amorosa e apoiadora. Vem da direção deliberada e afetuosa de pais que se apoiam um ao outro: um homem e uma mulher que confiam um no outro.

Como você e sua mulher podem trabalhar para fortalecer esse apoio mútuo? Aqui estão cinco abordagens nas quais se apoiaram outros pais inteligentes.

Primeiro: Separem algum tempo a cada semana, mesmo que seja apenas meia hora ou algo assim, para conversar sobre cada um dos seus filhos: qualidades e defeitos, necessidades e problemas pessoais, relacionamento com os irmãos, linhas de ação possíveis, o que fazer a seguir. Domingo de manhã parece ser o que funciona melhor para esse tipo de bate-papo profissional sobre a família. Preste atenção à opinião de sua mulher nesses assuntos. Quase com certeza, ela tem uma percepção mais aguda e sensível que a sua. As mães têm esse dom.

Segundo: Determinem que vocês nunca, em hipótese alguma, vão contradizer ou rebaixar um ao outro na frente dos filhos, especialmente quando um dos dois está corrigindo algum deles. Se algum de vocês pensa que o outro está errado, deixem a discussão para depois e resolvam-na em particular.

Terceiro, e relacionado com o primeiro e com o segundo: Nunca prolonguem uma discussão acalorada na frente dos filhos. Vocês podem expressar uma diferença de opinião ou até mesmo discutir em um sentido inofensivo. Mas qualquer explosão de raiva com palavras ferinas deve ser rapidamente seguida por um pedido de desculpas e pelo retorno ao carinho habitual.

De fato, é saudável para as crianças verem que às vezes mesmo pais que se amam discutem, mas rapidamente se reconciliam. Ninguém é perfeito; qualquer um pode ter um dia ruim. Pequenas reações de raiva aparecem entre quase todos os casais, mas são rapidamente cobertos por pedidos de desculpas. "Me desculpe... por favor me perdoe..." é um dos mais fortes vínculos do casamento.

O que é terrivelmente assustador para as crianças e corrosivo para a vida familiar é qualquer briga prolongada e realmente inflamada. Vocês dois devem evitá-lo a todo custo, mesmo ao custo de seu orgulho pessoal.

Por isso, se vocês sentem que uma discordância está saindo do controle, que uma discussão está indo longe demais, tenham um sinal preestabelecido mutuamente (como bater o dedo no relógio de pulso ou fazer discretamente um sinal de pedido de tempo com as duas mãos) que signifique que é o momento de mudar de assunto. Isto é, os dois concordam em que – não importa o quão irritados estejam naquele momento – adiarão a discussão até mais tarde, quando estiverem a sós. Então, poderão lavar a roupa suja;

mas é claro, os dois já terão se acalmado. Custe o que custar, façam qualquer coisa menos assustar as crianças.

Quarto: Institua uma regra que é útil quando seus filhos são pequenos e extremamente importante quando entram na adolescência: quando eles pedem a sua permissão em um assunto de certa importância (dormir fora de casa, viagens de acampamento, liberação de alguma regra da casa, uso especial do carro, e coisas assim), adie sua decisão até que a tenha checado com sua esposa. E que sua esposa siga a mesma política de adiar a decisão com relação a você.

Cada um de vocês dirá: "Deixe-me primeiro conversar com a mamãe (ou o papai)". Fazer isso sempre traz grandes benefícios. Para começar, previne mal entendidos e discussões entre você e sua mulher depois. Depois, ajuda a construir nas crianças o conceito do apoio mútuo entre vocês, pois sublinha como respeitam a opinião um do outro. E mais, evita que adolescentes astutos os joguem um contra o outro, e dá a vocês dois tempo para refletir sobre a decisão e impor condições razoáveis.

Outro benefício é que seus filhos são obrigados a *esperarem* pelo que querem, o que é saudável para eles. Seus filhos não devem adquirir o mau hábito, que muitas crianças de hoje têm, de esperar *recompensas imediatas*, especialmente em assuntos de importância. Se não podem *fazer por merecer* o que querem, podem ao menos *esperar* por isso. A espera é saudável para as crianças.

Quinto: O que fazer se for difícil entrar em acordo sobre algum ponto específico de disciplina: regras da casa, por exemplo, ou tipos de castigo para transgressões mais sérias? É possível tentar usar diversas táticas que já ajudaram outros pais.

Você pode tentar um acordo: "Ok, vamos tentar do seu jeito por três meses (ou o tempo que for), e depois vamos tentar do meu. Vamos ver como saem as coisas". Ou, se houver tempo, procurem uma forma de arbitragem. Combinem de consultar alguém que os dois respeitem – um bom amigo, um parente, um professor, uma autoridade religiosa, qualquer pessoa com bom critério e experiência em assuntos familiares – e concordem em seguir o seu conselho.

Em último caso, como medida extrema, ou se o tempo os está pressionando, joguem uma moeda! Estou falando sério. Qualquer decisão é melhor do que não tomar decisão nenhuma. Nenhum líder eficaz deixa que a indecisão leve à inação.

Faça o que fizer, saiba que você (e sua esposa) terão que engolir um pouco o próprio orgulho para poder apresentar uma fachada de unidade para os filhos. A experiência demonstra que a unidade, não importa como seja obtida, é bem mais importante do que táticas específicas. Desde que estejam juntos na mente e na vontade, desde que estejam determinados a permanecerem unidos, vocês podem se dar ao luxo de cometer erros pelo caminho. De alguma forma, a longo prazo, funciona.

CAPÍTULO VII

Dirija seus filhos com "afetuosa assertividade"

Muito bem, você definiu regras para sua família, e você mesmo e sua esposa procuram viver de acordo com elas, para dar o exemplo. Até aqui, muito bem. Mas ainda estamos nos fundamentos concretos, e você ainda precisa levantar a estrutura no interior de seus filhos, na mente e no coração de cada um, e não apenas na casa de forma geral.

Chegamos agora à parte difícil: a prática dirigida, fazer com que os filhos façam a coisa certa, vivam de acordo com as regras familiares uma e outra vez, até que a "vida correta" esteja firmemente fixada neles, e para sempre.

Se se desviarem para o erro de tempos em tempos (e o farão), ao menos *saberão* que é o erro. Em suas consciências, ouvirão o eco de sua voz, recordarão as suas lições e essa voz e essa lembrança podem protegê-los do mal. Através das reviravoltas no curso de suas vidas, desde que se agarrem ao que lhes ensinou, você nunca deixará de ser o seu pai.

Como um pai faz isso? Bem, comece de um princípio absolutamente básico: o seu direito à autoridade na família.

Um pai inteligente compreende que a paternidade não é um

cargo eletivo; você não tem que bajular os seus filhos. Seus direitos de pai são inerentes ao cargo, à sua responsabilidade.

Na família "piquenique", os pais são inseguros na sua autoridade porque são inseguros ou despistados na sua tarefa. Quando não há tarefa não há responsabilidade, o que significa que também não há verdadeira liderança.

Em casa, assim como no trabalho, autoridade e responsabilidade – direitos e deveres – devem ir de mãos dadas; não pode haver uma sem a outra. Devem ser proporcionais, de mesmo peso. Se lhe dessem uma tarefa difícil no trabalho mas lhe negassem o poder e os recursos para executá-la, você iria ranger os dentes, frustrado. Seria oprimido pelo peso de seus deveres e ferveria de ressentimentos contra essa injustiça. Ninguém – em nenhuma situação humana – pode assumir responsabilidades sem deter o poder de executá-las.

Como pai, você assumiu uma enorme responsabilidade. É responsável pelo bem de seus filhos perante a lei, a sociedade, sua própria consciência e seu Criador. Na verdade – e isto é algo sobre o que os homens raramente pensam –, terá inclusive de responder por isso a seus filhos crescidos; algum dia, eles olharão para trás e julgá-lo-ão, para o bem ou para o mal, pela forma como os tratou na infância (e, por falar nisso, o mesmo farão seus genros e noras).

Quando um homem torna-se pai, ganha direitos, reivindica confiantemente a autoridade – o poder de escolher e decidir – que deve ter para liderar seus filhos com responsabilidade e livrá-los do mal.

Autoridade significa, entre outras coisas, o direito a ser obedecido. Um pai inteligente pode ter dúvidas silenciosas sobre muitas coisas na vida familiar, mas nunca duvida de seu direito à obediência dos filhos. Afirma esse direito, como o faz com todos os outros, de forma viril e direta. Mas procura fazê-lo com compreensão e afeto: é "afetuosamente assertivo", e essa é a essência da disciplina paterna.

Isto é o que me contaram alguns pais:

Nem sempre sei qual é a decisão correta para meus filhos..., mas sei que tenho o direito de tomar uma decisão e de que ela seja cumprida. Minha resolução pode estar errada às vezes, mas isso não afeta o meu direito de tomá-la.

Não é sempre que eu tenho que ser taxativo em alguma coisa..., mas quando sou, meus filhos sabem que falo sério. Não se atrevem a desobedecer-me uma vez que tomei uma decisão sobre algo importante para eles.

Meus filhos adolescentes tentam passar dos limites, mas não o permito. Reforço os limites... Em minha opinião, se eu ceder com facilidade a adolescentes, eles farão o mesmo. Isto é, cederão às pressões do ambiente e seguirão a multidão. E uma grande multidão de adolescentes hoje vai em direção ao penhasco de sua destruição. Meus filhos não estarão no meio dela...

Os meus filhos não têm idade suficiente para resolver o que é melhor para eles. E enquanto não têm, somos minha esposa e eu quem tomamos as decisões... Não permitiremos que nossos filhos se machuquem por causa de um erro de julgamento infantil.

Se os filhos não respeitam os direitos dos pais, não respeitarão os de mais ninguém... Uma criança que rejeita a autoridade de seu pai terá depois problemas com seu chefe. Isso poderia ser fatal para sua carreira.

Tenho apenas uma chance de educar meus filhos. É só isso, apenas uma. E se a estragar, posso passar o resto da vida lamentando-o. Não permitirei que isso aconteça...

Disciplina é liderança e colaboração

A palavra "disciplina" tem má fama. É em geral mal-entendida como "punição". Mas não é o que significa. Não significa o controle pelo controle, nem fazer cumprir as regras apenas para minimizar os aborrecimentos em casa, uma espécie de "controle de danos".

Disciplina certamente implica punições ocasionais e algum controle, além de regras claras de comportamento. Mas seu significado real é bem mais profundo e importante. Disciplina significa na realidade uma liderança confiante e eficaz.

Pense nisso da seguinte forma. A palavra "disciplina" relaciona-se a "discípulo", e deriva da palavra latina que significa "aprender". Disciplina é o que acontece quando um líder ensina e seus "discípulos" aprendem. De um ponto de vista amplo, disciplina significa ensinar e aprender, liderar e unir.

Para repetir a ideia chave: disciplina na vida familiar significa ensinar os filhos a adquirirem – pelo exemplo pessoal, prática dirigida e explicações verbais (nessa ordem) – as grandes virtudes da capacidade de julgamento, sentido de responsabilidade, coragem pessoal, autocontrole e magnanimidade. Elas têm suas raízes nas interações da vida em família e depois florescem até atingir uma saudável maturidade através do cultivo constante de uma liderança confiante e unida dos pais. Isso tudo leva anos.

Em outras palavras, a disciplina requer planejamento e paciência tanto quanto rápidas ações corretivas ocasionais. Exige que se dê exemplo na forma de regras, encorajamentos e elogios, e também na forma de negativas carinhosas e punições justas.

Isso significa viver de tal forma que as crianças sejam obrigadas a fazer o que é certo – na visão dos pais – e rejeitar o que é errado, e que a diferença seja explicada de maneira tão forte que elas recordem essas lições por toda as suas vidas, e depois as transmitam a seus próprios filhos. Em suma, é isso.

Afetuosa assertividade

Todos os pais eficazes que conheci praticam o que poderia chamar-se *afetuosa assertividade*. Isto é, eles *afirmam assertivamente* qual a conduta e as atitudes corretas com seu exemplo, ação e palavras. Ao mesmo tempo, são infalivelmente afetuosos com seus filhos. Corrigem-nos porque os amam, querem protegê-los e estão acima de tudo interessados em seu bem e felicidade futuros.

Buscam *corrigir o erro, e não a pessoa.* "Odeiam o pecado, e amam o pecador". Estão dispostos, em certas ocasiões, ao risco de se tornarem temporariamente "impopulares" com um filho ou filha desobediente, sabendo que a felicidade futura deles está em jogo (bem como a de sua esposa), e que seus filhos um dia lhe agradecerão e reverenciarão como um bom pai.

Você pode ver essa assertividade afetuosa em ação quando dá banho em seus filhos pequenos. Eles resistem, gritam e rebelam-se contra suas esfregadas com água e sabão. Não compreendem o quanto a sujeira e os germes podem fazer-lhes mal. Não importa. Pais que amam ignoram os protestos agudos e chorosos e simplesmente continuam esfregando, murmurando afetuosas palavras de encorajamento até que a pele do pequenino esteja limpa e seca, e o bebê esteja novamente feliz e em paz.

O mesmo acontece quando as crianças são mais velhas. Por causa de sua flagrante inexperiência de vida, as crianças resistem revoltada e veementemente ao que é bom para elas. Pais inteligentes sabem disso, contam com isso e têm coragem suficiente para *resistir à resistência dos filhos.*

Pais eficazes ignoram a gritaria dos filhos e reafirmam o que é o melhor para o bem deles, obrigando-os a cumprir as tarefas de casa, arrumar sua bagunça, aceitar as regras da casa, obedecer instruções, respeitar os direitos dos outros, pedir e aceitar desculpas quando necessário, toda a gama de lições sobre a vida civilizada.

Quando tem certeza de que está certo, quando sabe que o bem de seus filhos depende disso, um pai eficaz passa por alto o mau humor e as lamúrias dos filhos (pois, como bem sabe, ninguém gosta de ser corrigido), e assertivamente pressiona-os a fazer o que julga ser o melhor para eles, o que os protegerá, agora e mais tarde na vida.

Um homem contou-me esta história:

Minha filha colegial trouxe para casa seu novo namorado, por insistência minha, e pude avaliá-lo. Para ser claro, não gostei do que vi. Minha esposa também sentiu algum problema com relação ao rapaz, e em geral ela tem razão nesses assuntos. Depois, quando minha filha e eu estávamos sós, insisti para que ela terminasse com ele. Fiz finca-pé e disse que não aceitaria um "não" como resposta... Ela começou a chorar de raiva, gemendo e insistindo, mas não cedi. Finalmente ela desistiu... Seis meses depois, o rapaz engravidou outra menina...

Minha atitude sempre foi esta: *Prefiro vê-la chorando agora do que depois*. As lágrimas de hoje vêm de uma vontade frustrada, mas as lágrimas de amanhã poderiam vir de uma tragédia. É melhor que ela termine agora, por mais doloroso que seja, do que ficar presa a uma gravidez fora do casamento ou a um mau casamento.

Eis a história de outro homem:

Meu filho Bobby estava próximo do seu décimo sexto aniversário e esperava ansioso para obter sua carteira de motorista. Havia feito as aulas, falava disso noite e dia, ninguém aguentava mais. Mas eu tinha algumas dúvidas sérias. Na maior parte do tempo, ele ajudava bastante em casa, mas aos dezesseis anos ainda não havia controlado completamente o seu temperamento. Às vezes perdia as estribeiras, enfurecia-se por coisas triviais e incomodava sua mãe. Eu o corrigia todas as vezes, em geral com sucesso, mas às vezes continuava irritado por horas...

Finalmente, sentei-me com ele e expus o problema de forma calma mas firme: "Não permitirei que você tire a habilitação ou use o nosso carro a menos que nos demonstre, durante três meses, que consegue controlar seu temperamento impulsivo. Cada vez que explodir por aqui, jogaremos o fim do prazo um mês para a frente... Dirigir é para os adultos, e mais ninguém. Não posso, em consciência, deixar que você vá para a rua se ainda tiver as atitudes e a raiva impulsiva de uma criança".

Naturalmente, ele subiu pelas paredes... Bateu o pé e berrou, quase chorando. Quando se acalmou um pouco, disse-lhe suavemente: "Bobby, é exatamente disto que estou falando... Se você reagir assim quando estiver ao volante, pode matar ou aleijar alguém". Ele entendeu a mensagem e foi quase um anjo nos quatro meses seguintes. Sempre que estava a ponto de estourar, tudo o que eu tinha de fazer era fuzilá-lo com o olhar, e ele compreendia. Obriguei-o a provar-me que realmente tinha idade suficiente para dirigir.

Isso foi doze anos atrás, e tenho a alegria e o orgulho em dizer que ele nunca teve um acidente e nem mesmo uma multa.

De alguma forma, misteriosamente, crianças normais sentem quando seus pais as corrigem por amor. Bons pais corrigem porque amam. Mesmo que as crianças não gostem da correção em si, no fundo percebem o amor por trás das palavras de seus pais. Mais cedo ou mais tarde, quando crescem, compreendem que a ira ocasional dos pais é dirigida a seus erros, e não a elas pessoalmente.

Se você, como pai, demonstrar bastante carinho nas situações normais e sem confronto da vida familiar (que são a maior parte do tempo), e sempre demonstrar disposição a perdoar após um pedido de desculpas e o fim do castigo, seus filhos perceberão a verdade: que toda a sua vida, incluindo os episódios de correções e castigos, estão dedicados à felicidade deles. Mais tarde, em sua juventude, e mesmo antes do fim da adolescência, entenderão por que o seu amor o levou a agir dessa forma, e agradecerão.

Afeto viril

Algumas palavras aqui sobre o afeto viril.

Na vida em família, você demonstra seu amor principalmente quando mostra carinho por sua esposa. O beijo que lhe dá quando sai de casa e quando volta, o braço que passa por trás de seus ombros quando estão sentados juntos no sofá, as mãos dadas quando vocês andam ou sentam juntos, a forma como você a olha e escuta quando ela fala: esses e outros sinais de seu amor mútuo causam enorme impressão em seus filhos.

Por esses sinais, eles percebem que seu amor por eles deriva de alguma forma do amor que você tem por sua esposa. Beijar sua esposa na frente dos filhos é como beijar cada um deles.

Mas você precisa também demonstrar seu carinho por eles, o que é fácil para um homem quando os filhos são pequenos. Os psicólogos observam que a maior parte dos homens parece ter um impulso irresistível de fazer brincadeiras físicas vigorosas com seus bebês: balançá-los, jogá-los para cima, fazer-lhes cócegas, caretas, qualquer coisa que os faça rir. Os especialistas dizem que esse instinto natural de brincar ajuda a formar laços entre as crianças pequenas e seus pais. Elas sentem fisicamente a força do pai, seus músculos e sua força corporal, e sentem que ele está lá para protegê-los. Assim, não têm nada a temer quando papai está por perto.

Um coração afetuoso, músculos rijos, mente e vontade fortes: eis o que "papai" significa para as crianças pequenas. Essa impressão do "papai forte" leva os pequenos a sentirem-se protegidos e portanto confiantes.

À medida que crescem, os filhos precisam que essa impressão seja reforçada por contínuas demonstrações de carinho por parte do pai. Como se faz isso?

Você os toca fisicamente. Pega-os no colo e abraça-os. Segura sua mão quando caminham juntos. Dá leves apertões de brincadeira em seus ombros e braços. Quando passa ao lado deles quando estão sentados em algum lugar, você lhes dá tapinhas na cabeça ou passa a mão em seu cabelo. Convida-os a sentarem junto a você e faz-lhes um afago quando sentam. Você pisca um olho e sorri para eles. Conta piadas infames e ri das que eles lhe contam. Conta-lhes histórias engraçadas e descobre outras maneiras de rirem juntos, mas sem ofender ninguém. Você sussurra coisas em seus ouvidos. (Às vezes, quando tiver vontade de gritar com seus filhos, sente-os no seu colo e sussurre em seus ouvidos; isso quase sempre atrai a sua atenção. E sua correção é feita de forma carinhosa, como deve ser). Você demonstra alegria e orgulho pelas conquistas deles. *Faz elogios específicos assim como críticas específicas* (os pais tendem a fazer críticas específicas, mas elogiar de forma vaga e geral: "Você foi uma boa menina esta manhã..."). Elogie-os por um trabalho bem feito, mesmo que o tenham feito como castigo: "Você fez um grande trabalho arrumando sua cama hoje...; Seu quarto está impecável, do jeito que deveria estar...; Sua lição de casa está organizada e profissional, e estou orgulhoso de você...". As crianças precisam de elogios sinceros de tempos em tempos. Na verdade, todos precisamos. Uma das maiores necessidades das pessoas, em qualquer idade, é a apreciação sincera.

Quando colocá-las na cama, demore-se um pouco, alguns minutos, para conversar um pouco. A hora de dormir é uma grande ocasião para dizer coisas às crianças, e escutá-las. Por toda a vida, elas vão se lembrar com carinho das conversas que tiveram com seu pai quando estavam na cama.

Com suas filhas, especialmente quando se aproximam da adolescência, você deve demonstrar um afeto *respeitoso*. Trata-se de um caloroso carinho paterno combinado com o respeito por sua feminilidade. Isto é, você deve evitar qualquer contato físico que possa sugerir uma intimidade imprópria. Você não as toca ou segura de qualquer forma que poderia incomodá-lo se fosse feita por um rapaz da idade delas. Embora demonstre afeto com sua voz e seus olhos, você mantém uma certa distância física, um respeito pelo "espaço" pessoal de sua filha.

Muito importante: o respeito paterno é uma preparação e, por assim dizer, um modelo para o respeito próprio que elas devem manter em suas relações com outros homens. Quando as moças recebem esse afeto respeitoso por parte de seus pais, são mais cuidadosas e pudicas ao receber o afeto dos homens. Por outro lado, moças que não tiveram essa orientação paterna ficam bem mais inseguras sobre onde colocar os limites com os rapazes, ou não têm critério para avaliar as situações de intimidade e podem entrar de cabeça em problemas.

Na realidade, o que o pai diz às filhas com suas ações é: "A forma como eu trato você é a forma como todos os outros homens de sua vida deveriam tratá-la. Não tolere outra coisa. Como você cresceu e tornou-se uma moça, já não é apropriado que se sente no meu colo. Isso significa que você também não deve se sentar no colo de nenhum outro rapaz! Como seu pai, dou-lhe um abraço suave e breve e um beijo curto e carinhoso, e é até aí que você deve ir com os outros homens. Em meus olhos você pode ver afeto, orgulho e desejo de protegê-la do mal. É isso o que você deve procurar nos olhos de outros homens; se vir outra coisa, especialmente um desejo de possuí-la e tratá-la como um objeto, largue o sujeito para sempre! Quando encontrar um homem que a olhe e trate como eu, então pode começar a considerá-lo como um possível candidato ao casamento. Há outros traços de caráter que você deve procurar também, mas comece por esses".

Mais do que tudo, tanto com os filhos como com as filhas, você demonstra o afeto com os seus olhos. Você precisa *ouvir os seus filhos com os olhos*. Quando faz deliberadamente contato visual com eles, especialmente quando estão falando com você, você lhes mostra o quanto se importa. Em seus olhos, eles conseguem ler sua alma paternal, seu amor por eles, o orgulho que lhe dão e suas esperanças quanto ao seu futuro.

Lidar com as dificuldades

Como quaisquer pais veteranos podem lhe dizer, há dois períodos bastante prolongados na vida das crianças, em que as mudanças corporais abruptas – um rápido crescimento físico e desenvolvimento – levam à instabilidade emocional. Agentes bioquímicos golpeiam o cérebro e provocam mudanças de humor, irritabilidade, resistência à autoridade, baixa autoestima, alternância entre exuberância física e fadiga, e outros sinais externos de tumulto interior. Nessas épocas, os filhos são difíceis de tratar, e enfrentá-los pode ser desgastante.

O primeiro desses estágios fica entre os dois e cinco anos. Ralph Waldo Emerson[1] escreveu uma vez que "uma criança é um lindo e sorridente lunático". Ele tinha razão: as crianças realmente são malucas nessa idade. São conduzidas tipicamente por impulsos incontrolados e tentam desafiar qualquer controle por uma autoridade externa. Forçam os limites, tentando ultrapassá-los. Parecem estar lutando com os pais para ver quem manda em casa.

Lamentavelmente, alguns pais tipo "piquenique", com vontades fracas e sem nenhuma ideia de sua missão de formar o caráter, acabam cedendo, de forma que os filhos se transformam no "chefe" da casa.

Outros pais, mais sábios e confiantes, fazem tudo o que for necessário para civilizar seus filhos. Estes chegam ao redor dos cinco anos com isto claramente entendido: mamãe e papai são quem estão no comando das coisas por aqui; cada um deles é "chefe".

Essa luta acirrada e por vezes frustrante nos primeiros anos prepara o caminho, bem ou mal, para quando os filhos chegarem ao segundo estágio problemático, entre os treze e os dezessete anos. Em muitos aspectos, a adolescência é uma repetição da luta anterior pelo domínio. Novamente os pais lutam contra os mesmos altos e baixos emocionais, a teimosia e a insegurança, a necessidade de uma direção clara, calma, confiante e afetuosa.

Este é o ponto, e é extremamente importante: a experiência mostra que aqueles pais que venceram na batalha anterior – que, agindo como "chefes", conseguiram ensinar lições de justiça e autodomínio nos primeiros anos – têm relativamente menos problemas depois com seus filhos adolescentes.

Você pode ter dificuldades para acreditar nisso, mas é verdade.

---

(1) Ralph Waldo Emerson (1803-1882) é um escritor e filósofo americano do movimento do Transcendentalismo. (N. do T.)

Vi incontáveis vezes. Com algumas exceções, as famílias em que a mãe e o pai deram uma firme formação do caráter aos filhos desde a primeira infância no fim geram adolescentes que são (apesar de altos e baixos ocasionais) bons e responsáveis jovens, filhos dignos de orgulho. Com frequência, de fato, os pais descobrem que a vida com seus filhos no final da adolescência é – de forma surpreendente – agradável e recompensadora. Afinal, esses pais buscaram durante anos educar os filhos como adultos; sempre os viram como adultos em formação. Agora estão próximos da linha de chegada. Descobrem que estão dividindo seu lar com jovens agradáveis e interessantes em idade escolar, adultos em tudo exceto em experiência.

Eu gostaria de poder receber alguns dólares para cada vez que ouvi algo assim de pais e mães que cumpriram sua tarefa com seus filhos: "Ficamos esperando que essa assim chamada 'rebeldia adolescente' nos atingisse, mas nunca aconteceu! Ah, algumas vezes tivemos nossas discussões e brigas, especialmente se estávamos todos esgotados, mortos de cansaço. Quem não tem? Para ser honesto, metade das vezes a culpa era minha; eu é que era esquentado e pouco razoável. Rapidamente fazíamos as pazes e seguíamos com a vida. Houve acessos, sim. Mas rebelião de verdade? Nunca".

Um ótimo pai, um homem sábio, uma vez me disse o seguinte:

> Em minha opinião, a busca da independência é absolutamente normal nos adolescentes. De fato, é algo saudável. Ficaria preocupado se meus filhos não quisessem nem esperassem ser independentes algum dia. Penso que os pais afastam os problemas com os adolescentes com grande antecedência quando desde sempre quiseram que os filhos crescessem, como fizemos minha mulher e eu. Desde que as crianças eram pequenas, dizíamos que esperávamos que eles pensassem e agissem com adultos jovens e responsáveis quando estivessem no meio do Ensino Médio, por volta da época em que começassem a dirigir. Quanto mais responsáveis eram na adolescência, mais liber-

dade lhes dávamos. As únicas vezes em que lhes impúnhamos restrições era quando sua falta de critério e inexperiência poderia fazer-lhes mal... Minha esposa e eu pensamos que os filhos crescem em uma de duas direções: ou se *elevam* à expectativa de seus pais ou se *rebaixam* a ela.

Não posso terminar sem dizer o seguinte: os psicólogos notam que há ainda um terceiro período da vida em que mudanças corporais levam a perturbações psicológicas e a uma excentricidade ocasional. É por volta dos quarenta anos, mais ou menos: a assim chamada "crise da meia-idade".

Essa "crise" não aflige a todos, e em geral não é tão dramática ou aborrecida quanto as duas primeiras, na infância e na adolescência. De qualquer forma, ela realmente acontece, e pode acontecer a você.

Em muitas famílias, infelizmente, enquanto os filhos estão passando pelos altos e baixos da adolescência, um ou ambos os pais estão enfrentando seus próprios problemas emocionais. Em consequência, tanto uns como outros estão inseguros e tensos. Os adolescentes olham-se no espelho e preocupam-se com acne e narizes grandes; seus pais olham-se no espelho e inquietam-se ao descobrir novas rugas e cabelos brancos. Pais e filhos podem dar nos nervos uns dos outros, e mesmo em famílias estáveis, pequenas disputas às vezes crescem até se transformarem em batalhas emocionais e egocêntricas pelo controle.

Estou tentando colocá-lo de sobreaviso, avisando-o desde já de que você e seus filhos podem algum dia passar por essa situação. Se tiver consciência disso, você pode se preparar com antecedência para enfrentá-la. Tente ser honesto o suficiente para admitir com franqueza: são precisas duas pessoas para uma discussão inútil, e às vezes a culpa é minha.

Você pode extrair um bocado de confiança do que já foi escrito aqui. A saber, se você educou bem os filhos nos primeiros anos, então mesmo com a complicação de um aumento de suscetibilidade devido à meia-idade, ainda assim poderá lidar com sucesso com a adolescência deles. Muitos homens saíram-se vitoriosos, e você também pode se sair. Mais cedo ou mais tarde, as tempestades passam. Adolescentes e pais têm seus corpos de volta ao normal. Erguem-se do vale das sombras e a vida continua. Você e sua esposa passarão uma calma e confiante meia-idade, orgulhosos por seus filhos crescidos.

"Uma correção memorável"

Disse antes que disciplina não significa castigo enquanto tal. Mesmo assim, a disciplina às vezes exige o castigo, e castigos são mais bem compreendidos como "correções memoráveis". Encare-os assim, e dificilmente você errará.

Quando as crianças fazem o mal em assuntos razoavelmente sérios (falarei mais sobre isso adiante), precisam aprender que comportar-se mal na família – assim como na sociedade, assim como na vida normal – traz consequências desagradáveis.

Estamos falando aqui da virtude da responsabilidade, que significa, entre outras coisas, ter que assumir as consequências de nossas decisões e ações, nossos erros e injustiças. Assim, que podemos dizer sobre o castigo? Como você e sua mulher podem aplicá-lo de forma eficaz?

1) Tenha consciência, em primeiro lugar, que vocês dois têm enorme poder sobre seus filhos. Muitos pais subestimam sua capacidade de dirigir e controlar. Não reconhecem o quanto os filhos são dependentes deles. Mesmo que as crianças resistam com muita força, precisam desesperadamente de controle externo, pois não têm quase nenhum autocontrole. Se a vida delas não tem controle algum, nem por si mesmos e nem por seus pais, elas enlouquecem. Parece que boa parte da irrefreabilidade das crianças mimadas parte de seu medo, seu silencioso pavor, de *não haver ninguém no comando*.

Em famílias saudáveis, os filhos sentem que seu ambiente imediato, o lugar em que vivem, está seguro e sob controle. Isto é, a orientação confiante e amorosa que os pais têm dos acontecimentos estimula sua sensação de segurança e portanto seu crescimento em confiança.

Sem dúvida, crianças na faixa dos dois a cinco anos tentarão derrubar esse controle (como dito antes) e impor suas próprias vontades. Mas pais inteligentes e conscienciosos simplesmente não permitem que isso aconteça, haja o que houver.

Você e sua esposa *precisam* estar no comando, de forma que a insegurança e agressividade de seus filhos seja substituída pela confiança em vocês agora e, depois, neles mesmos. Em outras palavras, embora seus filhos resistam no início, eles inconscientemente precisam de sua forte liderança para colocar ordem em suas vidas caóticas. Com a ordem, vem a paz interior. Para eles, assim como para vocês e para quase todos os outros adultos, a anarquia é assustadora.

2) Então, como você chama a sua atenção para poder corrigi-los de forma memorável? Primeiro reflita naquilo que eles mais temem e respeitam.

Para começar, todas as crianças respeitam a força física e associam-na com mais frequência ao pai. Você pode impor sua força física nos filhos sem apelar para castigos corporais.

Além disso, as crianças têm um medo inato de serem separadas de suas famílias. Especialistas dizem que o maior terror que as crianças sofrem é o de serem separadas de seus pais e deixadas sozinhas. Pesadelos infantis com frequência centram-se nesse tema.

3) Crianças de lares normais e amorosos temem receber broncas iradas de pais que são em outros momentos normalmente carinhosos. Quando as recebem, têm o desejo íntimo de restabelecer as boas relações habituais, e estão dispostas (uma vez que se acalmem) a cumprir as condições que seus pais lhes imponham para a

paz. Os pais devem recordar que todas as crianças se comportam mal de vez em quando, e que na maior parte do tempo elas são pelo menos razoavelmente colaborativas. Considerando bem, seu mau comportamento é na verdade apenas um desvio esporádico do que é a norma. A sua estratégia disciplinar é na verdade tomar as rédeas do assunto de modo a *restaurar a paz* entre você e seus filhos.

Dito isso, o que você pode fazer para punir o mau comportamento em assuntos de certa gravidade? Aqui está uma lista tirada da experiência de outros pais:

– Contenha a criança de forma física, mas sem lhe causar dor. Segure-a pela mão ou pelo braço e leve-a para um lugar privado. Segure as duas mãos ou pulsos com as suas, faça-a ficar parada e olhe-a nos olhos. Diga o que tiver a dizer em uma voz baixa mas que transmita que você está "falando sério", e continue até que ela diga que entendeu e que sente muito;

– Tire-a fisicamente do lugar e faça-a "ficar de castigo": alguns minutos isolada da família, talvez até em um quarto fechado. Não deixe que retorne até que tenha pedido desculpas. (Para crianças muito pequenas, você poderá ter que supervisionar o tempo que ficam em um canto ou algum outro "lugar de castigo");

– Para crianças mais velhas, retire privilégios. Isso significa proibir jogos ou televisão ou o uso do telefone. Para adolescentes pode significar proibir ligações telefônicas ou sair com os amigos ou usar o carro. (Adolescentes que demonstram atitudes impensadas e impulsividade descontrolada são uma ameaça ao volante e não deveriam dirigir de forma alguma. Você pode deixar isso claro para eles: apenas adultos responsáveis e amadurecidos podem dirigir o carro da família);

– Coloque-as para trabalhar. Tenha uma espécie de "caixa de tarefas" em casa. Trata-se de um recipiente com tiras de papel descrevendo encargos a serem realizados na casa. Deixe o transgressor sortear três fichas e então escolher uma delas, que deve ser realizada de forma a deixar você satisfeito. Além disso, se as crianças se queixam de que estão "entediadas" em casa, encaminhe-as para a caixa de tarefas. Pais que fazem isso quase nunca ouvem seus filhos queixarem-se de tédio. Essa palavra desaparece do vocabulário da família; – Se dois irmãos estão brigando e não param após uma primeira advertência, coloque os dois para trabalharem no mesmo projeto: limpar os pratos, recolher folhas, jardinagem, lavar o carro, o que você quiser. Esse tratamento costuma trazer a reconciliação. Quem sofre gosta de companhia.

Preciso inserir um parêntese aqui: para muitas crianças em famílias tipo "piquenique", ser mandado para o quarto mal chega a ser um castigo. Tipicamente, seu quarto está cheio de aparelhos de som, rádio, televisão e jogos eletrônicos em abundância, e os filhos vivem como paxás. Seus quartos são essencialmente centros de entretenimento ao redor de uma cama.

Pelo que posso ver, muitas famílias saudáveis mantêm com firmeza esta regra: o quarto dos filhos é um lugar de estudo, leitura, conversa com os irmãos e sono, e só. Aparelhos de entretenimento são apenas para as áreas comuns da casa, onde as pessoas podem usufruí-los juntas. Essa regra tem o bom efeito colateral de eliminar as distrações da lição de casa. Funciona. E os filhos aprendem uma verdade sobre a vida: quando tentamos trabalhar e brincar ao mesmo tempo, acabamos sem fazer nenhum dos dois. O descanso só consegue ser realmente apreciado se foi merecido.

Em qualquer caso, seja qual for o método de correção que você use com seus filhos pequenos, veja-o como um investimento que trará grandes retornos no futuro. Uma vez que você tenha estabelecido sua autoridade em seus primeiros anos, terá vencido a maior parte da batalha. Quando eles forem mais velhos, uma advertência casual ou um olhar penetrante seu, ou até mesmo uma expressão de "desapontamento", em geral são suficientes para restaurar a cooperação. Então, as crianças saberão que você fala sério. Na educação infantil, assim como na lei (e especialmente na Receita Federal), há poucas coisas tão eficazes como uma ameaça sincera.

Níveis de resposta

Um pai inteligente – que vive essa afetuosa assertividade – trabalha com sua esposa para planejar diferentes lições de responsabilidade (isto é, castigos) em resposta aos vários tipos de mau comportamento de seus filhos. Isso é importante. Quanto mais cuidadosamente as respostas são pensadas de antemão, e assim tornadas rotinas na vida familiar, tanto mais calmos e consistentes os pais podem ser ao lidar com as provocações dos filhos.

Essa estrutura racional evita, ou ao menos minimiza, o problema de muitas famílias ineficazes, especialmente quando estão lidando com adolescentes. Castigos improvisados impostos em um momento de ira, com frequência duros e excessivos, serão lembrados com ressentimento como injustos.

Lembre-se: você pode ser duro com crianças normais e muito eficaz nisso, mas apenas se elas perceberem que você está tentando ser justo.

Aqui está uma estrutura racional para impor correções memoráveis às crianças por suas desobediências. Baseia-se em um sólido princípio da história militar: aqueles generais que escolheram seu campo de batalha com antecedência normalmente venceram: Aníbal em Canas, Wellington em Waterloo, Lee em Fredericksburg, Eisenhower na Normandia.

Escolha seu campo de batalha. Não desperdice seus recursos tentando corrigir os filhos a cada vez em que eles se comportarem mal. Se você ou sua esposa tentassem, logo precisariam de uma camisa de força.

Em vez disso, estabeleça três níveis de mau comportamento, cada um exigindo uma resposta proporcionalmente mais forte. Em ordem crescente de gravidade, são eles:

Primeiro, *travessuras*. São infrações leves, más ações causadas por inexperiência infantil, falta de ponderação, impulsividade imprudente: deixar um rastro de lama pela casa, algazarras, jogar bola dentro de casa, esquecer (isto é, esquecer honestamente) de fazer tarefas da casa, não guardar as coisas. Os filhos perderão muitos desses hábitos de qualquer forma ao crescerem. Esses comportamentos precisam de uma resposta rápida mas pouco intensa, ou às vezes deixar o assunto por isso mesmo. É como o sistema de controle de qualidade em uma fábrica: tente obter uma amostra de vez em quando. Você não precisa corrigir pequenos erros toda vez, e poderia ficar louco se tentasse.

Segundo, *infrações sérias*. São ações em que as crianças infringem os direitos dos outros, especialmente dos irmãos: xingá-los, tomar sua propriedade sem permissão, agressões físicas, recusar-se a pedir ou aceitar desculpas, usar palavrões e outros feitos de injustiça barbárica. Embora ocasionalmente você possa passar por alto as más ações mencionadas no primeiro nível, *deve* corrigir esses lapsos de justiça e caridade praticamente todas as vezes.

Nunca se esqueça: cada vez que você corrige as injustiças de seus filhos, suas violações dos direitos dos outros, está formando sua consciência e seu sentido moral para toda a vida. Você os está preparando para a forma como depois tratarão suas esposas, filhos e colegas de profissão. Há muito em jogo aqui. Não afrouxe e não desista.

Terceiro, *infrações graves*. São assuntos graves que põem em perigo o bem de seus filhos, agora ou no futuro, e exigem as mais severas punições, sejam quais elas forem, a cada vez que ocorrerem. As crianças devem sentir que a casa caiu.

Para os mais jovens, essa categoria obviamente inclui tudo o que possa colocá-los em perigo físico: brincar com fogo, ir para a rua, enfiar objetos de metal nas tomadas, coisas assim. O castigo deve ser rápido e memorável. Parece que quase todos os pais, até mesmo os mais pacíficos, reagem instintivamente dessa forma.

Mas são igualmente importantes aquelas más ações que ameaçam o bem das crianças quando forem adultos no futuro: atos que põem em perigo seus conceitos básicos de respeito pela autoridade legítima e a importância da integridade pessoal. Você deve impor castigos rápidos e duros sempre que um de seus filhos faça o seguinte:

– Mostrar desrespeito à sua pessoa: xingá-lo, tentar bater em você, erguer a voz com raiva;

– Tentar desafiar sua autoridade, dizer "não" ou de algum outro modo recusar-se a obedecer às suas ordens, ou deliberadamente "esquecer" de fazê-lo. Isso se aplica até a assuntos relativamente pouco importantes, especialmente se você já os advertiu. Se você manda um filho arrumar uma bagunça que ele fez e este se recusa ou sai andando, o assunto torna-se um problema de autoridade, e não de limpeza. Você não pode permitir que ele escape após tê-lo desafiado;

– Mentir deliberadamente a você, especialmente após ter dado a palavra de honra de que ia dizer a verdade (falaremos mais disso depois).

Essas três áreas são de importância vital para o bem dos filhos. *Tudo o que você tem a ensiná-los depende do respeito que têm por você e por sua autoridade, e pela palavra de honra deles. Se você perder isso, perde os seus filhos.*

Para usar uma comparação, sua insistência nesses temas básicos é como o que acontece na justiça criminal. Desrespeito pela autoridade paterna é como o desacato ao tribunal, e a mentira deliberada equivale a perjúrio.

Como você sabe, em nosso sistema judiciário podemos reduzir as penas por meio de acordos entre as partes para quase todos os crimes, mas nunca no caso de desacato ao tribunal ou perjúrio. A lei cai sempre com todo o seu peso sobre esses dois crimes. Por quê? Porque sem o respeito das pessoas pela autoridade judicial e pela verdade dita sob juramento, os tribunais não podem funcionar. Se fosse assim, poderiam fechar as portas e encerrar os trabalhos.

O mesmo acontece em sua família. Você e sua esposa não podem lidar de forma eficaz com seus filhos – formar suas consciências, ou mesmo chegar a elas – a menos que respeitem a sua legítima autoridade paterna e sua própria obrigação de dizer a verdade e manter a palavra.

Deixe-me notar aqui que pais ineficazes em geral caem em um dos dois extremos: ou são excessivamente rígidos ou são permissivos demais. Os "maníacos por controle" tratam todos os desvios de conduta como crimes, e os fracos tratam-nos todos, não importa quão graves, como matéria de pouca importância. Os tiranos produzem adolescentes que são ou rebeldes ou sorrateiros. Os bananas produzem adolescentes incapazes de controlar-se; como não tiveram o controle dos pais, nunca aprendem o autocontrole.

A sua abordagem – a única mais eficaz a longo prazo – deve estar entre as duas e ter uma diferença qualitativa: você deve ser assertivo sem ser rude e agressivo, e carinhoso sem ser sentimental e permissivo.

Se você e sua esposa lidarem com os filhos pequenos estabelecendo essa hierarquia – travessuras, infrações sérias e infrações graves –, farão, mesmo que haja erros ocasionais, com que eles cresçam em comportamentos e atitudes responsáveis. Quando chegarem à adolescência, terão formado o hábito de respeitar sua liderança e submeter-se ao seu critério.

Paz à mesa

Muitos pais eficazes que conheço têm uma regra que é estritamente mantida: não se briga ou se discute à mesa de jantar, e ponto.

O jantar é um momento muito especial para as famílias. Para famílias saudáveis, é algo positivamente sagrado, uma das poucas ocasiões em que a família inteira se reúne. Em consequência, não é lugar de disputas acaloradas ou cabos de guerra emocionais. Se as crianças têm alguma discórdia, devem resolvê-la (se for preciso) antes ou depois do jantar, mas não à mesa.

Por que essa é uma boa política? Por que um pai deveria segui-la?

Para começar, ela é crucial para a paz de espírito de sua esposa. Poucas coisas incomodam mais as mulheres do que disputas acaloradas entre os filhos, especialmente durante as refeições, quando a família deveria estar unida. Sua esposa merece não ser incomodada nesse momento sagrado, e conta com você para isso.

Em segundo lugar, como vimos antes, é absolutamente necessário que seus filhos aprendam a conter seus impulsos, a colocar um freio em suas paixões. Esse hábito é vital para seu crescimento em autocontrole e seu sentido de lealdade familiar. Se praticarem o autodomínio todos os dias ao menos na hora do jantar, serão capazes de vivê-lo com mais facilidade durante o resto do dia. Assim, essa política é um bom ponto de entrada para ensinar os filhos a controlarem-se.

Por fim, é algo que funciona para amortecer e até mesmo extinguir completamente o mau humor. Quando as crianças (e também os adultos, por falar nisso) têm de esperar para discutir, sua irritação em geral acaba esfriando. Adiar uma briga é meio caminho andado na direção da paz.

Esse padrão familiar é difícil de impor em um primeiro momento, mas cedo ou tarde acaba tornando-se um costume. A paz que resulta daí faz valer a pena o árduo esforço inicial. Seu investimento rende muito bem.

Pense nisto: se você perguntasse à maioria dos adultos (como eu fiz) quais são as cenas da infância de que se lembram com mais carinho, provavelmente eles recordariam reuniões ao redor da mesa de jantar. O significado de reunir-se ao redor da mesa está nos importantes sentimentos que seus filhos depois evocarão: mãe e pai, irmãos e irmãs, todos aproveitando a vida juntos como uma família em harmonia. Quando forem mais velhos, daqui a alguns anos, os seus filhos guardarão com carinho essas memórias?

Boas maneiras

A cortesia é muito mais do que uma série de hábitos. É basicamente uma atitude. As boas maneiras mostram aos outros o quanto respeitamos sua dignidade, direitos e sentimentos. É essa atitude o que você busca quando ensina modos a seus filhos e não desiste até que se portem bem quase sem pensar.

Pessoas saudáveis raramente pensam na saúde; com efeito, um

dos sinais da boa saúde é quase não pensarmos nela. O mesmo ocorre com a cortesia. Somos corteses porque, bem, porque é assim que somos, é a forma como fomos criados.

Mas essa espécie de cortesia "natural" não brota da noite para o dia. Pais e mães se esforçam por anos para construí-la dentro do comportamento dos filhos no dia a dia.

Praticar um *comportamento respeitoso* leva a formar *atitudes respeitosas*. Crianças que dizem "obrigado" com frequência acabarão formando o conceito de gratidão. As crianças pararão de pegar as coisas sem pedir depois que tiverem aprendido a dizer "por favor". Em qualquer dos casos, é a atitude de base o que um pai está tentando formar. Adultos amadurecidos pensam nos outros, e os bons modos o demonstram.

A maioria das lições de boa educação são óbvias, e você precisa apoiar sua esposa em sua interminável luta para impô-las. Modos à mesa, dizer "por favor", "obrigado" e "desculpe-me", enviar bilhetes de agradecimento, segurar a porta para as pessoas, deixar os adultos passarem primeiro, e assim por diante: todas essas gentilezas precisam ser repetidas, marteladas inúmeras vezes.

Pelo bem de seus filhos, não desista. Encare como um investimento para toda a vida. O que você está fazendo na realidade é construir neles a compreensão de que as outras pessoas também têm direitos e sentimentos, e por isso temos obrigações para com elas. Os direitos dos outros levam aos nossos deveres.

A paz e estabilidade do futuro casamento de seus filhos dependerá em quão solidamente assumam essa atitude centrada nos outros.

Deixe-me destacar agora um detalhe de cortesia que pertence de maneira especial ao pai. Em certo sentido, é a sua especialidade. Arriscaria a dizer que seu declínio em anos recentes brota da diminuição do papel dos pais nas famílias americanas. Refiro-me ao aperto de mão.

É incrível quantos rapazes jovens, mesmo já adiantados no Ensino Médio, não sabem como apertar mãos e cumprimentar adultos. Desviam o olhar, murmuram alguma coisa incompreensível e estendem a mão direita (quando o fazem) como uma massa inerte de carne quente. Apertar-lhes as mãos é como apertar um bacalhau morno.

Quando trabalhava como diretor de escola, costumava prestar atenção a como os jovens candidatos (de doze a quatorze anos) apertavam-me a mão e cumprimentavam-me durante nossa entrevista. Se um garoto estendia uma mão mole, eu certamente não o culpava. Provavelmente nunca havia aprendido a portar-se como homem, ou em seu nervosismo simplesmente esquecera.

Mas se um garoto, por mais nervoso que estivesse, me dava um aperto de mão firme e um cumprimento correto, via-o como um bom sinal. Isso me dizia que alguma espécie de formação do caráter ocorria em casa. A família daquele jovem provavelmente não era do tipo "piquenique". Tanto o pai como a mãe ensinavam-lhe comportamentos adultos, pelo menos os bons modos. Depois, quando o garoto juntava-se a nós, eu tinha muitas outras provas de que seus pais faziam o seu trabalho. Com certeza, aquele jovem demonstrava-se amadurecido, disciplinado e atento aos outros, um rapaz que honrava sua família.

A cortesia genuína de fato diz algo sobre o caráter das crianças. Mais que isso, diz muito sobre seus pais. *Filhos bem educados trazem honra a seus pais*. Assim, quando seus filhos viverem as boas maneiras, elogie-os, mostre quão orgulhoso você está por honrarem sua família.

Honradez e integridade

Honra. O termo não é muito ouvido nestes dias, mas está no centro da consciência e sentido de compromisso das crianças. Honra pessoal é uma das lições mais vitais que um homem deve ensinar a seus filhos.

Vamos dizer algumas coisas aqui sobre a mentira.

Quase todas as crianças contarão uma lorota – deixarão escapar uma mentira – para se livrarem da culpa e do castigo. Ao menos, elas vão tentar. A mentira é uma das duas defesas a que as crianças recorrem para tentar frustrar o poder dos adultos; a outra é o choro, as lágrimas.

Você nunca deve permitir que seus filhos se livrem com uma mentira, é claro, mas precisa saber distinguir entre uma história espontânea e quase desesperada, inventada de última hora, e uma mentira deliberada a sangue frio. Uma mentira proposital é muito mais grave. É como o crime de perjúrio, simplesmente inaceitável. Seus filhos precisam compreender que uma coisa é *mentir* e outra é *ser um mentiroso*.

Viver como um mentiroso é perder a honra pessoal, a confiança que as pessoas têm em nós. É uma perda enorme. Todo pai deve ensinar isso a seus filhos, e de forma definitiva. É um de seus deveres mais cruciais como pai.

Muitos bons pais usam a seguinte técnica para que a lição seja absorvida, começando quando as crianças têm idade para entender (mais ou menos cinco anos): quando suspeitam que seu filho está mentindo, especialmente sobre algum assunto relativamente sério, dizem: "Vá para o seu quarto e pense bem sobre isso. Quando sair, diga-me a verdade *dando-me a sua palavra de honra*. Seja o que for que você me disser, então, vou acreditar, pois você me deu a sua palavra... E ai de você se, mesmo sob palavra de honra, não disser a verdade!"

Crianças de famílias que têm esse hábito quase sempre dizem a verdade. Desde o começo, os filhos aprendem que seus pais devem poder confiar neles; e que, se mentirem sob palavra de honra, farão um imenso dano aos laços entre você e eles. Se traírem a sua confiança agarrando-se a uma mentira sob palavra de honra, e você descobrir depois, deve tratar o assunto como uma infração grave (como vimos antes) e castigar com dureza, com uma explicação forte e inesquecível sobre a imensa importância da confiança pessoal. Eles raramente, quase nunca, repetirão o erro.

Por outro lado, se após darem sua palavra, os filhos admitirem que haviam mentido antes, dê-lhes algum castigo pequeno e rápido, mas elogie-os muito por terem tido a coragem de dizer a verdade. Conceda-lhes rapidamente retornar às suas boas graças e confiança completa. Eles mereceram e aprenderam uma lição tremendamente importante.

Se você seguir essa política enquanto seus filhos são pequenos, terá poucos problemas com franqueza quando entrarem na adolescência. Talvez não tenha problema nenhuma. Quando chegar essa época, seus filhos saberão o que você quer dizer quando lhes diz que confia em sua integridade. Eles saberão o que essa palavra significa.

Integridade

Você pode cultivar o sentimento de honra e um amor próprio saudável nos filhos explicando-lhes de vez em quando o que a integridade acarreta.

Na sociedade adulta, e especialmente no local de trabalho, a integridade pessoal é mais valorizada do que praticamente qualquer outra virtude. Adultos maduros e responsáveis sabem disso, mas as crianças não. Os chefes constantemente classificam a integridade como a característica número um que exigem e esperam de seus funcionários; consideram-na mais importante do que o talento, habilidades ou credenciais.

Mais ainda, a falta de integridade pessoal parece ser o que está por trás dos problemas e rupturas conjugais. Os esposos deixam de confiar um no outro, e com o tempo deixam de se amar.

Considerando esse entendimento praticamente universal sobre a integridade, é estranho que tantos pais nem cheguem a mencionar a palavra em casa, e muito menos a explicar o seu significado.

Portanto, o que significa? Como você pode explicar a seus filhos o que é integridade?

Tente o seguinte: a palavra está relacionada com outros termos que usamos – *número inteiro, integrar, desintegrar* –, todos centrados de uma ou outra forma na unidade e completude. *Integridade significa unidade de intenção, palavras e ações.* Uma pessoa íntegra diz o que quer dizer, quer dizer o que diz, e mantém sua palavra. Isto é, diz a verdade e cumpre suas promessas. Leva a sério sua honestidade e seus compromissos, por vezes até o ponto de um corajoso sacrifício. A integridade é a honradez colocada em prática.

Há pouco, expliquei uma forma de lidar com as tentativas dos filhos de mentirem, reforçando seu conceito de honra pessoal. Aqui estão algumas outras sugestões.

Sempre que possível, ensine a seus filhos esta lição de vida: não faça promessas com facilidade, mas, se as fizer, você está obrigado a manter sua palavra. Se circunstâncias além do controle impedirem-no de honrar suas promessas, você deve à parte ofendida desculpas imediatas e sinceras. O respeito das pessoas por sua palavra, por sua integridade, depende tremendamente de seu *compromisso em cumprir seus compromissos*.

É assim que vivem os adultos honrados e responsáveis. E é assim que seus filhos devem aprender a viver.

Além disso, tente transformar algumas regras da casa em ocasiões em que os filhos, especialmente os mais velhos, obriguem-se através de sua palavra dada. Por exemplo, em vez de simplesmente impor um horário predeterminado para voltar de uma festa, negocie com eles um acordo sobre um horário razoável (o termo "razoável" é muito bem aceito pelos adolescentes). A seguir extraia deles a promessa de retornarem àquela hora. A partir daí, eles têm a responsabilidade não apenas de obedecer ao horário que você determinou, mas sim de *manter sua palavra*, de cumprir a sua parte do acordo.

Sempre que possível, procure tratar seus filhos adolescentes como adultos responsáveis. Ao aplicar essa tática, exigindo-lhes compromisso em vez de obediência, você lhes dá um gostinho da maneira como adultos responsáveis fazem negócios. Afinal, excetuando-se os militares, um empregado não "obedece" propriamente a seu chefe, e sim cumpre seus compromissos profissionais. Faz certas promessas a sua empresa, detalhadas em sua descrição de tarefas e em seu contrato, e trabalha para manter sua palavra. É assim que funciona a vida profissional.

Outras formas de abordar a ideia, na mesma linha, com crianças menores: você lhes pergunta: "Quando você vai começar a fazer as suas tarefas hoje à noite? (...) Combinado?"; "Você vai ligar se for se atrasar depois do jogo, combinado?"; "Você fez o melhor que pode na sua lição de casa? Palavra de honra?".

Se as crianças não fizerem sua parte, cometem dois erros: a falha em si e o descumprimento de suas promessas. Claramente, é a quebra da palavra que é o mais grave e merece um castigo mais duro.

Da mesma forma, você ensina a integridade no campo de aceitar convites e obedecer aos compromissos. Crianças mimadas aceitam convites de forma rápida e sem pensar, e depois sentem-se livres para ignorá-los se aparece algo mais atraente. Mais ainda, não veem nenhum motivo para pedir desculpas por esse descaso, e chegam a dar à parte ofendida um motivo falso.

Não deixe que seus filhos façam isso. Você pode ter uma regra simples em casa: não se aceita nenhum convite até que se tenha consultado os pais primeiro. Mas, uma vez aceitado, há obrigação de ir, e ponto final.

O mesmo se aplica a compromissos como, por exemplo, aulas de música, idas ao médico ou ao dentista, treinos esportivos. Seus filhos devem comparecer todas as vezes, na hora, e com o equipamento necessário.

Se seus filhos querem fazer alguma atividade de longo prazo – aulas de música, karatê, escotismo, comprar e cuidar de um animal de estimação, entregar jornais, coisas assim –, você deve primeiro fazê-los ponderar o assunto com cuidado e depois comprometerem-se por um período de teste razoável. Devem prometer manter-se na atividade por, digamos, um ano ou seis meses, e não podem desistir antes desse prazo, mesmo se se cansarem. Promessa é promessa. Dessa forma, aprendem que a palavra dada é muito mais importante do que a conveniência ou os "sentimentos". É assim que nós, adultos responsáveis, vivemos. Rotineiramente, colocamos os compromissos acima do conforto, especialmente no maior de todos os compromissos: o casamento.

Finalmente, não deve haver nenhuma falsidade em sua família. Você nunca deve mentir para os seus filhos.

Isso não significa que eles devam saber tudo o que se passa entre você e sua esposa, ou os assuntos confidenciais entre você e seus outros filhos. O princípio do "direito a saber" aplica-se na vida em família tanto quanto nos negócios. Como pessoas íntegras, você e sua esposa nunca sonegam nenhuma informação a que alguém tenha um direito claro, mas isso não significa que estão obrigados a compartilhar tudo com os filhos. Aqui, vocês é que decidem onde colocar os limites. Mas, em qualquer caso, nunca digam mentiras. Tudo o que os filhos ouvirem de vocês deve ser verdade.

A única exceção é o Papai Noel. O mito do Papai Noel é falso apenas no sentido em que qualquer obra de ficção é falsa. É uma brincadeira, um inofensivo faz-de-conta, não uma mentira. Nossa fábula do Papai Noel tem o mesmo objetivo dos contos de fadas que lemos na hora de dormir: trazer felicidade aos filhos.

Seu esforço em ensinar a integridade tem consequências a longo prazo na vida de seus filhos. Seu sucesso na profissão e na vida social dependerão disso. E estarão solidamente preparados para o maior compromisso da vida: um casamento feliz, estável e permanente.

Respeito pelos direitos dos filhos

Pais eficazes combinam uma autoridade legítima com o respeito pelos direitos dos filhos.

As crianças de fato têm direitos, é claro. Não porque sejam crianças, mas porque são pessoas, e todas as pessoas, mesmo as jovens, possuem direitos básicos. Aqui estão os direitos que bons pais têm em mente ao exercerem a autoridade moral na família:

– *Direito à privacidade (até um certo ponto)*. Os filhos precisam da segurança de uma certa privacidade. Por exemplo, deveriam ter um lugar deles para guardar suas coisas pessoais da curiosidade de outros membros da família. E seus assuntos normais e honestos com amigos devem ser respeitados como "pessoais", como algo de sua conta e de mais ninguém.

Naturalmente, esse direito à privacidade não é absoluto, assim como não é absoluto também na sociedade dos adultos. Às vezes o direito à privacidade deve ceder a uma necessidade maior; por exemplo, a lei pode obrigar a um testemunho sob juramento a respeito de assuntos pessoais, e permite "quebra de sigilo" nas investigações criminais.

Dá-se o mesmo na família. O direito dos filhos à privacidade cede ao seu direito paterno sempre que se insinue algum perigo grave: por exemplo, um possível envolvimento com drogas ou o que você percebe como uma intimidade excessiva com o sexo oposto. Mas, em circunstâncias normais, *pais que respeitam a privacidade de seus filhos em geral descobrem que estes se tornam abertos e sinceros com eles*. Se você respeita os direitos deles, eles respeitarão o seu critério, e dirão a verdade. São os pais controladores e excessivamente intrometidos que tornam seus filhos fechados, cheios de segredos e sorrateiros;

– *Direito à presunção de inocência*. Não se precipite ao julgar. Ouça a versão de seus filhos, especialmente quando se tratar dos mais velhos, e muito especialmente quando você não presenciou o fato alegado. Mas pela mesma razão, nunca contradiga sua esposa se foi ela quem presenciou as coisas. Se achar que está enganada ou que teve uma reação exagerada, discuta isso com ela em particular;

– *Direito a não ser envergonhado em público*. Sempre que puder, faça as correções de forma pessoal e privada, como faria no trabalho. Se der uma bronca em seu filho na frente dos irmãos ou amigos, a lição provavelmente será perdida. O ressentimento dele pela humilhação pública anula totalmente a sua mensagem. Correções feitas em particular – olho no olho – vão direto ao ponto;

– *Direito a um castigo justo*. Um castigo imposto com ira e paixão facilmente ultrapassa muito em proporção a provocação original. Para ser eficaz e perdurar – para transmitir a lição por toda a vida –, o castigo deve ser justo. Será justo se for racional, e será racional se tiver sido pensado cuidadosamente de antemão, como mencionado antes. Às vezes, de fato, você pode até mesmo pedir a seu filho ou sua filha que façam eles mesmos uma sugestão sobre o que seria um castigo razoável: "O que você acha justo? Dê-me uma sugestão". Surpreendentemente, com mais frequência do que imagina as sugestões deles são razoáveis, e às vezes ainda mais duras do que as que você tinha em mente;

– *Direito a uma segunda chance*. Isso significa que, uma vez que as desculpas foram pedidas e a reparação feita, os filhos recomeçam com a ficha limpa. As crianças, como o resto de nós, não gostam de ressentimentos e lembranças prolongadas por erros passados que foram supostamente perdoados e superados. Não perdoamos de fato a menos que esqueçamos. Quando você verdadeiramente perdoa e esquece, demonstra aos filhos que reprovou suas faltas, e não suas pessoas. Essa forma de perdão é crucial, absolutamente indispensável para a solidariedade familiar. A família é o único lugar no mundo em que sempre podemos recomeçar do zero.

De tempos em tempos, por raiva ou descuido, você pode cometer um erro ao fazer justiça com seus filhos. Ninguém é perfeito. Sempre que isso acontecer, peça desculpas.

Se você impôs um castigo excessivo, reconsidere-o e reduza--o para o que parecer razoável. Nunca tenha medo de dizer "desculpe-me" para seus filhos, e de explicar o porquê. Nunca tema parecer inconsistente a seus olhos. Você está na realidade sendo consistente naquilo que mais importa: sua sincera determinação em tratá-los com justiça. Quando pede perdão, você lhes ensina uma valiosa lição ao colocar a justiça acima de seu ego.

O que queremos dizer aqui? Que é assim que adultos responsáveis procuram tratar-se uns aos outros. Você, como qualquer outra pessoa, espera que outros adultos respeitem seus direitos à privacidade, à presunção de inocência, à dignidade pessoal, à punição justa, e assim por diante. Você espera esse tratamento da sua esposa, dos seus empregadores, da lei. Assim, *o que está ensinando de fato a seus filhos é o comportamento ético entre adultos responsáveis.* Está tratando-os como adultos em formação, e começa a fazê-lo respeitando-os como pessoas.

Algumas "experiências negativas"

Algumas vezes, orientações negativas ajudam pelo menos tanto quanto as positivas, e com frequência mais. Às vezes é útil que um homem saiba o que não fazer – isto é, o que evitar – em uma situação complicada.

Eu costumava perguntar a pais experientes (homens cujos filhos já haviam crescido e saído de casa) quais avisos ou outras "experiências negativas" gostariam de passar para pais mais jovens. Em paráfrase, aqui estão algumas amostras de sabedoria paterna aprendida com muito custo, que compartilharam comigo:

– Não se descuide de sua esposa. Ela precisa do que todos nós precisamos: compreensão, afeto, gratidão, apoio e aprovação. Com certeza, não vai receber nada disso dos filhos enquanto eles forem pequenos. Assim, se não receber do marido, não receberá de ninguém. Você pode saber que está se descuidando dela se começar a queixar-se de pequenas coisas pela casa, uma depois da outra, esquivando-se do problema central: seu aparente desinteresse por ela. Acorde. Preste atenção. Ouça a sua opinião, ajude-a, diga-lhe que é ótima, abrace-a e beije-a de tempos em tempos; isso tudo ajuda muito;

– Não subestime seus filhos. Tenha altas ambições para seu crescimento rápido e progressivo até a maturidade. Todos tendemos a tornar-nos aquilo que pensamos, e os filhos tendem a tornar-se o que os pais esperam deles. Mesmo que às vezes o decepcionem e você tenha de corrigi-los, faça-os compreenderem que você vê isso como um mero lapso no caminho. Você não tem dúvida, nenhuma dúvida, de que um dia se tornarão excelentes homens e mulheres. Você confia neles e está orgulhoso deles. Sempre estará;

– Não trate os adolescentes como crianças grandes. Pense neles e trate-os como quase adultos. Puxe-os para cima, afine suas consciências, receba-os na realidade dos adultos. Mostre-lhes como usar um talão de cheques, procurar emprego, trabalhar com profissionalismo, agradar a seus chefes, tratar com respeito o sexo oposto. Ensine-os a comprar boas roupas, cuidar de seu guarda-roupas, vestir-se bem. Quando queixarem-se dizendo: "Por que você não confia em mim?", ensine-lhes que você distingue entre integridade e critério. Você confia em sua integridade e sentido de honra familiar, em sua honestidade e boas intenções, sempre confiou e sempre confiará. Mas aquilo que lhe causa reservas nesse momento, em consciência, é seu critério inexperiente; isto é, você não pode permitir que se machuquem por erros ingênuos. Quando começarem a pensar como adultos responsáveis, então passará a confiar neles de forma irrestrita, tanto em seu critério como em sua integridade;

– Nunca diga a seus filhos adolescentes que os últimos anos da escola são a melhor parte de suas vidas. Não é verdade. A adolescência, com efeito, é uma das épocas mais difíceis da vida: lidar com grandes erros e com variações glandulares, surfando para cima e para baixo nas curvas de aprendizado. Diga a seus filhos, e sobretudo demonstre-o, que todos os estágios da vida são interessantes, desafiadores e aprazíveis para os que têm um espírito esportivo e aventureiro. Adolescentes que foram bem educados têm uma excelente vida à sua frente, como aquela que veem em você (Pense nisto: quantos adolescentes e adultos jovens cometem suicídio porque acreditam no que lhes disseram: que a melhor parte de suas vidas já passou?);

– Não permita que seus filhos fujam dos compromissos. Não deixe que descumpram sua palavra por um capricho. Antes que façam uma promessa ou comprometam-se de qualquer outra forma a fazer alguma coisa, pressione-os a pensarem bem nas consequências e compreenderem as condições, pois você os obrigará a manter a palavra. Se quiserem comprar um animal de estimação, faça-os primeiro se comprometerem a alimentá-lo e cuidá-lo, e depois obrigue-os a cumprirem-no. Se aceitarem um convite para uma festa (depois de consultar você e sua esposa), estão obrigados a comparecerem mesmo se surgir algo mais atraente. Se quiserem ter aulas de violão, faça-os prometer perseverar, não importa o que aconteça, por seis meses ou um ano ou o que parecer razoável;

– Quando estiver corrigindo seus filhos e estes lhe perguntarem: "Por quê?", não discuta com eles. Se o que querem é uma explicação, dê-a apenas uma vez. Se persistirem com: "Por quê?", o que querem mesmo é uma discussão. Encerre o assunto. Em outras palavras, eles têm de aceitar o seu "não" como uma resposta, mas você não tem de aceitar o deles. Você pode dialogar com seus filhos sobre muitos assuntos, mas não sobre os seus deveres de pai;

– Não permita que seus filhos se vistam de forma a envergonhar a família. Ninguém tem esse direito;

– Não perca pequenas oportunidades de conversar com seus filhos. Ouça-os com educação e respeito. Você pode conversar com eles enquanto estiver dirigindo, lavando os pratos ou fazendo alguma outra tarefa da casa com eles, caminhando e andando de bicicleta, trabalhando em algum *hobby* em comum, colocando-os na cama. Se reduzir o tempo de televisão, você encontrará fragmentos de tempo aqui e ali. Arranje um tempo e nunca se esqueça de que não lhe resta muito: seus filhos crescerão com incrível rapidez;

– Não grite com os filhos o tempo todo. É um desperdício de fôlego. Se um deles precisa de uma bronca, leve-o para passear ou para tomar um refrigerante e diga o que tem a dizer com uma voz calma e séria. E não se esqueça de escutar também, pois a interpretação que seus filhos têm das coisas, embora errada, pode mesmo assim ter algo de certo. Uma ou duas conversas sérias são melhores do que uma dúzia de explosões;

– Não caia na armadilha de discussões acaloradas, especialmen-

te com seus filhos adolescentes, e muito especialmente se você tem um temperamento esquentado. Palavras podem magoar e levar um longo tempo para cicatrizarem. Se os ânimos estão exaltados, adie a discussão para mais tarde – naquela noite ou no dia seguinte –, quando os dois estarão mais calmos. Se você passar dos limites, seja o primeiro a pedir desculpas;
– Não se esqueça de elogiar seus filhos, e de forma específica. As crianças precisam de um tapinha nas costas de vez em quando. Todos precisamos. Elogie o esforço, e não apenas o sucesso. Ensine a eles esta lição da vida adulta: como o sucesso depende do esforço, então o esforço é mais importante do que o sucesso. Sempre demonstre aprovação quando seus filhos tentam;
– Desça até o nível de seus filhos, mas não fique lá. Crianças são crianças, e você terá de descer ao seu nível para segurá-las pelas mãos. Mas seu objetivo de longo prazo é elevá-las até o seu nível, levá-las, com paciência e ao longo do tempo, a pensar e agir como adultos amadurecidos. Por isso, viva como adulto. Aprecie a vida como um adulto bem-sucedido e deixe-os verem o que isso significa. Se o virem viver a vida como um adulto confiante e produtivo, terão um exemplo de vida a seguir.

CAPÍTULO VIII

Trate os meios de comunicação eletrônicos como seus rivais

Ouço isto o tempo todo da parte de pais ocupados: "Onde posso arranjar o tempo para estar com meus filhos? Estou trabalhando mais horas do que nunca, e eles estão sempre em alguma atividade. Como posso conseguir mais tempo?".

Não existem respostas fáceis para esse problema quase universal. Mas vou lhe contar algo que outros homens descobriram por si mesmos: quando você limita a intrusão de meios de comunicação eletrônicos em sua casa, é incrível o quanto de tempo que se cria. Impor um controle razoável sobre a TV e outros aparelhos acrescenta horas em cada semana ao tempo de um pai com seus filhos. Quando um homem toma a decisão e a atitude de excluir as distrações midiáticas de sua casa – o barulho, a tagarelice, as horas e horas de olhar fixo e inútil –, ele ganha tempo para estar com seus filhos e conquista seu respeito como líder.

Isto é o que acontece: um pai inteligente percebe que a televisão e outras geringonças eletrônicas – jogos de computador e internet, rádio, aparelhos de som – interferem na casa como *rivais* para o respeito dos filhos. Quando usados em excesso, tornam-se figuras que competem pela autoridade, distraindo as mentes dos filhos e atraindo a confiança deles. As crianças não prestam muita atenção ao pai, e mal escutam o que ele diz em casa, quando seu olhar está fixo por horas a cada dia em uma telinha brilhante.

Mas note que uso aqui o termo *rivais*, e não *inimigos*. Não há dúvidas, os meios de comunicação podem certamente beneficiar a vida de família e acrescentar muito às mentes dos filhos. Controlados com inteligência, podem ensinar lições sobre assuntos atuais e a vida fora da família, ajudando a formar o critério das crianças. Às vezes oferecem entretenimento de boa qualidade, que serve para formar o gosto dos filhos e leva os membros da família a apreciar a vida juntos, como deveriam.

Controle criterioso

Para simplificar, usemos o termo *"ver TV"* para agrupar todo o uso de equipamentos eletrônicos em casa: TV aberta e a cabo, jogos de videogame e computador, filmes e sites da internet.

Um pai eficaz trabalha em união com sua esposa para controlar o acesso da família à televisão. Na prática, isso significa que unem suas cabeças em três áreas de alta prioridade:

- definir a quais programas, filmes, jogos e sites seus filhos terão acesso;
- quanto tempo será destinado a esse acesso;
- a quais programas, filmes, jogos e sites os filhos *não* terão acesso de forma alguma.

Estamos falando aqui sobre a capacidade de discernimento, isto é, de avaliar o que entra em casa e distribuir o tempo de acordo com a ponderação criteriosa dos pais. Esse discernimento tem por objetivo ensinar as crianças ao longo do tempo a *aceitar o que é bom, rejeitar o que é danoso e saber a diferença entre as duas coisas*.

Em outras palavras, os pais estão trabalhando para formar nos filhos as virtudes da prudência e do autocontrole. Ambos desejam criar hábitos significativos e duradouros: o hábito de *não* assistir televisão (sim, isso existe), o hábito de assistir apenas a programas que valham a pena, e um hábito de nível adulto de encarar o tempo como um recurso que nunca deveria ser desperdiçado.

Assim, quais critérios os pais eficazes usam para escolher o que os filhos veem? Aqui estão os que são usados nas famílias mais saudáveis que conheci:

– Assistiremos a programas e usaremos jogos que nos unam como família: eventos esportivos, filmes e entretenimento de alta qualidade, jogos em que possam participar duas ou mais pessoas;

– Assistiremos a programas que nos ensinem algo e fortaleçam nosso critério: noticiários, documentários, programas especiais sobre acontecimentos atuais;

– Não assistiremos a programas ou usaremos jogos ou sites que tratem seres humanos como objetos. Isto significa: a) nada de pornografia, b) nada de violência gratuita, e c) nada de personagens, especialmente crianças, que tratam os outros com linguagem grosseira ou desrespeito;

– Não permitiremos que as crianças assistam a televisão ou joguem videogame sozinhas em excesso a ponto de desperdiçarem horas preciosas, que poderiam ser usadas em atividades construtivas como esportes ou leitura. Não permitiremos que usem a televisão de tal forma que se isolem da vida da família.

Em resumo, o pai e a mãe definem que a televisão só será usada quando promover a união da família ou servir para formar o critério dos filhos. Qualquer outro uso que fuja dessas áreas amplas é provavelmente prejudicial, ou no melhor dos casos uma perda de tempo, e por isso a tela fica desligada.

Como você pode tomar uma decisão sobre a qualidade de algum programa específico, ou sobre se os filhos estão passando tempo demais no videogame ou no computador?

O melhor critério é este: se você se sente intranquilo ou começa a ter algumas reservas, então há uma grande chance de que o limite já tenha sido ultrapassado. Se um programa ou jogo lhe parece violento demais, é porque provavelmente o é. Se seu filho parece estar gastando tempo demais no videogame, provavelmente está mesmo. A sua intranquilidade é um sinal de que é hora de agir. Agora chega. Desligue a TV e mande as crianças divertirem-se com outras coisas que fortaleçam seus corpos e mentes em formação.

Todo esse campo do controle da TV pelos pais sublinha um princípio férreo da autoridade paterna: *Não permita que a incerteza o leve à inação*. Em qualquer situação real da vida em família, você pode estar inseguro sobre se uma dada decisão é correta; mas não pode ter dúvidas sobre o seu direito de tomar uma decisão, e de fazer com que seja obedecida. Seus direitos fazem parte do cargo. Quando atua como pai pelo bem de seus filhos, seu direito de tomar e impor uma decisão deve permanecer inquestionável.

Não se preocupe demais aqui com "erros". Daqui a alguns anos, seus filhos só os recordarão de forma vaga. O que guardarão com uma afetuosa lembrança por toda a vida é a liderança paterna que você exerceu.

Reforçando sua decisão

Quando você, como pai, apoia sua esposa para controlar a televisão e manter seu uso em um mínimo criterioso, descobre que isso requer tempo, esforço e às vezes uma vontade de ferro. É uma tarefa árdua, e é por isso que tantos pais (os consumistas do tipo "piquenique") simplesmente desistem. Você precisará gastar mais tempo com seus filhos, ainda que seja apenas para impedi-los de atrapalhar as ocupações de sua esposa. Isso supõe que você mesmo assistirá bem menos TV. Precisará lutar para dominar a resistência dos filhos às suas decisões, enfrentando suas súplicas e argumentações. Todo esse esforço extra e aborrecimento podem enfraquecer sua vontade.

Assim, seja esperto com relação aos meios de comunicação. Aqui estão algumas ideias para você considerar, alguns motivos para ajudá-lo a fortalecer sua decisão pelo bem de seus filhos.

Incontáveis estudos psicológicos desde os anos 1960 demonstraram o quão poderosa e convincente a televisão é para as crianças (e para os adultos também). Elas respeitam profundamente esse poder absoluto. Em consequência, se você controla a televisão – se seu poder é maior do que o dela –, então parecerá ainda maior aos olhos das crianças. Você está demonstrando que tem o poder de pôr de lado o seu adversário. Em sua rivalidade com a TV pela estima de seus filhos, você vence com facilidade.

O respeito por sua autoridade moral (a liderança em discernir o certo do errado) torna-se especialmente urgente quando os filhos entram na adolescência. Adolescentes com pouco respeito por seus pais, especialmente pela figura do pai, são fortemente atraídos para as drogas e a promiscuidade. Sua adulação a personagens do mundo do entretenimento brota do vácuo de seu desejo por um líder. Esses pobres garotos não têm nenhum adulto, nem mesmo seu pai, a quem respeitem o suficiente para imitarem. Mas, por outro lado, adolescentes que têm profundo respeito por seus pais permanecem virtualmente imunes à cultura adolescente. Como os outros, apreciam alguns aspectos da música e seguem algumas das modas, mas não *acreditam* nessa cultura – não são completamente sugados por ela – e mais cedo ou mais tarde superam-na. De uma forma ou de outra, estimam e imitam inconscientemente seus pais fortes e confiantes, e, como resultado, assumem seus valores.

Lembre-se: para as crianças, ver é crer. As crianças de hoje não têm quase nenhuma exposição às realidades da vida adulta, e não vêm ao mundo com o critério formado. Assim, naturalmente, absorvem tudo o que veem; acreditam com muita força naquilo que os adultos colocam à sua frente. Agora, pense no que presenciam repetidamente na maior parte dos programas de TV. Passam horas em um universo de faz-de-conta, frenético e glamurosamente atrativo, onde os artistas substituem os heróis, onde os "problemas" são resolvidos sem esforço e muitas vezes com violência, onde os comerciais aliciam-nos com pseudopromessas de alegria, onde as pessoas (adultos e crianças) tratam-se entre si com insolência e humor grosseiro, onde tudo – absolutamente tudo – pode ser feito para obter o riso. O que diabos tem tudo isso a ver com a realidade do mundo adulto, ou com a sua vida de família, ou com o que você quer que seus filhos se tornem?

Pense, também, naquilo que eles *não* veem na televisão. Não veem nenhuma forma e trabalho exceto o entretenimento e uma grotesca caricatura das forças policiais. Não veem ninguém trabalhando, rezando ou lendo (você já viu alguém na TV lendo um livro?). Não veem idosos ou autoridades religiosas ou membros de minorias, exceto como figuras caricatas e ridículas. Também não veem nenhuma atividade *tediosa*, como o trabalho paciente, o planejamento cuidadoso, o aprendizado lento por tentativa e erro, as discussões calmas mas cheias de conteúdo, que são a base das realizações constantes e substanciais que formam a vida real dos adultos. Na verdade, assistir televisão é em si mesmo algo tão maçante que nunca vemos na TV alguém que esteja assistindo TV! Nas casas dos *sitcoms* televisivos, todo mundo está constantemente conversando e ninguém assiste TV, exatamente o oposto de muitas, talvez da maioria, das casas americanas.

Encarando por outro ângulo: os meios de comunicação apresentam de forma atraente – e, portanto, ensinam com grande força – o exato oposto das virtudes. Não a ponderação e o critério, mas o sentimentalismo. Não a responsabilidade real, mas uma luta pelo poder, falsa e sem esforço. Não a perseverança corajosa, mas o escapismo e as soluções rápidas. Não o autodomínio, mas a permissividade do "comprar até cair". Não uma preocupação séria e sacrificada pelos outros, mas uma mensagem constante e monotemática: "Curta, curta, curta, pois a vida consiste no prazer"...

Pense no tempo diante da televisão como um tempo longe da família. Lembre-se de que as crianças aprendem em casa principalmente pelo exemplo: pelo que veem e escutam na vida em família.

Nada disso está acontecendo – nem um pouco – quando elas ficam sentadas sozinhas olhando para uma tela. Você tem muito o que ensinar a seus filhos sobre a vida, o amor, o trabalho, a história familiar, a honradez, a integridade...: toda a vasta gama de seu experiente critério e dos seus princípios. Há apenas alguns anos para fazê-lo, uma pequena janela de tempo. Mas assistir TV rouba esse tempo para sempre.

Olhe com atenção para os corpos e expressões faciais de seus filhos enquanto assistem televisão. Os corpos das crianças estão programados para estarem em movimento: tornam-se ágeis e vigorosos pela atividade física. Em certo sentido, não é natural, e certamente nada saudável, que crianças fiquem sentadas imóveis durante horas. A inércia gera gordura, e não músculos coordenados. E que dizer quanto a suas mentes? Quando as mentes das crianças estão ativas, seus olhos vão de um lado para outro em um movimento constante de varredura. Investigam a realidade, esquadrinham, procuram, observam, questionam, apreciam a beleza e a coragem, e fazem conexões de causa e efeito. Mas quando as crianças fixam os olhos na televisão, apenas olham para a frente. Suas mentes flutuam e deslizam em um rio preguiçoso e brilhante de estímulos sensoriais. É disso que seus filhos precisam?

Pense no que mais seus filhos poderiam fazer com todo esse tempo, aprendendo atividades que poderiam apreciar por toda a vida. Por exemplo, quantas horas passam assistindo ou ouvindo música? E se passassem o mesmo tempo aprendendo um instrumento? Se começassem a aprender violão quando pequenos e usassem essas mesmas horas para praticar, teriam praticamente dominado o instrumento quando chegassem ao Ensino Médio. Teriam adquirido uma habilidade musical que lhes daria prazer por toda a vida, uma verdadeira recreação ("recriando" suas forças) e divertimento às famílias que formariam depois. Mas qual será o benefício de horas de desenhos e reprises daqui a vinte anos, ou na semana que vem, ou mesmo amanhã?

Se duas horas diárias de televisão fossem usadas, em vez disso, para a leitura, o que aconteceria? Suponha que seus filhos leiam trinta páginas por hora e o façam por duas horas por dia. Se o fizessem todos os dias, leriam sete livros por mês, cerca de oitenta livros por ano. Em um período de cinco anos, isso daria pelo menos quatrocentos livros! Mesmo com apenas uma hora diária – o tempo de dois episódios de seriados cômicos ou alguns desenhos –, a conta seria de duzentos livros substanciais em cinco anos. Uma grande realização sob qualquer aspecto.

Um pensamento final que pode ajudá-lo a fomentar suas ambições paternas para seus filhos: se eles assistem pouca TV, pode ser que um dia estejam nela. Pense nisso. Excetuando os artistas profissionais, quais pessoas normais são com mais frequência entrevistadas na televisão? Pessoas que realizaram grandes coisas, pessoas que fazem as coisas acontecerem nos assuntos importantes dos adultos. Deseja que seus filhos se tornem esse tipo de pessoas? Então aqui vai um fato da vida que você deve transmitir a eles: as pessoas que assistem muita televisão quase nunca aparecem nela, ao passo que as pessoas que aparecem na televisão quase nunca a assistem.

Conselhos práticos

Aqui vão algumas ideias para manter a televisão e os outros meios de comunicação eletrônicos sob um controle razoável:

– Tenha uma única televisão em casa. Uma única porta de entrada é muito mais fácil de monitorar. Se você acha que a família precisa de uma segunda TV, ela não deve ficar no quarto das crianças. Alguns pais cometem o erro de permitir que os quartos dos filhos se encham gradualmente com uma multidão de aparelhos de entretenimento, e depois se espantam que os filhos se distraiam da lição de casa e se isolem da vida da família. Pais e mães eficazes veem os quartos dos filhos como um lugar exclusivamente para lição de casa, leitura, conversa e sono. Pais experientes afirmam: quanto mais seus quartos se parecem com apartamentos de executivos, tanto mais os filhos se isolarão do resto da família;

– Quando os filhos são pequenos, os pais pré-selecionam quais programas e filmes serão assistidos, e quando. À medida que crescem, podem fazer sugestões, mas os pais decidem. Nesse, como em outros pontos da vida de família, as opiniões são bem-vindas, mas nem por isso os filhos estão no controle. São os pais que mandam em casa, e ponto. Se pai ou mãe estão em dúvida sobre uma escolha, devem adiar a decisão até consultarem o outro;

– Os pais devem estabelecer uma regra firme: se as crianças estão brigando por causa de um jogo ou programa, recebem um aviso para pararem. Se a briga continua, a televisão é imediatamente desligada. Ou as crianças assistem em paz ou não assistem a nada;

– Nos casos em que os pais encontrarem uma resistência mais forte, podem recorrer a um controle mais físico do televisor. Isso pode ser feito com um pequeno cadeado do tipo que se usa em malas, que se encaixa perfeitamente ao redor da tomada do cabo da televisão. Quando está fechado, não é possível encaixá-lo na tomada. Só o pai ou a mãe podem ligar a TV. E não o farão até que seus termos sejam aceitos;

– Algumas vezes é necessária uma ação mais drástica, quando o uso da TV está fora do controle e os filhos parecem praticamente viciados nela, ou, pior ainda, estão assistindo à TV escondidos para desafiar os pais. Nesses casos, os pais precisam reafirmar sua autoridade proibindo completamente a televisão por um certo tempo. Seis semanas parece ser o período que funciona melhor; a maior parte dos hábitos, ao que parece, podem formar-se ou perder-se em seis semanas. Assim, os pais colocam a TV ou os videogames em um armário ou selam a tomada com uma fita adesiva que seja praticamente impossível de retirar sem cortar. Durante seis semanas, a família inteira se abstém, e nesse tempo descobre (ou redescobre) a leitura, a lição de casa, o diálogo, os jogos e os esportes. Ao final de seis semanas, os pais reintroduzem a televisão, mas estritamente *conforme seus próprios termos*. As crianças já saberão então que os pais falam sério. Pessoas que recorreram a essa tática dizem que funciona mesmo.

* * *

As imagens fugazes, os aparelhos e as "personalidades" dos meios de comunicação tornaram-se uma parte importante de nossa cultura (basta ver quantas questões nas palavras cruzadas dos jornais referem-se a programas, filmes e celebridades). Se seus filhos não assistem muita televisão ou perdem horas nos últimos jogos de computador, pode ser que se sintam um pouco alienados com as outras crianças da mesma idade, e um pouco diferentes de seus vizinhos. Isso constitui um certo problema.

Mas pense nisto: não é mau, no final das contas, que seus filhos se acostumem a viver de forma um pouco diferente da multidão. Para onde a multidão os levaria se tivessem medo de ser diferentes?

É absolutamente certo, não tenha dúvidas, que seus filhos um dia serão pressionados por seus pares a experimentar drogas, encher a cara de cerveja e olhar para o sexo como uma diversão travessa mas normal dos adolescentes. E tudo porque "todo mundo faz".

Os pais devem reconhecer que "não" é uma palavra que transmite tanto amor quanto "sim", e com frequência mais. E as crianças não são capazes de dizer "não" a si mesmas se quase nunca o ouviram de seus pais. O carinhoso controle paterno leva ao autocontrole, e os filhos não podem começar a formar essa capacidade do nada quando chegaram aos treze anos. Não terão forças para "dizer não às drogas" se estiverem acostumados a permitir que as pressões do ambiente restrinjam e dominem suas escolhas morais. Adesivos de para-choque não substituem a consciência.

Assim, seus esforços de pai serão premiados no futuro. Mas você não precisará esperar muito para ver outros benefícios em sua família. Quando você e sua esposa têm os meios de comunicação sob controle, algumas coisas maravilhosas começam a acontecer em casa.

Você passa a ter horas a mais a cada semana para aprender o funcionamento das mentes de seus filhos e permitir que conheçam a sua. E eles passam a prestar muito mais atenção a você. Sua autoridade aumenta e seus filhos o respeitam mais. Isso, como vimos, é crucial para tudo o que você tem a ensinar-lhes. A vida de família centra-se na conversa, leitura, esportes, jogos e trabalho: a vida "natural" das famílias ao longo de séculos.

O jantar converte-se em um encontro prolongado, pois ninguém tem pressa de ir a lugar algum. Se você tem muitos livros pela casa, seus filhos os lerão. Vão ser leitores (e jovens que leem muito desde a infância constantemente vão muito bem em testes de leitura e escrita). As crianças começam a aprender música e *hobbies* que enriquecerão suas vidas para sempre.

A maior atividade evita a gordura e deixa as crianças com melhor forma física. Previna-se: se os filhos estiverem em boa forma quando tiverem quinze anos, provavelmente ficarão assim até os quarenta. Isso pode melhorar sua vida social, seu casamento e mesmo suas carreiras. Por qualquer lado que se olhe, pessoas sedentárias, flácidas e gordas estão competitivamente em desvantagem no local de trabalho. Talvez seja uma injustiça, mas é a verdade.

Há casos inclusive de crianças que foram fazer a lição de casa por puro tédio. E como não têm muitas escolhas do que fazer além de trabalhar, tendem a persistir até que a lição esteja terminada e bem feita. Suas notas na escola são melhores.

No final das contas, em vez de bombardearem a si mesmas com um carnaval de barulho e emoções fortes, as crianças leem, conversam, ouvem e permitem-se períodos de um benigno silêncio. E começam a pensar.

CAPÍTULO IX

Brinque com seus filhos: esportes, jogos, *hobbies*

Se você conseguir manter a televisão sob controle, sua família encontrará momentos para atividades saudáveis e formadoras do caráter. Todo pai inteligente sabe que brincar não é apenas um passatempo, uma forma de manter seus filhos ocupados e longe de problemas.

As brincadeiras possuem um lado sério, uma série de efeitos construtivos. O ruidoso caos das crianças – correr, pular, rastejar, escalar – é a maneira que a natureza tem de tornar seus músculos rijos e ágeis. E a infindável e curiosa exploração das crianças pequenas – sentir o gosto, olhar, cutucar, montar, desmontar – é como aprendem a julgar, imaginar, ligar causas e efeitos e perguntar a si mesmas: "E se...?".

Todo esse fortalecimento vigoroso e natural de corpo e mente é amortecido até parar e interromper-se com a indolência e as sensações semelhantes a uma sauna provocadas pela televisão. Quando as crianças banham-se no nirvana da televisão e do computador, param de brincar; seus tendões e cérebros tornam-se flácidos. O entretenimento passivo substitui a brincadeira real e não traz praticamente nada de bom para seus corpos e mentes.

Assim, quando um pai inteligente desliga a televisão, libera seus filhos para voltarem a conhecer, como na primeira infância, as alegrias e a bênção de brincadeiras saudáveis. Ele passa a construir o seu caráter através da sua recreação.

Vejamos como isso acontece.

Esportes

Heywood Broun, o grande cronista esportivo, disse: "Os esportes não constroem o caráter; eles o *revelam*".

Ele tinha razão. Praticar esportes pode, em um sentido amplo, construir o caráter, mas apenas sob certas circunstâncias.

Todo esporte envolve regras altamente articuladas e relações interpessoais complexas (tente explicar um jogo de beisebol para quem não é fã e você entenderá o que digo). Embora os esportes sejam praticados principalmente por crianças, foram inventados por adultos, e por isso os adultos são necessários para ajudá-las a se beneficiarem do esporte. Um técnico excelente pode construir o caráter das crianças, mas essa espécie de liderança é incomum. A grande maioria dos técnicos, infelizmente, concentra-se nas habilidades e na busca da vitória por si mesma, e deixam intocada a dimensão formadora de caráter das atividades atléticas.

Se seus filhos e filhas pertencem a algum time bem organizado na escola ou nos campeonatos de bairro, provavelmente aprenderão muita coisa sobre esportes. Talvez coisas demais, e não muito sobre o caráter – critério, responsabilidade, perseverança, disciplina e coração – quanto você pensa.

Pense no que eram os esportes em bairro algumas décadas atrás, antes que adultos entusiasmados (para não dizer maníacos) assumissem o controle dos jogos e organizassem tudo. No geral, quando os garotos se juntavam para jogar, nem havia adultos por perto. Assim, as próprias crianças faziam todo o planejamento e organização. Tinham de fazê-lo.

Isso levava, é claro, a discussões. Talvez um terço do tempo era gasto resolvendo pontos de discórdia: quem era o capitão, onde eram as linhas de fundo, quem jogaria onde, quem estava "dentro" ou "fora". Mas no fim os garotos jogavam e divertiam-se com o jogo. Era o jogo *deles*.

Hoje em dia, muitos adultos julgariam essa forma de fazer as coisas confusa, desorganizada e ineficiente. O que não compreendem, entretanto, é o grande valor que os jogos sem adultos tinham para os garotos. Como tinham de se defender sozinhos, aprendiam muito sobre a vida adulta, muito mais do que aprendem hoje.

O que aprendiam com suas confusas disputas? Aprendiam em primeira mão lições sobre justiça, discordância honesta, elaboração de acordos, consensos sensatos, obediência a regras (regras razoáveis, com as quais todos concordavam) e cumprimento da palavra.

Aprendiam também a avaliar os outros reconhecendo neles forças e limitações, a evitar erros passados, a lidar com as próprias deficiências, a reconhecer a diferença entre uma competição honrosa e uma desonesta, a colaborar com os outros, a perdoar e esquecer e continuar com o jogo.

Em resumo, as crianças aprendiam toda a gama de juízos morais e relações interpessoais que formam a vida dos adultos, especialmente no local de trabalho.

Não quero sugerir aqui que devemos eliminar os esportes organizados por adultos e voltar àquela era de esportes livres e descompromissados. Seria impossível, aliás. Gostemos ou não, hoje em dia somos nós que conduzimos os programas esportivos das crianças de tal forma que estas praticamente não têm que pensar, nem fazer a saudável tomada de decisões que pode formar o seu caráter.

O que desejo destacar, no entanto, é que um pai inteligente precisa compensar de alguma forma o que perdemos por causa desse controle excessivo dos esportes das crianças. Se os seus filhos participam em esportes de equipe altamente organizados, você precisará ajudá-los a aprender ao menos algumas dessas lições de caráter relacionadas ao esporte.

Não deixe que sua atividade conduzida por adultos sirva apenas para mantê-los ocupados. A ocupação constante não forma por si mesma as virtudes da mente e da vontade. Se o seu técnico for dedicado a formar o caráter de seus jogadores – e os melhores técnicos são –, seus filhos podem beneficiar-se muito. Infelizmente, técnicos assim não são numerosos, especialmente nesta época em que o talento é tantas vezes mais apreciado do que a integridade moral e os técnicos prestam mais atenção ao placar do que aos corações dos seus jogadores (quantos atletas profissionais de hoje poderiam ser descritos como canalhas com habilidades técnicas, pessoas com talentos naturais impressionantes mas cuja moral pessoal é escandalosa e cujas vidas privadas são uma bagunça?).

Se os seus filhos têm a bênção de estar subordinados a um técnico dedicado, preocupado em formar o caráter, você deve dar-lhe todo o apoio que puder. Você e o técnico podem ensinar muito a eles. Mas se o técnico for mais ou menos ou pior, você talvez tenha de fazer a maior parte da educação por si mesmo, antes e depois dos jogos. Seja o que for que fizer, pense no futuro deles e ajude-os a aprenderem de seus jogos.

Lições do esporte

Vejamos mais de perto as lições de vida que se podem aprender com o esporte. Sob a sua liderança, o que seus filhos podem aprender daí que pode direcionar o curso de suas vidas?

Primeiro, uma lição física. Podem aprender a ficar em forma. Se seus filhos estiverem em boas condições físicas na época em que estiverem no Ensino Médio, é provável que permaneçam assim até o começo da meia-idade ou depois. Se conseguirem formar hábitos de exercício físico regular e entenderem seus importantes benefícios, poderão lidar melhor com os inevitáveis estresses da vida adulta.

Segundo, aprendem a lidar com derrotas e erros. Você lhes ensina aquilo que já dissemos antes: que não há nada de errado com os erros desde que aprendamos com eles. Mais ainda, as derrotas e decepções fazem parte da vida, são inevitáveis. Adultos responsáveis levantam-se e continuam tentando. Essa atitude – continuar tentando, haja o que houver – é o que há de comum entre todos os adultos bem-sucedidos; vale para assuntos profissionais, casamento e as dificuldades da vida em família. Grandes homens e mulheres recusam-se a desistir.

Terceiro, aprendem a relacionar-se com as pessoas, com todo tipo de pessoas. São levados a apreciar o esforço honesto de cada pessoa. Com orientação, podem aprender a avaliar as qualidades dos outros e, em certo sentido, ignorar seus defeitos, o que é uma lição útil nos negócios e na vida profissional. No futebol americano, um *quarterback* e um defensor têm habilidades peculiares, e as duas posições não são intercambiáveis. As diferentes qualidades desses jogadores complementam-se e, em certo sentido, cada um deles compensa as "fraquezas" do outro. Todos os chefes competentes, da mesma forma que técnicos inteligentes, constroem uma equipe baseando-se nas qualidades das pessoas. Seja no trabalho ou no esporte, os membros de uma equipe necessitam uns dos outros, e sabem por sua vez que são necessários. De alguma forma misteriosa, a força de qualquer time, seja no esporte ou nos negócios, é maior do que a soma de suas partes.

Quarto, aprendem a controlar seus impulsos e a separar os "sentimentos" da realidade objetiva. Saber controlar os próprios impulsos, dizer "não" a si mesmo, é vital para o caráter das crianças. Depois, na adolescência, a capacidade de autocontrole é crucial para lidar com as tentações mais sórdidas e perigosas da cultura adolescente. As crianças não conseguem "dizer não às drogas" se não tiverem prática em dominar a si mesmas. Além disso, elas devem aprender que nem sempre conseguimos o que queremos. Se formos eliminados na segunda fase, estamos fora e ponto final, não importa o quão mal nos sintamos com relação a isso. Nossos "sentimentos" interesseiros não são um guia para a ação. As regras é que são esse guia, e sobretudo as regras interiores da nossa consciência.

Quinto, e relacionado com o anterior, as crianças aprendem o *espírito esportivo*. O espírito esportivo na realidade não é outra coisa do que a moral adulta aplicada à competição esportiva. Nossos oponentes são oponentes, e não inimigos. Não desejamos mal a ninguém; não há nada pessoal em nossa competição. Quer ganhemos, quer percamos, estamos fazendo o melhor possível. Assim, nunca nos lamentamos e nem nos gabamos, pois um mau ganhador é tão ruim quanto um mau perdedor. Em resumo, respeitamos os direitos e os sentimentos de todos, até mesmo os de nossos adversários. É o que chamamos de competição honrosa.

Finalmente, as crianças podem aprender que vencer não é tudo. O grande Vince Lombardi[1] é com frequência citado erroneamente a esse respeito. É verdade que ele disse: "Vencer é a única coisa que importa", mas disse para reforçar a importância de um trabalho intenso em equipe e um esforço completo. As pessoas tendem a esquecer que Lombardi dedicava-se acima de tudo ao caráter de seus jogadores. Tratava seus corações e suas almas, levando-os – liderando-os – à excelência pessoal. E essa dedicação ao caráter é o motivo pelo qual ele é celebrado como um grande homem.

Vencer *com honra* é tudo. O que realmente conta não é o placar final, mas o crescimento que houve na mente, na vontade e no coração de cada jogador.

É importante enfatizar isso para os seus filhos. O esporte, com a orientação adequada, pode ensinar-lhes que a perseverança é mais importante do que a vitória imediata. Uma recusa peremptória a desistir – ou a ir embora, a escapar daquilo que

---

[1] Vincent Thomas Lombardi (1913-1970), famoso técnico de futebol americano. (N. do T.)

é desagradável – é uma vitória moral. É uma forma de coragem, marca de uma grande personalidade.

Se vencer, com uma vitória fácil e imediata, fosse tudo...

– Os romanos teriam se rendido a Aníbal após sua desastrosa derrota em Canas;
– Colombo teria abandonado seu projeto de navegação após quinze anos de busca infrutífera por patrocínio;
– Beethoven teria deixado de compor ao ficar surdo;
– A Revolução Americana teria acabado após a derrota em Bunker Hill[2];
– George Washington teria renunciado, ou sido demitido, na metade da Guerra da Independência;
– Após perder várias eleições, Abraham Lincoln teria desistido da política para sempre;
– Robert E. Lee[3] teria sido ultrajado após Gettysburg e esquecido após Appomattox[4];
– Após quatrocentos experimentos fracassados, Edison teria desistido de sua busca por uma lâmpada elétrica;
– Após Dunkirk, o governo britânico teria se rendido a Hitler;
– Winston Churchill, que sofria de um grave defeito de fala, teria abandonado suas ambições de ser um homem público e nunca teria se tornado famoso como um dos grandes oradores do século XX.

Seus filhos deveriam aprender esta verdade sobre a vida: a de que o heroísmo existe sob muitas formas, e a coragem está inscrita no coração do homem. Uma de suas maiores manifestações é a recusa peremptória de admitir a derrota. Se conseguir fazê-los

---

(2) Travada em 1775, foi uma das primeiras batalhas na Guerra de Independência dos Estados Unidos e terminou com os revolucionários derrotados. (N. do T.)
(3) General do exército confederado durante a Guerra de Secessão. (N. do T.)
(4) Batalhas da Guerra de Secessão que resultaram na derrota dos confederados. (N. do T.)

olhar ao redor, pode chamar sua atenção para pessoas comuns – nos esportes, na literatura e na história, e em sua própria família –, cujas vidas foram marcadas por uma perseverança silenciosa, heroica e esportiva. E os bons pais são corajosos principalmente neste sentido: nunca desistem de seus filhos.

Espírito esportivo à beira do gramado

Estou certo de que não preciso dizer-lhe que você deve ir assistir aos jogos de seus filhos sempre que puder. Significa muito para eles saber que seus pais são seus maiores fãs. Mas você deve ir para *observar* além de assistir. Fique atento a detalhes na forma de jogar de seus filhos que possam ser discutidos com eles depois.

Suas lições terão maior efeito e poderão formar melhor o caráter de seus filhos se você seguir as regras do espírito esportivo como espectador. Aqui estão algumas delas:

- Permaneça na área destinada aos espectadores. Esse é o seu lugar. Não deixe seus próprios impulsos saírem do controle;
- Dê a seus filhos exemplo de espírito esportivo: não faça críticas pessoais sobre os adversários, técnicos, ou qualquer outra pessoa, especialmente os árbitros;
- Não tente fazer o papel do treinador. Não importa o quão fortes sejam as suas opiniões, cuide da sua vida. Se quiser fazer sugestões, deixe-as para depois; e então faça-as de forma particular e privada;
- Nunca passe por cima do treinador;
- Apoie todos os jogadores do time, e não apenas seu filho ou filha;
- Elogie os esforços. Encoraje as crianças a tentarem de novo.

Se o time perder, ajude seu filho a superar a decepção. A vida continua; amanhã é um novo dia.

Esportes individuais

Por todas as razões mencionadas até aqui, é importante que todos os seus filhos tentem praticar esportes de equipe, independentemente de suas habilidades naturais. Não importa o que façam da vida depois, precisam aprender a relacionar-se com as outras pessoas, todo tipo de pessoas, para realizar objetivos em comum. Ninguém consegue viver sem alguma espécie de trabalho em equipe.

No entanto, vamos encarar os fatos: nem todos os jovens têm dons esportivos, e podem ter dificuldade em suportar as críticas e gozações de seus companheiros. Isso é especialmente verdade se o treinador for um fanático pela vitória a qualquer preço, incapaz de apreciar o esforço dos garotos. É triste dizer, mas uma grande quantidade daqueles que recebem esse tratamento abusivo sem nenhuma culpa de sua parte passam a detestar os esportes pelo resto da vida.

Por isso, se seus filhos são atletas medianos no melhor dos casos, e talvez estejam um pouco desanimados, você deveria levá-los a experimentarem esportes individuais: tênis, natação, trilhas, caminhadas, artes marciais, etc.

Novamente, pense no futuro deles. Não importa o quão bons sejam, é quase certo que não poderão jogar basquete muito além dos trinta e tantos anos, e se tentarem podem acabar no hospital. Mas poderão praticar esportes individuais por toda a vida. Saber jogar bem tênis ou golfe pode fazer grandes coisas por sua vida social e profissional no futuro. De fato, se praticaram esses esportes desde a infância ou o começo da adolescência, podem ter uma vantagem competitiva (ao menos por algum tempo) sobre as pessoas da mesma idade que só começaram a praticá-los mais tarde, como faz a maioria dos adultos.

Todos os jovens crescem em confiança quando são competentes em alguma habilidade física, seja ela qual for. Por isso, não despreze outras atividades feitas com disciplina: ginástica, artes marciais, trilhas, acampamentos e sobrevivência na selva, ciclismo e mesmo jardinagem.

A ideia aqui é ajudar seus filhos a encontrarem alguma atividade física que possam desenvolver e apreciar durante toda a vida. Pode ser que você descubra, como acontece com tantos pais, que está gradualmente desenvolvendo um grande interesse por aquilo que agrada a seus filhos. E assim como esse interesse comum pode uni-lo a eles agora, no futuro pode ser que una seus próprios filhos. Quem sabe? Pode ser que você esteja iniciando em sua família uma tradição atlética que durará várias gerações.

Em suma, um pai inteligente deseja que seus filhos sejam ativos, não apenas agora, mas também quando forem mais velhos, quando tiverem mais necessidade do exercício físico do que na infância. Aja agora para protegê-los dos malefícios posteriores da inatividade dos adultos: obesidade, lassidão e depressão.

Os esportes de suas filhas

Não negligencie os esportes de suas filhas também. Todas as vantagens dos esportes, sejam em equipe ou individuais, aplicam-se tanto às meninas como aos meninos. Em alguns aspectos, ainda mais.

Algum dia pode ser que suas filhas tenham um cargo de responsabilidade no trabalho, antes ou depois de se casarem. Para isso, terão necessidade do mesmo caráter forte e espírito de trabalho em equipe que os irmãos. Ser capazes de praticar e apreciar um esporte será uma grande forma de descanso para elas, algo de que terão necessidade.

Certa vez conheci um psiquiatra em Nova York que me disse o seguinte (para parafraseá-lo):

> Se as pessoas hoje soubessem ao menos comer direito e exercitar-se, eu perderia metade dos meus pacientes. Especialmente as mulheres. Infelizmente, a maioria das mulheres acima dos quarenta anos hoje nunca aprenderam de fato o grande alívio

de estresse que o exercício físico representa. Elas foram ludibriadas na juventude. Suas assim chamadas aulas de 'educação física' eram uma versão diluída daquilo que os meninos recebiam; e assim nunca foram de fato encorajadas ou ensinadas a dominar suas emoções através do esporte. O sistema endócrino feminino é mais potente que o masculino; suas glândulas causam reações emocionais mais intensas. Assim, em certo sentido, as mulheres têm necessidade de válvulas de escape atléticas, de hábitos arraigados de exercício físico intenso, ainda mais do que os homens. Graças a Deus, as meninas hoje são muito mais estimuladas ao esporte! Esse foi um dos avanços mais saudáveis na educação americana, e não era sem tempo".

Há outra vantagem também que penso que em geral passa despercebida aos pais. Quanto mais sua filha souber sobre esportes em equipe, mais entusiasmada ficará por eles, e terá também mais em comum com seu futuro marido.

Uma pessoa sábia me disse uma vez: "Homem e mulher são o único 'oposto' de que um casamento precisa; quanto mais marido e mulher tiverem em comum, melhor". Sua filha será um dia a esposa de alguém, e quanto mais atividades os dois apreciarem juntos, mais forte será a união entre eles. A unidade entre marido, mulher e filhos é de importância crucial hoje, e terá pelo menos a mesma importância daqui a vinte anos. O ritmo atual de rompimentos matrimoniais (mais de 50% dos novos casamentos) não dá sinais de regredir durante a vida de seus filhos. Assim, pelo bem de suas filhas e das famílias que formarão, coloque seus filhos para praticarem esportes.

Jogos, quebra-cabeças e charadas

Voltemos agora os olhos aos jogos e quebra-cabeças, para vermos como podem, à mesma maneira do esporte, fortalecer a mente dos seus filhos.

Você deveria ter em sua casa um estoque de jogos de tabuleiro: Banco Imobiliário, Cobras e Escadas, xadrez, damas, etc. Além desses clássicos, há dúzias de outros excelentes jogos de tabuleiro no mercado. Durante décadas, as crianças que os jogaram mediram seu engenho umas com as outras e com seus pais e avós.

Se você tem alguma dúvida sobre o grande valor do xadrez ou de outros jogos de tabuleiro, observe os rostos de seus filhos enquanto jogam. Veja sua concentração, sua atenção, seu planejamento. Veja como seus olhos se movem. Compare toda essa atividade mental com o olhar fixo e a postura passiva que assumem quando se estendem em frente à televisão, ou seu olhar maníaco e resposta brusca a estímulos com os videogames.

Pense também em como estão suas emoções após um longo tempo diante da TV ou videogame.

Muitos pais me contaram o seguinte: após uma hora de xadrez ou outro jogo não eletrônico, as crianças tipicamente estão alertas e descansadas ao mesmo tempo. Suas energias foram "recriadas". Estão prontas para começar outra atividade, especialmente esportes, ou simplesmente para ir para a cama.

Mas após uma hora ou mais de estupor centrado na televisão, as crianças saem tipicamente agitadas, irritadiças, inquietas e difíceis de controlar. Em alguns aspectos, sua aparência e seu comportamento lembram os de viciados em ressaca, desejando desesperadamente outra dose. Assistir à televisão faz algo com o cérebro, mas seja o que for, não é recreativo. Seus filhos não precisam desse problema, nem você e sua esposa.

Se você arranjar tempo para jogar xadrez e outros jogos com seus filhos, provavelmente acontecerá com você o que aconteceu com tantos outros pais que conheço: o seu interesse pelos passatempos de sua infância vai se reacender. Ou, se o jogo é mais recente, você compartilhará a descoberta com seus filhos. Na maior parte dos jogos, há inclusive tempo para que vocês conversem. Você desce ao nível de seus filhos e de maneiras sutis eleva-os ao seu.

Daqui a alguns anos, seus filhos lembrarão apenas vagamente daquilo que viram na televisão. Mas nunca esquecerão aquelas noites diante do tabuleiro de xadrez, enfrentando seu pai.

Os jogos de enigmas também têm grandes méritos para as crianças, além de simplesmente os divertirem. Jogos com palavras, palavras cruzadas, quebra-cabeças, problemas de lógica: todos, com a prática, ajudam a formar o caráter. O que aconteceria com a capacidade de julgamento e a vontade de seus filhos se estes desenvolvessem um gosto duradouro por resolver problemas?

Pense nisso. Resolver problemas é uma parte universal e absolutamente inevitável da vida de um adulto responsável. Não importa o que façamos para viver, temos de solucionar problemas. Ou pelo menos fazer o melhor possível. Alguns, é claro, são insolúveis ou quase; com esses, procuramos conviver da melhor maneira possível. Mesmo assim, acabamos por resolver a maioria dos problemas profissionais com esforço, paciência, engenho e experiência.

O ponto é o seguinte: boa parte do sucesso profissional das pessoas em resolver problemas parece depender de sua *atitude*, da forma como encaram os problemas desde o primeiro momento, e de como não desistem deles.

Adultos com vontade fraca tendem a ver os problemas como sofrimentos, incômodos empecilhos que complicam a vida e atrapalham as metas realmente importantes de conforto, prazer, ócio e diversão. Jovens com essa atitude em geral foram criados consumistas. Aprenderam a apreciar as coisas, e não a produzi-las; estão habituados a evitar problemas, e não a resolvê-los. Quando finalmente deparam com problemas sérios e desafiadores – na faculdade, no trabalho, nos primeiros anos do casamento –, não têm paciência e autoconfiança realista. Em consequência, enfrentam as dificuldades com horror, com frustração crescente e vontade de fugir. Infelizmente, muitos expedientes de fuga rápida hoje em dia são viciantes e perigosos.

Outros jovens, entretanto, interiorizaram uma atitude bem mais saudável. *Veem os problemas como interessantes desafios.* Fortalecidos durante toda a vida pelo hábito de resolvê-los, em casa e na escola, veem-nos como testes para o seu engenho e saudável teimosia. Com certeza, muitos desses problemas continuam sendo difíceis ou mesmo insolúveis; mas esses jovens não desistem até terem tentado de verdade.

Em resumo, jovens saudáveis e confiantes tendem a abordar os problemas como se fossem quebra-cabeças. Esforçar-se para resolvê-los torna-se um divertimento em si mesmo, uma espécie de brincadeira a sério. Como é de se esperar, pessoas com essa atitude – ver os problemas como quebra-cabeças – em geral se dão bem no trabalho. Confiam em si mesmos, e essa confiança leva os demais a respeitá-los.

A maior parte dessa prática em resolver problemas ocorre, ou deveria ocorrer, na escola. Durante séculos, professores competentes colocaram problemas desafiadores diante de seus alunos, especialmente nas aulas de matemática. Gerações de crianças gemeram para resolver problemas matemáticos, mas no longo prazo esse exercício lhes fez bem. Pensar por meio de problemas ajuda as crianças a formarem certas atitudes e habilidades: paciência, busca de padrões em situações complicadas, discernimento de fins e meios, e uma perseverança tenaz.

Além disso, professores realmente dedicados procuravam mostrar às crianças um fato da vida adulta: um pouco de trabalho duro é algo inerente, absolutamente inevitável, em qualquer realização de longo prazo. Um esforço físico e mental contínuo nem sempre é "divertido", mas pode, com a atitude correta, ser agradavelmente recompensador. A felicidade da vida pode vir do trabalho, tanto quanto da diversão. É isso o que acontece quando vemos os problemas como quebra-cabeças.

Você pode animar seus filhos a formarem essas atitudes saudáveis incluindo os jogos de enigmas em sua vida familiar, especialmente se de vez em quando se juntar a eles para resolvê-los. Se o fizer quando são pequenos, criará uma abertura natural para ajudá-los depois na lição de casa e em trabalhos escolares. O que está ensinando aqui é uma atitude com relação ao trabalho: "Se insistirmos por tempo suficiente, conseguiremos resolver!"

Enquanto ainda estamos neste assunto, vamos dar um crédito especial às palavras cruzadas e outros jogos de palavras.

As palavras são as peças para a construção de uma leitura, escrita e comunicação verbal eficaz. Adultos que dominam essas habilidades parecem ter uma característica em comum: amam as palavras. Gostam de aprendê-las, distingui-las, usá-las com acerto. Em sua escrita e fala, têm a habilidade de empregar milhares delas, escolhendo a palavra ou frase certa para expressar significados precisos e associações emocionais sutis. Essa capacidade (pois é isso que ela é) cresce ao longo de toda uma vida de prática com as palavras, as peças da construção de um pensamento claro.

Quando seus filhos resolvem palavras cruzadas e outros jogos de palavras, constroem um banco de vocabulário, pelo menos para sua leitura. Treinam a memória – o que é em si mesmo um exercício precioso – e criam o hábito de folhear o dicionário. Mais ainda, praticam aquilo de que todas as crianças necessitam: prestar atenção aos detalhes.

Se você ajudá-los a resolver jogos de palavras, estará demonstrando também um lado seu que eles talvez não possam apreciar de outra forma: a vasta extensão de seu *vocabulário*. Você conhece muito mais palavras – isto é, tem um poder de linguagem maior – do que o que demonstra na conversa normal em família. (Tipicamente, conversamos utilizando apenas uma fração das palavras que conhecemos.) Quer dizer, você indiretamente demonstra a seus filhos uma outra dimensão de sua força intelectual. O que, por sua vez, lhes dá ainda mais razão para respeitá-lo e imitá-lo em suas vidas.

Leitura

Sem dúvida, você e sua esposa já tentam promover a leitura por lazer em casa. Como a maior parte dos pais, mesmo aqueles excessivamente envolvidos com a TV, vocês já sabem que o hábito da leitura – para o aprendizado e para o lazer – é um fundamento sólido para a formação do critério e para o posterior sucesso na vida. É óbvio que esse hábito inicia-se melhor na infância.

Às vezes, entretanto, tendemos a ignorar o óbvio. Isto é, não pensamos com a frequência e a profundidade suficientes sobre assuntos importantes que assumimos como já resolvidos. Se esse for o caso, consideremos algumas ideias sobre como formar o hábito da leitura em seus filhos, e alguns conceitos que ajudá-lo--ão a conduzi-los como pai.

– Parece que é um fato: quando a televisão e o computador são mantidos sob controle em casa, *todo mundo* na família lê muito mais, tanto pais como filhos;
– Seus filhos já o respeitam como um "homem inteligente", alguém que possui uma impressionante capacidade de discernimento. Você sabe muito. Se seus filhos veem-no lendo muito, farão inconscientemente uma relação de causa e efeito: você sabe muito porque lê muito. Só isso já é um incentivo para que leiam; você os está ensinando pelo exemplo;
– Quando seus filhos têm menos de dez ou onze anos, faça--os lerem coisas variadas e em grande quantidade. Mesmo que leiam um bocado de ficção leve, ainda assim estarão formando o hábito de estar à vontade entre os livros. Depois, quando depararem com a verdadeira literatura de alta qualidade, reconhecerão com mais facilidade sua qualidade superior, especialmente se você chamar sua atenção para isso. A variedade de suas leituras na infância formará um padrão de comparação; as obras melhores se destacarão das medíocres. No Ensino Médio, que é quando

os jovens se deparam pela primeira vez com a grande literatura, aqueles que nunca leram muito na infância acham-na uma tarefa inútil, pura obrigação. As crianças precisam subir pela rampa da boa literatura, mas, se a rampa estiver inclinada demais, transforma-se em muro;

– Depois dos onze anos, os filhos deveriam começar a ler com algum discernimento. Devem ser conduzidos para os melhores livros em diferentes *gêneros*, incluindo mistério e ficção científica, se esse estilo lhes agrada. Peça ao bibliotecário ou a professores respeitados para que lhe indiquem títulos específicos;

– Os meninos, ao que parece, nem sempre gostam com facilidade de literatura de ficção séria. Mas costumam ser atraídos por narrativas (especialmente militares) e biografias. Mesmo que nunca adquiram o gosto por romances e poesia, podem ler e apreciar história durante toda a vida. Não esqueça, a maioria das escolas hoje em dia insiste apenas na ficção como leitura para as crianças; quase nunca propõem história e biografias (não sei por que é assim, mas é uma pena). Você pode suprir essa lacuna especialmente com suas crianças. Com efeito, muitos homens adultos "descobrem" os prazeres de ler história muito tempo depois de terem saído da escola. O mesmo vale para biografias de homens e mulheres importantes do passado e do presente. Faça uma tentativa;

– Você sempre pode conversar com seus filhos sobre os livros que estão lendo, não importa quais sejam. Ficção de qualidade, história e biografia ensinam-nos muito sobre o caráter das pessoas. Ao longo dos séculos, ao que parece, quase todas as culturas usaram histórias para propor exemplos de heroísmo e virtude aos jovens. Os heróis parecem pessoas comuns, como nós, que se elevam a grandes alturas ao lutar para cumprir suas responsabilidades. Ensine seus filhos a apreciarem as virtudes dessas pessoas, suas motivações e sua corajosa perseverança. Em outras palavras, use as leituras de seus filhos para ajudá-los a formar sua capacidade de julgamento e sua percepção sobre as pessoas, além de seus ideais. A cultura não é uma decoração, um adorno exterior como as joias. É uma cordial familiaridade com as mais elevadas conquistas do espírito humano. As humanidades ensinam-nos a sermos humanos;

– Há uma espécie de ficção que você deve evitar para suas filhas. Trata-se da coleção dos romances supostamente realísticos escritos para meninas pré-adolescentes e adolescentes jovens. Os críticos dessas obras de má qualidade queixam-se (com razão, em minha opinião) que são excessivamente narcisistas. Levam as meninas a pensarem demais em seus sentimentos, a preocuparem-se de forma excessiva e prematura com as complicações das relações entre meninos e meninas. Após os onze anos, suas filhas terão de lutar com os altos e baixos emocionais normais da adolescência, e não precisam de pressão para exagerá-los. Conduza-as, ao invés disso, para a ficção de alta qualidade e para um saudável envolvimento com *hobbies* e esportes. Em uma época da vida tão carregada de emoções, o que precisam é de uma confiante orientação na direção da realidade e para longe do espelho. Você, como o homem número um de suas vidas, deve encorajá-las a crescerem em uma feminilidade confiante e realista;

– Uma consideração prática: jovens que leem muito vão bem na educação superior. Afinal, a vida acadêmica consiste em boa parte na experiência com ideias e pessoas, livros e amigos. Se seus filhos adquirirem um intenso hábito de leitura durante a infância, vão se dar bem – provavelmente muito bem – em seus exames de admissão à universidade. Provas de linguagem e interpretação são feitas para identificar os leitores mais competentes. A habilidade de ler com rapidez e precisão leva a notas altas. Na verdade, até mesmo as partes matemáticas dos testes requerem leitura rápida e cuidadosa.

Finalmente, se seus filhos desenvolverem um amor pela leitura criteriosa, continuarão a educar-se por toda a vida. E é isso o que uma verdadeira educação deseja conseguir.

Hobbies

Os *hobbies* não são apenas passatempos agradáveis para crianças. São atividades recreativas saudáveis para pessoas de todas as idades. Em muitos aspectos, são ainda mais valiosos para os adultos do que para as crianças. Os *hobbies* são uma forma de os adultos recapturarem, por curtos períodos de tempo, a pura alegria que conheciam quando crianças, concentrar toda a inteligência, vontade e imaginação em alguma atividade que não tem importância para mais ninguém exceto eles. A absorção ocasional pelo que não tem importância é saudável para os adultos, especialmente se sua vida no dia a dia é cheia de estresse.

Assim, faz sentido que você ajude seus filhos a encontrar *hobbies* que possam apreciar por toda a vida. Se puder juntar-se a eles nesses passatempos, talvez até reacendendo um interesse que você tinha quando menino, melhor ainda. Quem sabe? Daqui a uns trinta anos, você, seus filhos crescidos e seus netos poderiam participar juntos em um mesmo *hobby*. Quando estiver aposentado, não gostaria de juntar-se a seus netos para cuidar do jardim, construir modelos, trabalhar com madeira, colecionar selos, alguma atividade lúdica construtiva que é uma tradição familiar?

Já que estou falando sobre o tema da aposentadoria, considere o seguinte: um grande problema em comunidades de aposentados é que muitos deles, particularmente os homens, não têm praticamente nada para fazer. Durante suas vidas, nunca tiveram nenhum interesse sério por *hobbies*. Infelizmente, por puro tédio, muitos deles caem no alcoolismo. Aparentemente, quando as mãos não têm o que fazer, costumam buscar uma garrafa.

Por outro lado, adultos mais velhos com muitos *hobbies* mal podem esperar para se aposentarem; estão ansiosos para ter bastante tempo para seus interesses. No geral, esses aposentados mantêm um aspecto jovem e satisfeito com a vida, retomando, por assim dizer, as alegrias que tinham na infância (Winston

Churchill começou a pintar a óleo e tornou-se muito bom pintor quando já tinha mais de sessenta anos).

Finalmente, digamos aqui algo que talvez você mesmo já tenha notado. Algumas das pessoas mais felizes e confiantes que conhecemos são aquelas que de alguma forma conseguiram converter seu *hobby* no trabalho de suas vidas. Tiveram vários *hobbies* enquanto cresciam, e um deles depois se transformou em sua profissão. Todos os dias, essas pessoas acordam ansiosas pelo trabalho. Por favor, lembre-se disso quando ensinar seus filhos a ter um *hobby*. Você pode estar conduzindo-os a uma carreira satisfatória e bem-sucedida (uma pergunta importante e relacionada com isso: quantos adultos *in*felizes com seu trabalho atual desperdiçaram a infância em intermináveis horas de televisão?)

De qualquer modo, quer os *hobbies* de seus filhos os levem a uma carreira ou não, podem ajudá-los a formar o caráter. Vejamos alguns exemplos.

Tipos de hobbies

Aprender a tocar com competência um instrumento musical é algo magnífico para as crianças, por motivos que os pais mal parecem levar em consideração.

Assim como no estudo de uma língua estrangeira, começa-se do zero. Portanto, eles obtêm através da prática uma forte sensação de progresso, um domínio progressivamente maior de uma habilidade, o que é excelente para sua confiança. E esta se fortalece ainda mais quando os filhos são capazes de tocar piano ou violão quando estiverem no Ensino Médio, pois terão uma vida social mais rica. Mais ainda, quando forem adolescentes e adultos jovens – e na verdade, ao longo de toda a vida – poderão usar a música para expressar suas emoções ou para lidar com elas. Mais tarde, poderão divertir-se com seus filhos e seus amigos. A música aproxima as pessoas.

Inúmeros adultos de hoje foram forçados por seus pais a aprender um instrumento, e com frequência houve épocas em que quiseram desistir. Hoje, agradecem a seus pais por terem-nos feito perseverar e ultrapassar a fronteira em que o domínio da habilidade é atingido e o instrumento se torna algo agradável. Pense nisto: você já conheceu alguém que aprendeu a tocar bem um instrumento e que agora se lamenta por isso?

Se seus filhos cantam bem, podem beneficiar-se de participar em um coral. Cantar em harmonia ensina muito sobre uma busca disciplinada da perfeição. Essa forma de canto tem muitas das vantagens dos esportes de equipe, além do incentivo adicional para aperfeiçoar o desempenho; um cantor deve acertar cada nota com perfeição, junto a todos os outros. Essa forma de "estresse" é saudável. Redireciona o nervosismo e a ansiedade para o desempenho de alta qualidade: uma excelente preparação para a vida real no mundo do trabalho.

Além disso, cantar em grupo tem outro benefício de longo prazo. Crianças e jovens aprendem um repertório de canções que depois enriquecerá suas vidas com a família e os amigos.

A marcenaria e reparos domésticos formam habilidades de coordenação oculomotora, além de planejamento, gerenciamento do tempo e atenção aos detalhes. Além disso, esses *hobbies* dão aos jovens algo de que precisam: uma chance de *produzir algo*, de *merecer* uma recompensa por seu esforço pessoal (as crianças hoje raramente têm de *esperar* por alguma coisa, quanto mais merecê-la).

Considere também que seus filhos e filhas um dia quererão, ou mesmo precisarão por motivos econômicos, fazer por conta própria reparos significativos em suas casas. Aprender a usar as mãos com habilidade é especialmente útil para as crianças que não têm habilidades atléticas naturais; todo mundo precisa fazer bem *alguma* atividade física, nem que seja apenas para sentir a confiança que a competência dá.

Jardinagem é outro *hobby* de enorme valor. Ensina às crianças algumas importantes lições sobre a vida, verdades que não se encontram na televisão: algumas coisas requerem tempo e não podem ser apressadas; algumas etapas (como semear e regar) devem ser realizadas no momento certo, pois os resultados do desleixo e do abandono são fatais; algumas coisas não saem tão bem como esperamos, mas a vida é assim mesmo; algumas coisas, como o crescimento das plantas, são misteriosas e em última análise estão fora do controle de qualquer pessoa, mas fazemos o melhor possível mesmo assim.

Há inúmeros outros passatempos com que seus filhos podem se ocupar, e você, como seu pai, pode ajudá-los a procurar o que for necessário para as atividades que lhes agradam: fotografia, montar um álbum de fotos de família, manter um diário ou revista, pescar, fazer iscas para pesca, colecionar selos ou moedas, fazer mapas, ajudar a planejar viagens de família, fazer cartões de aniversário para os parentes, desenhar e pintar, construir modelos, acompanhar a bolsa de valores, cozinhar (tanto meninos como meninas).

Preciso avisá-lo sobre algo que muitos pais já presenciaram. Quando no futuro seus filhos entrarem em cheio na agitada vida social do Ensino Médio, provavelmente perderão interesse em seus *hobbies* de infância, com exceção talvez da música. Seja paciente. Se você tinha os mesmos *hobbies* que eles, assegure-se de mantê-los ativos. Mantenha suas coleções e trabalhos manuais. Depois, quando tiverem seus próprios filhos, terão incentivo para voltar a seus interesses de infância e transmiti-los aos seus netos.

E quanto a você? Existe algum interesse de sua infância que lhe agradaria retomar? Ou existem *hobbies* que sempre lhe atraíram, mas que você achava que nunca teria tempo para praticar? Talvez agora seja o momento. Deixe seus filhos verem que você, como eles, aproveita a vida ao máximo. Deixe que o vejam brincar.

CAPÍTULO X
Ensine seus filhos a levarem o trabalho a sério

Aqui está algo que todo pai inteligente deveria ter em conta. Pré-adolescentes e adolescentes frequentemente têm profunda admiração por seus treinadores, ao ponto de venerá-los como heróis. Algumas vezes, de fato, têm mais respeito por seu técnico de basquete do que por seu próprio pai. Por que isso acontece?

Talvez seja porque o técnico é o único homem adulto que os garotos veem de perto, por um período prolongado, trabalhando de fato.

Veem as virtudes do seu caráter em ação durante o trabalho, de uma forma poderosa, viril e atraente. Veem-no trabalhar de verdade: planejar, montar estratégias, prestar atenção aos detalhes, concentrar seus esforços e os dos outros, avaliar com acerto as qualidades e deficiências das pessoas, superar as decepções, recomeçar do princípio, lidar com problemas e pessoas difíceis, controlar seu temperamento, seguir regras, dar orientação e estímulo às pessoas com quem trabalha: todo o leque de atitudes e realizações masculinas e viris.

Além disso, todo técnico excelente age como um pai em outro importante aspecto. Está preocupado com o crescimento do caráter de seus atletas. Ótimos técnicos, como Rockne e Lombardi, dedicam-se ao crescimento interior da mente, vontade e coração de seus jogadores. Técnicos – e pais – assim conquistam a devoção dos jovens por toda a vida.

O trabalho do papai

Nos séculos passados, os garotos viam seus pais irem trabalhar todos os dias. Sem se dar conta disso, o pai dava essa espécie de exemplo a seus filhos enquanto trabalhava em casa, na fazenda ou em sua loja, lidando com os clientes, fregueses e funcionários. Mas como vimos, isso é história.

Como expliquei em uma página anterior, um dos males da vida de família hoje é que a maioria das crianças nunca veem seu pai trabalhar. Não o veem aplicar suas habilidades aos problemas para resolvê-los por alguma séria razão profissional. O exercício diário das virtudes de seu pai – seu critério, responsabilidade, perseverança, autocontrole, consideração pelos outros e trabalho em equipe – fica além de seu campo de visão. E o que as crianças não veem, não compreendem.

O que veem em vez disso? Tipicamente, veem seu pai sair para algum lugar de manhã e desaparecer até a hora do jantar ou depois. Veem-no então passar boa parte das noites descansando, o que inclui (lamentavelmente) assistir TV de forma passiva. Como resultado, a maioria das crianças subestima as capacidades de seu pai. Ele surge a seus olhos em boa parte como uma figura passiva e até mesmo desanimada, alguém completamente entregue à diversão e ao descanso.

Essa visão turva e estreita da vida do pai tem as suas consequências. Como respeitamos as pessoas principalmente por julgar sua força – física, intelectual, espiritual, moral –, uma percepção de fraqueza leva a um respeito fraco, às vezes nenhum. Um homem exerce rotineiramente uma grande capacidade de julgamento e força de vontade e ação em seu trabalho, mas como seus filhos ficam sabendo disso? Seu mundo profissional é como a face oculta da lua.

Mais ainda, se os filhos não veem ou não ouvem nada sobre a vida profissional do pai, ficam com um conceito flácido e desfocado das responsabilidades da vida real. Sua única imagem de vida adulta fora da família é a que veem na televisão e nos filmes. Não espanta que tantos jovens sejam tão temerosos ou completamente desprovidos de realismo sobre seus futuros profissionais. A vida adulta normal no mundo do trabalho é para eles um território desconhecido, algo vagamente ameaçador no futuro. Portanto... por que crescer? O que significa crescer? Por que não adiar esse incômodo tanto quanto possível?

O que você pode fazer para ajudar seus filhos a compreenderem e respeitarem esse lado de sua vida que raramente é visto por eles? Aqui estão algumas maneiras que pais inteligentes utilizaram com sucesso:

– Se puder, leve os filhos para o seu trabalho, ainda que seja por poucas horas. Deixe que o vejam trabalhar algum tempo. Deixe que vejam a forma como seus colegas demonstram respeito por você. Seus filhos perceberão isto: como os outros adultos apreciam trabalhar com você, mostram confiança em sua pessoa e em seu critério, e lhe dão valor;

– Se não puder ter seus filhos por perto enquanto trabalha, tire um dia de folga e visite seu local de trabalho com eles mesmo assim. Embora sua visita dure apenas uma hora ou pouco mais, eles verão o lugar em que você trabalha, as pessoas com quem trabalha e a forma como o cumprimentam. Quase sem exceção, essa é uma experiência que os agrada e impressiona muito. Silenciosamente, ficam orgulhosos de você;

– Se não for possível levá-los durante a semana, leve-os em um sábado. Permita que tenham uma percepção tátil de seu lugar de trabalho, que a seus olhos parecerá grande, sério, atulhado de papéis e máquinas que lhe dão um aspecto de profunda e poderosa responsabilidade. Faça um *tour* com eles, explicando o que acontece todos os dias e como você se encaixa na equipe;

– De tempos em tempos, leve trabalho para casa. Sei que isso parece contraproducente com relação à vida familiar, mas, feito com moderação – sem excessos –, serve para abrir os olhos de seus filhos. As crianças ficam impressionadas quando veem o pai tomando decisões, concentrado e trabalhando com vontade, mesmo que seja por uma ou duas horas em um par de dias da semana;

– Permita que seus filhos se juntem a você em tarefas da casa. Mesmo que sejam tão desajeitados que mais atrapalham do que ajudam, a sua confiança ajuda a construir a deles. Você lhes mostra como usar suas habilidades e resistência para servir a família, que é o que todo pai faz todos os dias em seu trabalho. Elogie seus esforços, sua concentração paciente e seus bons resultados. Deixe que vejam seu orgulho pela coragem e acabamento com que fazem as coisas. Como disse o historiador Thomas Carlyle: "Diga a um homem que ele é corajoso, e você o terá ajudado a tornar-se assim". Lembre-se: uma enorme parte da tarefa de um pai é ensinar os seus filhos a serem competentes;

– Fale de vez em quando sobre o trabalho, especialmente durante o jantar: suas tarefas atuais, seus obstáculos e problemas, seus planos, seu trabalho em equipe. É suficiente conversar com sua esposa na presença dos filhos. Eles aprenderão um bocado com o que ouvirem de sua conversa. Lembre-se: as crianças aprendem muito sobre os pais a partir do que *ouvem por acaso* na vida familiar. Com muita frequência, aprendem mais de fragmentos de conversas do que de sermões diretamente direcionados a eles.

As tarefas dos filhos em casa

Seus filhos devem ter encargos em casa. Isto é, você deve confiar-lhes áreas de responsabilidade em que seus esforços beneficiem a família. Por duas razões básicas, esse costume tem um enorme impacto no crescimento do caráter deles.

Primeiro, eles sentem-se genuinamente necessários. Como todas as pessoas de qualquer idade, as crianças crescem em confiança por sentirem-se necessárias. Um dos tristes efeitos colaterais da abundância material de nossa sociedade é que o esforço das crianças – seu trabalho esforçado – já não é mais realmente necessário em casa. As crianças que realizam uma tarefa doméstica com responsabilidade tornam-se *produtoras*, e não apenas *consumidoras*. Ao contribuir para *servir* a vida familiar, aprendem a dar além de receber.

Aprendem cedo que a vida normal não é simplesmente um tempo de diversão, ócio e entretenimento. Aprendem a satisfação, a verdadeira alegria, de servir à própria família com um trabalho bem feito. É uma excelente preparação para a vida matrimonial e para suas carreiras futuras.

Segundo, as crianças crescem em confiança ao resolverem problemas. Parece ser um fato que aquelas que fazem um trabalho sério em casa passam a conhecer suas habilidades e deficiências de forma mais clara e realista. Sabem quem são e o que são capazes de fazer. Em consequência, estão muito mais dispostas a assumir riscos. Ao longo do tempo, aprendem a ver obstáculos aparentes como desafios, como chances de testar e construir suas habilidades.

Mas aquelas que nunca são estimuladas a trabalhar em casa permanecem inseguras, relutantes em assumir riscos, temerosas de situações novas. Na adolescência e na juventude, quando finalmente deparam com problemas profissionais reais, tendem a reagir de maneira disfuncional. Alguns se excedem drasticamente no trabalho, trabalham por horas demais, e depois veem seus casamentos sofrerem ou até mesmo se desfazerem. Outros reagem da maneira oposta: trabalham de forma desleixada, ou encaram o trabalho simplesmente como uma espécie de escravidão a ser suportada para poder "ter dinheiro para gastar". Como adolescentes ou solteirões, trabalham apenas pelo dinheiro para viver intensamente nos fins de semana e colecionar brinquedos caros: carros novos, roupas em uma quantidade que mal cabe no armário, e monstruosos aparelhos eletrônicos que garantam o entretenimento de uma parede a outra.

Nenhum homem inteligente e consciencioso permitirá que seus filhos sejam aleijados por essas fraquezas interiores.

Assim, que espécie de tarefas seus filhos deveriam fazer? Basta perguntar a sua esposa. As crianças podem lavar a louça e guardá-la, limpar regularmente o chão da cozinha, arrumar suas camas e limpar seus quartos, aspirar os carpetes, cuidar dos animais de estimação, lavar as janelas, juntar as folhas do jardim, separar a roupa lavada... qualquer coisa que precise ser feita em casa.

E não pense que existe algo como "trabalho de homem", em contraposição a "trabalho de mulher". Tanto seus filhos como suas filhas devem ser igualmente competentes para realizar qualquer trabalho que precise ser feito em casa.

Não há nada de novo nisso. Nos séculos passados, ao que parece, homens e mulheres com frequência viveram uma sobreposição em suas tarefas domésticas, especialmente quando necessário. Os homens cozinhavam e faziam a limpeza quando suas esposas estavam doentes ou ocupadas com os filhos pequenos ou indispostas de alguma outra forma. Quando os maridos viajavam a negócios ou iam para a guerra, suas esposas administravam competentemente a fazenda e os negócios. Cada cônjuge tinha uma dupla competência, até a metade do século XIX, no início da revolução industrial, quando a maior parte dos homens, pela primeira vez, passa a trabalhar longe de casa em uma fábrica, mina ou escritório. Assim, fazer com que seus filhos e filhas realizem os mesmos tipos de tarefas é, por assim dizer, um treinamento natural em uma competência global, algo que foi rotina durante boa parte da história ocidental.

Ao dar um encargo a seus filhos, tente colocar a tarefa um pouco acima do nível de sua competência natural. Isto é, arranje as coisas de forma que precisem colocar um esforço perseverante. No começo, pode ser necessário mostrar-lhes como realizar a tarefa e definir o que você entende por "tarefa cumprida". Por exemplo, como vimos antes, arrumar o quarto com eles algumas vezes – chame-o de "Exercício dos Dez Minutos" – até que tenham uma ideia clara do que você e sua esposa entendem por "quarto arrumado".

De qualquer forma, assegure-se de que seus filhos compreendam que você está interessado sobretudo em que *façam pessoalmente o melhor que puderem*. E elogie-os por esse esforço. O verdadeiro "resultado" que lhe interessa, seu verdadeiro objetivo, é que eles cresçam em caráter.

Orientação vs Gerenciamento

Uma distinção importante: como pai, você deve *orientar* seus filhos, mas não *geri-los*. Qual a diferença?

Você orienta seus filhos quando lhes mostra o que fazer, explica-lhes como podem fazê-lo, e então se afasta para permitir que tentem por si mesmos. Se no início não tiverem sucesso e vierem lhe pedir ajuda, você lhes aponta como resolver o problema e manda-os tentar de novo.

Em outras palavras, você dá uma orientação inteligente aos seus esforços. Ensina-lhes a se virarem sozinhos. Essa orientação – para onde vamos e como chegar lá – parece ser uma parte tremendamente importante da paternidade, a tarefa que um homem assume com relação a seus filhos: construir uma competência confiante.

O encorajamento é crucial à orientação. Você deve dizer-lhes repetidas vezes: "Você consegue...; Continue...; Não desista ainda, está quase conseguindo...; Você é mais forte do que pensa...; Se insistir no problema, você vai resolvê-lo". Você deve mostrar a seus filhos que confia neles. Deve pressioná-los a se superarem, a exercerem suas capacidades de iniciativa e criatividade, a ir até o limite (não é o mesmo que faz todo bom treinador?). Se após um esforço sincero e várias tentativas mesmo assim não conseguirem realizar a tarefa, então você intervém e termina-a com eles, sempre elogiando-os por terem feito o melhor possível. Tudo isso é orientação paterna.

Por outro lado, pais consumistas que gerenciam seus filhos em vez de orientá-los caem com frequência na tentação de controlá-los. São excessivamente focados nos resultados. Estão mais preocupados em que o trabalho se realize do que em ensinar seus filhos a realizá-lo por conta própria. Se as crianças têm de fazer um trabalho escolar, esses pais o farão por eles. Se os filhos se esquecem de terminar um encargo, os pais o farão eles mesmos, pensando que é mais fácil e mais eficiente. Se os filhos fizeram uma bagunça, os pais preferem recolhê-la do que passar pelo incômodo de uma correção. Vão ocupar-se das tarefas de casa enquanto os filhos passam horas largados em frente à TV ou ao computador. Sobrevoam todas as tarefas que os filhos devem fazer, mas intervêm imediatamente ao primeiro sinal de problema. Não permitem que os filhos cometam erros ou aprendam com eles.

Pais controladores não se dão conta, mas estão pedindo para ter problemas.

Quais adolescentes com maior frequência rebelam-se contra os pais? São aqueles que foram controlados e supervisionados em excesso desde a infância. Ansiam por sair de debaixo do controle dos pais. Dizem: "Deixe-me fazer sozinho!", e são veementemente contrários, para dizer o mínimo, a aceitar os seus conselhos.

Mas aqueles adolescentes que foram carinhosamente *dirigidos* desde a infância – e nos quais a confiança recebida dos pais engendrou sua própria autoconfiança – de boa vontade procuram o conselho de seus pais, como fizeram por toda a vida. E fazem-no por muito tempo depois de se tornarem adultos, enquanto pai e mãe estiverem vivos.

A administração do tempo

Um pai inteligente ajuda seus filhos a planejar e administrar seu tempo. Tem consciência de várias verdades sobre a vida que eles precisam aprender e viver.

– "Administração do tempo" é outro termo para autocontrole. Tem tudo a ver com a capacidade de voluntariamente sentar e começar a trabalhar nas tarefas de maior prioridade, de adiar o lazer até que os deveres estejam cumpridos, e de colocar de lado as tentações de afrouxar ou desistir;

– Um dos sinais da maturidade é a habilidade de prever eventos futuros – inclusive as consequências das situações presentes – e preparar-se para controlá-las com bastante antecedência. Quanto mais eficiente a pessoa consegue ser nisso, mais respeito recebe de seus colegas. O planejamento de longo prazo é um dos traços mais fortes da liderança profissional;

– O hábito da pontualidade não é apenas uma questão de educação. É absolutamente necessário para os negócios e a vida social. Pessoas pontuais mostram que são atenciosas, disciplinadas e fiéis à palavra dada. E por isso são respeitadas;

– Saber planejar com antecedência e agir agora para controlar acontecimentos futuros são hábitos que se constroem ao longo de anos de prática repetida. Os jovens deveriam ser capazes de viver assim antes de terminarem o Ensino Médio.

Pai e mãe ensinam a seus filhos, especialmente após aproximadamente os dez anos de idade, que o tempo não é uma dimensão ilusória da vida, um meio através do qual flutuamos preguiçosamente. Pelo contrário, é um recurso insubstituível. Se o perdemos, já era.

Além disso, em algum ponto antes da adolescência, as crianças precisam aprender que a negligência, assim como os grandes erros, tem consequências desagradáveis. Crianças mimadas, como mencionei antes, têm pouca noção do tempo e quase nenhum conceito de *prazo*. Para elas, um prazo é apenas uma meta flexível de data, que podem jogar continuamente para a frente como uma bola na praia. Nada de desagradável acontece se deixam de fazer alguma coisa a tempo, então, por que incomodar-se? Estão acostumadas a que seus pais intervenham e as resgatem das consequências desagradáveis de sua descuidada negligência.

Pais eficazes insistem em que seus filhos, a partir do primeiro ano do Ensino Médio, tenham suas próprias agendas pessoais para ficar em cima das responsabilidades que virão. Isso inclui consultas no dentista, lição de casa, projetos de longo prazo, treinos de esportes e datas de jogos, eventos sociais, começar a procurar com antecedência (em fevereiro ou março[1]) um trabalho para o verão, etc. Além disso, na época em que os filhos entram no Ensino Médio, já deveriam ser capazes de resolver por conta própria a maior parte dos detalhes de sua inscrição no processo seletivo para a universidade.

É claro, as agendas dos filhos precisam ser coordenadas com a agenda geral da família, especialmente se os pais é quem os levam até os compromissos. Mas a estratégia de um pai inteligente é ensinar-lhes a importância de ter previdência, iniciativa, planejamento realista, atenção aos detalhes, coordenação de recursos (por exemplo, providenciando caronas e termos de autorização) e cumprimento de prazos. Ao longo do tempo, os filhos assimilam, por meio da prática dirigida, uma das habilidades mais cruciais da vida adulta: a capacidade de definir e cumprir nossos próprios prazos.

Mesadas

Qual é a melhor forma de você e sua esposa lidarem com a forma como os filhos cuidam do dinheiro? Por alguma razão, a questão é controversa.

---

[1] No hemisfério norte, as férias escolares de verão vão de junho a agosto, e é comum que muitos jovens arrumem um emprego temporário nessa época. (N. do T.)

Alguns pais dão aos seus filhos (após os nove anos de idade mais ou menos) um pouco de dinheiro a cada semana para cobrir despesas básicas, mais um pequeno extra para emergências imprevistas. Seu objetivo é deixar que as crianças administrem seus próprios gastos e, como adultos responsáveis, arquem com quaisquer consequências desagradáveis do excesso de gastos.

Outros pais preferem não dar uma mesada de valor fixo. Em vez disso, simplesmente dão aos filhos fundos suficientes quando necessário, analisando caso a caso. Pensam que a administração do próprio dinheiro pode esperar um pouco, para quando os filhos estiverem gastando o dinheiro que eles mesmo tiverem ganho em trabalhos de meio período. Quando os filhos pedem dinheiro, esses pais querem saber para quê. Preferem acompanhar mais de perto os gastos dos filhos e o critério envolvido. Consideram-no mais importante do que lições de administração.

Assim, qual é a melhor dessas duas abordagens?

Na verdade, ambas parecem funcionar bem. Algumas famílias saudáveis dão mesadas, outras confiam no método do caso a caso. No longo prazo, parece que não importa. Pelo que vejo, os dois tipos de famílias geram jovens que usam o dinheiro com responsabilidade. Assim, a escolha é sua. Você e sua mulher podem seguir qualquer um dos métodos, desde que ambos estejam de acordo. Afinal, uma ideia que deixe ambos satisfeitos também os deixará mais confiantes. E a confiança é metade do segredo de uma paternidade eficaz.

Seja o que for que você fizer, entretanto, não dê dinheiro demais a seus filhos. Mantenha-os razoavelmente pobres. Dinheiro em excesso, como quase tudo em excesso, não é saudável para as crianças. Uma boa regra é esta: dê-lhes o suficiente para cobrir despesas básicas (dinheiro para almoçar, por exemplo) mais 10 a 15% para extras como um lanche ou refrigerante após a escola. Não há nada de errado em ficar sem nada de vez em quando; a maior parte da raça humana vive assim. E além disso, ter pouco dinheiro tende a estimular a criatividade. Flannery O'Connor, a grande escritora americana, disse de um de seus personagens: "Ele estava tão bem de vida que nunca precisava pensar".

Outra coisa a evitar: não associe o dinheiro com uma recompensa pelo desempenho de tarefas como encargos domésticos ou lição de casa. Separe completamente o dinheiro do que se espera que os filhos façam de qualquer forma como sua contribuição à família. Sua política é dar-lhes dinheiro por apenas duas razões: eles precisam e você os ama. Eles devem realizar suas tarefas porque assim ajudam à família. A vida em família, tanto para eles quanto para você e sua esposa, consiste nas pessoas servirem umas às outras sem necessidade de pagamento em troca. Dinheiro não tem nada a ver com isso.

Uma última nota de experiência: quando os filhos se tornam velhos o bastante para ganhar dinheiro com trabalhos em meio período ou durante o verão, alguns pais impõem a seguinte política: metade do que os filhos ganham é depositado no banco para despesas futuras, como pagar a faculdade, seguro do carro, roupas, formatura, e outros gastos maiores. Como foram eles que ganharam o dinheiro, podem gastar a outra metade como preferirem. Se fizerem gastos sem critério (e a maioria os faz, ao menos no início), devem lidar com as consequências. Aprendem pela via difícil o que significa a expressão "ser enganado" no mundo do comércio adolescente: modismos inventados e falsos, posters e CDs superfaturados, preços excessivos para entretenimento de má qualidade, roupas que rapidamente saem de moda. Como dizia P.T. Barnum, "a cada minuto nasce um otário".

Mais cedo ou mais tarde, verão seu dinheiro desaparecer rapidamente sem deixar nada em seu lugar. Mas o montante depositado no banco continua lá e inclusive ganha juros. Uma valiosa lição. Aqui você pode ajudá-los a aprender com seus erros, mas por favor, tente não dizer: "Eu avisei...". Deixe que aprendam por si mesmos.

CAPÍTULO XI
Esteja atento à educação de seus filhos

A experiência de seus filhos na escola é de imensa importância na formação de seu caráter. Educação não é uma questão de transferência de informações (dos professores para os alunos), ou aquisição de habilidades, ou sentir-se bem consigo mesmos. Na realidade, consiste essencialmente no caráter.

Quais áreas de conhecimento seus filhos aprendem, como as aprendem, as pessoas com quem trabalham e se relacionam todos os dias: todas essas coisas reforçarão ou trabalharão contra aquilo que você e sua esposa ensinam em casa. A pior escola pode prejudicar o desenvolvimento do caráter de seus filhos. A melhor escola o apoiará, ou pelo menos não fará nada para atrapalhá-lo.

Dada a importância do tema, e os gastos exorbitantes com educação hoje em dia, surpreende que tão poucos pais pensem seriamente na formação do caráter dos filhos na escola, a segunda influência mais importante de suas vidas.

Escolhendo ou avaliando uma escola

Muitos pais ficam inseguros sobre como avaliar uma escola neste aspecto: como ela constrói, ou tenta construir, o caráter das crianças. Não sabem que espécie de perguntas fazer ao pessoal da escola ou como avaliar o que uma escola afirma sobre si mesma. Todos os pais dirão que desejam uma "boa escola" para seus filhos, mas parecem ter apenas uma ideia vaga do que isso significa (faça a qualquer grupo de pais a seguinte pergunta: "O que é uma boa escola?". Observe como você ouvirá de tudo).

Desejo aqui ajudá-lo a firmar seu próprio conceito de "boa escola", e sugerir meios de avaliar e escolher uma, se lhe for possível.

Se, como muitos outros americanos, você muda frequentemente de endereço, com frequência estará procurando escolas, especialmente se estiver comparando alternativas de escolas particulares. Como muitos pais, pode ser que você se mude para uma certa comunidade devido à reputação de qualidade de suas escolas. Neste capítulo, quero ajudá-lo a escolher as escolas de seus filhos com sabedoria. Dessa escolha dependem muitas coisas.

Você, como pai inteligente e responsável, deve pensar no assunto da escola tanto quanto sua esposa. Não caia na tentação, epidêmica entre tantos homens de hoje, de deixar que ela cuide sozinha da maior parte dos assuntos referentes à escola. É uma injustiça com ela e com seus filhos. Além disso, a experiência mostra que as crianças levam a educação mais a sério quando *ambos os pais* a levam a sério. Sua atitude em relação à educação de seus filhos é crucial para formar a deles.

Características de uma boa escola

Como uma família excelente, uma escola de alta qualidade apresenta três características principais: *visão de longo prazo, sentido de missão* e um *espírito de serviço que unifica*. Por contraste, uma escola ruim ou medíocre não tem uma ou mais dessas características. Para ser sincero, em geral, não tem nenhuma das três.

Uma escola de alta qualidade é conduzida por administradores e professores que têm um conceito claro (um ideal, na verdade) da *espécie de homens e mulheres que as crianças deveriam ser quando adultos, dez ou mais anos após a formatura*. E as pessoas que trabalham na escola compartilham essa visão com os pais dos alunos. Isto é, escola e família tentam trabalhar juntos rumo ao mesmo objetivo: a vida futura das crianças como adultos.

Esse ideal pode ser (como era nas escolas públicas no início do século XX) criar um grupo de cidadãos responsáveis e alfabetizados. Ou o conceito pode ser transformar as crianças em profissionais competentes, responsáveis e respeitados. Para escolas religiosas, pode ser todo o anterior mais a formação de um comprometimento por toda a vida com os princípios religiosos da família.

Não importa o formato que assuma, o objetivo estratégico de uma boa escola estende-se bem para dentro do futuro dos alunos. Se você perguntasse ao administrador da escola em uma cerimônia de formatura: "Bem, você acha que teve sucesso com estes alunos?", a resposta seria algo como: "Ainda é muito cedo para saber. Volte daqui a dez anos e então saberemos..."

O que deriva da visão estratégica é um sentido de missão.

Uma escola de primeira classe tem uma atmosfera ativa e dinâmica, com uma excelente disposição entre a equipe de professores. Todos os aspectos da escola – aulas, educação física, atividades extracurriculares, disciplina – servem a um propósito claro. Tudo trabalha para formar por toda a vida nos alunos o critério, uma autoconfiança realista e o sentido de responsabilidade. Em uma escola saudável, assim como em uma família saudável, o sentido idealista de missão transforma o trabalho duro, e mesmo braçal, em uma atividade com um propósito.

Além disso, uma escola de alta qualidade, assim como qualquer outro negócio de alta qualidade, fomenta o espírito de serviço. Ela não se volta sobre si mesma e fica presa em um emaranhado de processos burocráticos, pois as burocracias tendem a enfatizar o processo em vez dos resultados. As pessoas em uma escola de qualidade dedicam-se sobretudo ao serviço. Em outras palavras, são profissionais.

As melhores escolas enxergam-se como servidoras de toda a

família, tanto pais quanto filhos. Os professores e administradores tratam os pais como parceiros e levam em consideração suas necessidades e expectativas. Essa atitude leva, por sua vez, a uma confiança mútua contínua e à comunicação aberta. Os pais sentem que, fora de sua própria família, esses professores e administradores preocupam-se muito com o bem de seus filhos, não apenas agora, mas também no futuro.

Se você tem a bênção de ter seus filhos em uma escola assim, deve fazer tudo o que estiver em seu poder para apoiá-la, financeiramente e de outras formas.

Dito isso, deixe-me delinear as características principais de uma escola de alta qualidade. Quais são elas? O que você deveria procurar?

– A missão da escola escrita em sua declaração de princípios deve afirmar explicitamente o compromisso da instituição em colaborar com os pais na condução de seus filhos a algum ideal de vida adulta responsável. Isto é, o futuro dos alunos quando adultos é absolutamente central à missão estratégica da escola. Embora as palavras possam variar um bocado, a declaração deveria dizer algo como: "Educar as crianças de forma que ao crescer tornem-se homens e mulheres competentes, responsáveis, atenciosos e instruídos, comprometidos a viver de acordo com os princípios da integridade". Não importa como seja formulada, a declaração de princípios que justifica a existência da escola deveria mostrar, ao menos de forma implícita, um verdadeiro ideal para as vidas das crianças muito após a formatura. Cuidado se uma escola parece mais preocupada com o processo do que com os resultados, se fala muito sobre o currículo e as sequências dos cursos, mas não diz nada sobre a vida dos estudantes em um futuro distante;

– A declaração de princípios deve ser muito mais do que um floreio retórico ou uma abstração sem forma definida dentro de um panfleto. Deve ser uma realidade na vida da instituição, algo que o diretor reitera com frequência para o corpo docente, os pais e os alunos. Assim, se você perguntar a qualquer um dentro da comunidade escolar, incluindo os alunos mais antigos, qual é o objetivo da escola, ouvirá mais ou menos a mesma resposta. Em outras palavras, todos na comunidade escolar sabem o que a escola defende. Tome cuidado com escolas que não têm essa unidade de perspectiva;

– O diretor deve ser capaz de enunciar a missão da escola prontamente e sem recorrer a jargões. Se você, como pai, quiser pressioná-lo para obter detalhes sobre *como* a escola cumpre os ideais que se propõe – "Como vocês ensinam os alunos a agir responsavelmente?" –, deve receber respostas específicas, dadas de forma clara, confiante e em linguagem simples;

– Idealmente, todos os professores, não importa a matéria que ensinem, devem insistir em que os alunos façam o uso correto da linguagem em seus trabalhos escritos. Em toda a escola, o idioma pátrio é tratado como um padrão, e não como mais uma "matéria";

– A lição de casa deve exigir a escrita de frases e parágrafos. O trabalho entregue é devolvido rapidamente e com algum sinal de que o professor o examinou de forma crítica. Em outras palavras, os professores levam o trabalho dos alunos a sério. Se é óbvio que a lição de casa não é importante para os professores, também não o será para as crianças;

– As crianças devem trabalhar com intensidade, mas ao mesmo tempo estar felizes com a escola. Em uma escola ruim ou medíocre, as crianças *ou* trabalham muito *ou* estão felizes. Em uma boa escola, o trabalho sério e a satisfação pessoal andam juntos. As crianças assemelham-se a nós adultos neste aspecto: não se importam com o trabalho duro desde que se cumpram duas condições: a) sentem que estão realizando algo, e b) gostam das pessoas com quem trabalham;

– Os administradores e professores devem ser capazes de explicar prontamente como lidam com alunos "problemáticos". Isto é, devem mostrar a disposição de controlar ou mesmo excluir alunos cuja falta de cooperação ameace o serviço da escola a todos os outros; em outras palavras, o bem comum. Os procedimentos disciplinares da escola devem ser justos e compassivos, mas centrados principalmente no bem de toda a comunidade;

– O corpo docente deve ser uma mistura de uma maior parte de professores experientes e alguns relativamente novos. Os veteranos concentram-se nos primeiros e últimos anos, onde sua experiência é mais necessária. Isto é, as crianças mais jovens precisam de professores que tenham maestria nas habilidades básicas, enquanto as mais velhas necessitam de uma liderança de classe confiante e sábia;

– Os alunos do grupo de habilidade *mediano* devem ser tão exigidos quanto os melhores e os piores alunos. A maioria das escolas, infelizmente, atende às necessidades dos mais brilhantes e dos mais lentos, mas tende a descuidar o grande grupo do meio. Uma boa escola exige de todos;

– Os pais devem de boa vontade apoiar a escola com ajudas voluntárias e suporte econômico. Pais apoiadores são, afinal, "clientes satisfeitos". Demonstram de formas concretas sua apreciação pela escola por sua dedicação ao bem das crianças;

– As instalações devem demonstrar uma atenção profissional aos detalhes. A escola deve ser limpa, ordenada, alegre, um lugar agradável para trabalhar e aprender, como qualquer outro negócio bem gerido;

– O programa de esportes para as crianças mais jovens deve ser razoavelmente competitivo, mas não em excesso. Crianças não tão talentosas devem ser encorajadas a participar, e seus esforços devem ser reconhecidos. A escola deve procurar fomentar os melhores ideais do esporte: condicionamento físico, hábito de fazer exercícios físicos, espírito esportivo, colaboração em equipe e saudável espírito de competição honrada;

– Em todos os seus aspectos acadêmicos, atléticos e extracurriculares, a escola deve claramente tentar construir certas atitudes e hábitos duradouros nas crianças, certas *habilidades* a serem assimiladas ao longo do tempo: capacidade de resolver problemas, respeito pelas conquistas intelectuais, poder de concentração, competência técnica de alta qualidade em matemática e ciências, hábitos de clareza e precisão no idioma falado e escrito, competência em ao menos uma língua estrangeira, capacidade de apreciação da excelência artística, compreensão do desenvolvimento e tendências da história, sentido de responsabilidade cidadã, respeito às leis e integridade ética.

Em resumo, uma boa escola parece operar de acordo com a máxima: "Educação é o que sobra depois que se esquece o material". Dedica-se a formar pessoas competentes, cultas e responsáveis.

Olhando de outro ângulo, uma boa escola procura formar a espécie de adultos capazes e equânimes que com tanta generosidade serve em seu próprio conselho escolar (ou conselho curador).

É claro, a descrição feita acima é um ideal praticamente perfeito. Todas as escolas, como todas as outras instituições humanas (incluindo a família), estão bem aquém da perfeição. Mas *as melhores escolas nunca deixam de tentar.*

O diretor

Provavelmente a força mais crítica para uma escola excelente, com frequência subestimada pelos pais de crianças pequenas, é a capacidade de liderança do diretor. A qualidade de uma escola aumentará ou diminuirá dependendo da visão e profissionalismo dessa única pessoa, o chefe da escola.

Qualquer escola, grande ou pequena, é uma operação imensamente complexa. É muito mais complicada do que a maioria dos pais é capaz de compreender, pois inúmeras forças centrífugas tentam o tempo todo desmontar a operação. Em consequência, um diretor escolar necessita de uma energia inesgotável e uma vontade de ferro para uni-la e dar-lhe uma direção e um propósito. O superior de uma escola trabalha duro para recordar constantemente a todos – corpo docente, pais, alunos, e até mesmo o conselho escolar – qual é realmente o objetivo dos seus sacrifícios.

Um verdadeiro profissional nesse campo precisa ter ao mesmo tempo visão estratégica e atenção aos detalhes, reflexão e ação, justiça e compaixão, assertividade cortês e cheia de tato, idealismo sem ilusões. É um trabalho duro e exigente.

Por isso, quando você quiser avaliar uma escola, deve começar pelo topo. Procure identificar sinais de que o diretor é estimado pelos professores, alunos mais velhos e outros pais como você. Assegure-se de fazer a outros pais algumas perguntas-chave:

– Qual é a reputação do diretor com relação a habilidade de administração, comunicação com os pais e disponibilidade para reuniões?;

– Se os pais procurarem o diretor com uma reclamação, têm direito a uma ação corretiva ou ao menos a uma explicação razoável. Acaso recebem alguma dessas respostas rapidamente, ou o problema persiste inalterado e sem explicação? Afinal, o diretor é o executivo da escola, e a função de um executivo é executar, fazer as coisas acontecerem;

– O diretor é sinceramente aberto às sugestões dos pais, mas sem se dobrar à influência indevida de grupos de pressão? Sabe, quando apropriado, dizer *não*?;

– As crianças (e portanto seus pais) têm uma percepção do diretor como alguém bondoso e compreensivo, mas ao mesmo tempo justo? As crianças põem grande ênfase na *justiça*;

– Em resumo, o diretor é admirado e respeitado por todos na escola como um líder competente e confiante?;

Se seus filhos passarem muitos anos na mesma escola, não é exagero dizer que esse líder será, direta ou indiretamente, uma das influências mais duradouras ao longo de suas vidas.

Visita à escola

Como você faz para avaliar uma possível escola para seus filhos? O que deveria procurar em termos de instalações? Que perguntas deveria fazer, e a quem?

Como muitos outros pais hoje em dia, pode ser que você e sua esposa considerem a alternativa de uma escola particular. Como essa opção significa o desembolso de uma quantia substancial (um investimento, na realidade), o que se segue aplica-se principalmente a escolas desse tipo. Mas a ideia aqui é dar-lhe uma base de comparação. Há muitas escolas públicas excelentes e muitas escolas particulares fracas[1].

De qualquer forma, seja qual for o tipo de escola que você escolher – ou mesmo se tiver pouca ou nenhuma possibilidade de escolha –, precisará de uma base de comparação para supervisionar a educação de seus filhos fora de casa. A investigação que você faria em uma dispendiosa escola particular serve igualmente para avaliar qualquer escola pública. Seja pública ou particular, a escola deveria oferecer-lhe um serviço da melhor qualidade, e você precisa conseguir julgá-lo de alguma forma antes de fazer sua escolha.

Comecemos pelo seguinte: você e sua esposa deveriam programar-se para visitar a escola em um dia normal de semana. Os assim chamados dias de *open house* são muito bons, mas não são nem de longe tão reveladores quanto uma inspeção em primeira mão do ambiente do dia a dia em que seus filhos viverão. Vale a pena tirar um dia de folga do trabalho para que vocês dois possam fazer essa observação juntos. Isso é especialmente importante se você está se candidatando a uma vaga em uma escola particular competitiva; causa uma boa impressão com as autoridades da escola, pois escolas competitivas gostam de lidar com famílias em que o pai tem um interesse sério pela educação dos filhos.

Ligue antes e marque um horário para encontrar-se com o

---

[1] Convém lembrar que o autor refere-se ao sistema escolar norte-americano. (N. do T.)

249

diretor, e pergunte se pode também conversar com dois ou três professores se lhes for conveniente, apenas por alguns minutos. Pergunte também se seu filho ou filha pode passar o dia em uma classe do grupo ao qual se juntará no ano que vem; as impressões de seu filho sobre o dia podem ser bastante reveladoras (as crianças sentem imediatamente, em menos de meia hora, o quão bem se encaixam em um grupo).

Se possível, planeje sua visita para entre 10h e a hora do almoço. É o horário em que qualquer escola é mais ativa e "típica". (Pela mesma razão, a maior parte dos testes padronizados são administrados às crianças no meio da manhã.) As melhores épocas do ano para visitar são durante o segundo ou o terceiro mês de aulas de cada semestre. Outras épocas do ano provavelmente apresentem problemas que podem enviesar sua perspectiva; até mesmo as melhores escolas experimentam incidentes atípicos de indisciplina dos alunos no começo e no final de cada semestre escolar (por sinal, o mesmo acontece com a maior parte das famílias). O que você deseja é ver a escola no momento em que está operando com a maior eficiência, e os períodos mencionados aqui são os melhores para tanto.

Como em qualquer outra entrevista profissional, você deve preparar-se um pouco em casa. Assim, quando marcar a visita, peça a literatura promocional da escola (se houver) e leia-a com cuidado. Dê especial atenção à declaração de princípios e missão da escola e à experiência do corpo docente. Você vai querer perguntar ao diretor sobre a missão da escola (veja abaixo) e descobrir quais dos professores mais experientes trabalharão com seu filho nos próximos anos. Naturalmente, como em qualquer outra entrevista, você não deve fazer perguntas que já estão respondidas por escrito: "Quantos livros há na biblioteca da escola?", ou: "Onde seus professores se formaram?". Seria uma perda de tempo.

Aparência física

No dia marcado, você e sua esposa devem chegar com meia hora de antecedência e caminhar pelo terreno da escola. O que vocês veem?

Se estiverem avaliando uma escola que tenha também Ensino Médio, dê uma boa caminhada pelas áreas externas por onde eles costumam ficar. Deve haver cestos de lixo no lugar e pouco ou nenhum lixo pelo chão. Afinal, estudantes de Ensino Médio são os mais velhos da escola e a essa altura já devem ter assimilado algumas das regras da escola sobre ordem e limpeza. Não seja severo demais, entretanto, pois mesmo adolescentes conscienciosos podem fazer sujeira (adultos também). O ponto é este: deve haver muito mais lixo jogado nos cestos do que espalhado pelo chão. É um detalhe pequeno, mas diz algo sobre o sentido de colaboração dos estudantes.

Se puder, vá até os fundos do edifício da escola e veja se há algum ponto cheio de bitucas de cigarro. Se houver, há alunos fumando escondidos ali. Se o fumo não o incomoda, a forma sorrateira como é feito deveria. O que isso diz sobre a supervisão da escola? Se até você e sua esposa conseguiram perceber esse óbvio ponto de fumo, como é que a escola não o notou e não fez alguma coisa a respeito? Perguntas a serem feitas depois, quando vocês encontrarem o diretor.

Finalmente, ao aproximar-se do edifício e entrar, vocês veem placas afixadas para mostrar o caminho aos visitantes? Uma série de sinais de orientação claros significa que a escola está acostumada a receber visitantes e que eles são bem-vindos. Por outro lado, uma confusa falta de orientações pode significar (embora não necessariamente) que a administração da escola está olhando para dentro, mais preocupada com os procedimentos internos do que com o serviço ao público. Ou pode significar que as placas, danificadas ou removidas por vandalismo, não estão sendo substituídas. Isso, por sua vez, em geral significa uma administração medíocre ou ruim.

São detalhes, com certeza, e você deve evitar um juízo crítico até que tenha investigado mais completamente. Mas, para o bem ou para o mal, podem fazer parte de um padrão. Aguarde e observe.

Assim que entrar no prédio, você deve apresentar-se na secretaria da escola. Se tiver tempo antes de sua entrevista com o diretor, convém gastar algum tempo olhando o local. Ou você poderá fazê-lo mais tarde durante a manhã. De qualquer forma, você deve inspecionar o ambiente físico em que seus filhos talvez passem os próximos anos. O que você deveria procurar?

Procure evidências de que o lugar é mantido em boas condições: organizado, limpo, seguro, agradável, como qualquer outro ambiente profissional. Atenção aos detalhes quase sempre significa boa administração, o que, por sua vez, sugere que os assuntos referentes à instrução são bem conduzidos, supervisionados com sentido de controle de qualidade. Por outro lado, qualquer evidência de negligência – sujeira e lixo em excesso, pichações, lâmpadas queimadas, danos não reparados, etc. – aponta para um nível de supervisão insatisfatório, uma negligência que provavelmente afeta toda a operação da escola.

Observe o interior de algumas salas de aula. Deve haver trabalhos dos alunos em exposição. Examine os trabalhos. Você vê erros de ortografia e gramática óbvios no que as crianças escrevem, especialmente se marcados com "10" ou outras notas altas? Nessas folhas, você vê aquilo que o professor considera um trabalho digno de elogios. Parece bom para você? Se possível, olhe embaixo da carteira de algumas crianças. Você vê embalagens de comida, que são talvez um sinal de má supervisão? (Se as crianças comem lanches na sala de aula, então todas as embalagens deveriam estar no cesto de lixo e em nenhum outro lugar.) Os tampos das mesas estão rabiscados? Isso pode significar aulas chatas ou falta de atenção à responsabilidade dos alunos de manter a sala limpa.

Se puder, dê uma olhada nos banheiros. Há pichações nas paredes? Embalagens de alimentos ou bitucas de cigarro no cesto de lixo ou no chão? A sujeira fala por si só sobre a supervisão dos alunos e o cuidado com a limpeza. Os banheiros são a parte de uma escola com menos probabilidade de receber atenção. Por isso, se forem muito limpos, podem ser um sinal de que a escola é bem administrada: o diretor presta atenção aos detalhes.

Fique parado no pátio de entrada e escute. Você deveria ouvir o baixo murmúrio de crianças ocupadas com um trabalho interessante, pontuado de tempos em tempos por um riso saudável. O que você *não* deveria ouvir é o desagradável som de uma balbúrdia claramente fora do controle, ou longos períodos de puro silêncio ao redor da contínua e monótona voz de um professor. Se um professor estiver falando para uma classe silenciosa, dê uma olhada dentro da sala; você poderá dizer se os alunos estão ouvindo ativamente ou apenas sentados com o olhar vidrado, sonhando acordados em uma espécie de transe.

Observe como os alunos mudam de classe ou vão para o intervalo. Como agem e reagem uns aos outros? Parecem gostar da companhia uns dos outros? Quando os professores os chamam ou dão alguma orientação, como respondem? Prestam atenção, ou ignoram? Você vê alguns dos alunos demorarem-se um pouco e conversar amigavelmente com os professores?

Esses múltiplos e sutis sinais de apreciação e respeito mútuo entre professores e alunos dizem muito sobre a unidade e o espírito de colaboração da escola. Sua esposa, como mulher, pode ser mais sensível do que você para essa interação, mas os dois são capazes de formar uma impressão geral: "Se eu fosse uma criança, gostaria de trabalhar neste ambiente? Gostaria de conviver com estas pessoas todos os dias?".

Entrevista com o diretor

Quando você e sua esposa estiverem confortavelmente sentados com o diretor, devem fazer as perguntas que prepararam de antemão. Lembre-se: você está tentando antes de mais nada determinar quais são as *atitudes* e a *filosofia* por trás dos procedimentos da escola, para ver o quão bem a visão desta sobre a educação de seus filhos se adapta à sua própria. Você e a equipe da escola compartilham as mesmas expectativas para o futuro de seus filhos, de forma que possam trabalhar juntos? Ou, pelo contrário, parece que você e a escola trabalham com objetivos cpostos?

Sua primeira pergunta deve ir direto ao coração do problema e deve ser formulada mais ou menos assim: *Qual é a visão ou ideal de longo prazo que vocês têm sobre a vida futura de seus alunos, digamos, dez ou quinze anos após se formarem? Como vocês descreveriam os seus alunos quando adultos? De que maneiras vocês esperam que seus alunos sejam diferentes ou melhores do que seus contemporâneos como resultado dos anos que passaram com vocês?*

Preste atenção a qualquer hesitação ou demora para encontrar palavras para responder, ou quaisquer outros sinais de que o diretor foi pego de surpresa por essa linha de questionamento. Afinal, essas perguntas vão direto ao âmago do trabalho do diretor, às preocupações que ele ou ela deveriam ter na mais alta conta e sobre as quais deveriam refletir constantemente. Ao presidente de qualquer organização interessa mais o *porquê* as coisas são feitas, e não apenas o *como*.

Um administrador de primeira categoria não deveria ter nenhuma hesitação em apresentar respostas claramente articuladas a essas perguntas. Ouça com atenção e julgue se, ou em que medida, a visão institucional da escola coincide com a sua própria. Agora você pode aprofundar sua análise perguntando *como* os diferentes elementos da escola – matérias, exigências de lição de casa, esportes, atividades extracurriculares e sistema disciplinar – trabalham juntos para cumprir a missão que a escola afirma ter. Se ficar satisfeito com isso, pode passar a outros assuntos. Sugiro a seguir algumas perguntas que podem ser feitas, principalmente às escolas particulares:

– *O que vocês fazem para supervisionar a qualidade da instrução dada por seus professores?* Aqui você está buscando fatos, não apenas intenções. Procure evidências de um controle de qualidade contínuo: programas didáticos claros desenvolvidos em conjunto pelos professores e pela administração, supervisão de novos professores (muito importante), frequência de oficinas e reuniões pessoais do corpo docente, avaliações regulares de desempenho, uma política para lidar com dúvidas ou queixas dos pais sobre os professores. A escola deve ter um processo institucional para orientar, corrigir, estimular e sustentar o desempenho profissional do corpo docente. O diretor deve conhecer o processo de trás para a frente e ser capaz de explicá-lo de forma completa e com fatos;

– *Quais são as razões para expulsar um aluno desta escola, ou ao menos recusar sua matrícula no ano seguinte? Sem citar nomes, é claro, poderia dar alguns exemplos de anos recentes?* Uma escola particular com um alto padrão de qualidade e um sentido de missão expulsará alunos que se recusem a ter um desempenho adequado ou que representem um perigo – por uso de drogas, por exemplo – para o bem comum da escola. Cuidado com a escola que não age de forma rápida e eficaz nesse sentido, e que não pode citar exemplos específicos para provar;

– *Qual a porcentagem dos pais de alunos que ajudam a escola financeiramente ou com trabalhos voluntários?* Quanto maior o número, maior o grau de satisfação e gratidão entre pais como vocês. O diretor não deve ter dificuldades em apresentar os dados. Lembre-se do velho axioma das campanhas econômicas: as pessoas contribuem mais generosamente com o *sucesso*, e não com a necessidade; são as organizações sem fins lucrativos mais bem-sucedidas e geridas que conseguem mais dinheiro;

– *Se perguntássemos a outros pais qual a opinião deles sobre os pontos fortes e as deficiências da escola, o que acha que provavelmente nos diriam?* Fazer a pergunta dessa maneira ("Se perguntássemos a outros...") quase sempre provoca uma avaliação bastante cândida das características da escola, as coisas boas e as más. Uma vez que o diretor o tenha explicado, você e sua esposa podem pedir mais detalhes. Se o diretor acha que as percepções das pessoas sobre os problemas da escola são descabidas por algum motivo, vocês têm o direito de saber o porquê.

A essa altura, talvez vocês queiram pedir algumas referências; perguntem se ele pode lhes dar os nomes de dois ou três casais que estejam dispostos a conversar com vocês sobre sua experiência com a escola. Por uma questão de gentileza, é claro, vocês devem dar ao diretor um ou dois dias para lhes dar os nomes e telefones; digam que ligarão depois para pegar a informação (esse é um princípio sábio em qualquer negócio, é claro: sempre confira as referências);

– *Como vocês esperam que nós, como pais, colaboremos com a escola?* Uma boa escola deseja e espera uma comunicação próxima com os pais. Por isso, realiza reuniões periódicas com eles, em grupo ou em particular. Uma boa escola desejará que vocês supervisionem as lições e tarefas feitas em casa, e que se interessem de verdade pelas atividades escolares de seus filhos. Além disso, a escola deve demonstrar que aceita bem as ligações telefônicas e visitas dos pais. Finalmente, não se surpreendam se lhes disserem que a escola espera um certo apoio dos pais, financeiro ou de outro tipo. Se os administradores e professores estão confiantes de que estão fazendo um serviço de grande valor, acima e além das exigências profissionais mínimas, têm todo o direito de esperar uma resposta igualmente generosa, e é exatamente isso que as melhores escolas recebem.

Não tenha medo de colocar o diretor em apuros com perguntas incisivas como essas. Verdadeiros profissionais (em qualquer campo) gostam de falar sobre seu trabalho e apreciam perguntas que lhes possibilitem fazê-lo.

Mais importante, suas perguntas causarão uma boa impressão. Qualquer diretor consciencioso, que tenha grandes expectativas pelo futuro dos alunos, fica encantado em trabalhar com pais que compartilham desses ideais. Suas perguntas são muito reveladoras sobre os seus próprios esforços em casa para educar bem seus filhos. Para o diretor, portanto, sua linha de questionamento significa que seus filhos provavelmente serão bons alunos. Tudo isso significa que sua família e a escola trabalhariam bem juntas.

Entrevistas com os professores

Após encontrar o diretor, vocês deveriam conversar rapidamente com alguns professores. Convém já ter agendado um horário previamente. Como os professores de uma boa escola são pessoas extremamente ocupadas, seu encontro deve ser curto e ir direto ao ponto. Aqui, assim como o chefe da escola, vocês querem saber *por que* as coisas são feitas, e não simplesmente como:

– *Que habilidades, atitudes e hábitos de trabalho você tenta ensinar a seus alunos?* Embora os professores tenham que trabalhar com a "matéria" de cada curso, os melhores sabem que o ensino de qualidade vai muito além disso. Professores excelentes enxergam-se construindo o hábito de pensar e a forma de trabalhar em seus alunos, capacidades da mente e da vontade que sobreviverão muito mais tempo do que a "matéria". Assim, você espera que o professor tenha uma sincera preocupação com os benefícios duradouros da mente e da vontade: respeito pelo conhecimento, capacidade de pensamento claro e crítico, concentração e atenção aos detalhes, exigir dos alunos um alto padrão de desempenho. Os melhores professores amam aquilo que ensinam e os seus alunos, e ficam encantados em unir os dois lados. São, ao mesmo tempo, disciplinados e entusiasmados. Como outros profissionais competentes, gostam de explicar seu trabalho. Procure por sinais dessas atitudes;

– *Poderíamos por favor ver as cópias de alguns exames antigos, especialmente exames finais, de seu curso?* Um bom professor deve ser capaz de obter com facilidade cópias em branco de provas antigas em seu arquivo, e ficará feliz em explicar-lhe os conteúdos. Verdadeiros profissionais estão dedicados ao aprendizado, e não à simples instrução, e assim encaram suas provas – o *feedback* dos alunos – como cruciais para o seu trabalho.

É possível dizer muita coisa sobre o conteúdo e o método de ensino de um curso a partir de sua prova final. As provas são criadas pelo professor, ou são uma série de perguntas pré-formuladas fornecidas pelas editoras? Há instruções claras dizendo aos alunos o que fazer? Instruções claras em provas geralmente indicam aulas claras; isto é, o professor concentra-se de forma habitual naquilo que os alunos precisam saber. As questões dependem mais de respostas do tipo "preenchimento de lacunas", ou requerem respostas escritas, às vezes até mesmo uma ou duas sentenças? Cobram principalmente dados factuais (respostas de uma palavra, associar itens, múltipla escolha), ou há também questões dissertativas curtas que requerem um pouco de reflexão e capacidade de expressão verbal?;

– *Qual o papel da lição de casa em suas aulas? Como você a corrige? Em quanto tempo a devolve aos alunos?* Os melhores professores usam as tarefas para casa como uma parte importante do aprendizado dos alunos. Procuram que tenha um volume moderado (vinte a trinta minutos para cada hora de aula no Ensino Médio, menos do que isso nas séries anteriores) e dão-na com regularidade. Exigem que os alunos tenham um caderno para fazê-la. Usam-na durante a aula, recolhem-na e a corrigem. Os critérios do professor para dar notas devem ser claros e razoáveis. Finalmente, devolvem-na sem demora, não mais que dois ou três dias úteis após as terem recolhido. A rápida devolução demonstra que o professor considera o trabalho importante, e assim os alunos se sentem pressionados a levá-lo a sério;

– *Que livros sobre a sua matéria você recomendaria para os pais ou para alunos talentosos que desejem aprender mais?* Professores excelentes leem muito. O que você busca aqui são provas de que esse professor gosta de ler sobre a sua área e mantém-se atualizado. Quando os professores trabalham com alunos talentosos, ficam ansiosos para encorajar leituras adicionais; nunca deixam de ter títulos para recomendar;

– *Como você mantém contato com os pais dos alunos que precisam de ajuda?* Muitos professores tomam a iniciativa de chamar os pais periodicamente, sobretudo se seus filhos precisam de uma ajuda adicional em algum aspecto. No mínimo, enviam regularmente relatórios por escrito. Nas melhores escolas, os professores dão aos pais um número de telefone e um horário em que podem ser procurados para responder às suas perguntas. Busque sinais de que o professor quer manter aberta a comunicação com os pais. Não deve haver nenhuma hesitação na resposta, nada de teórico; o professor deve dizer o que *de fato* faz habitualmente para manter os pais informados.

Por fim, se você ficou bem impressionado com o que viu e ouviu, assegure-se de o dizer. Agradeça ao professor e expresse sua satisfação com o seu evidente profissionalismo. Mesmo os melhores professores dificilmente recebem tantas expressões de gratidão quanto merecem. Um elogio sincero significa muito para eles.

Trabalhando com a escola

Então você matriculou seus filhos em uma escola. E agora? Vamos começar com algumas ideias básicas:

– Lembre-se de que os professores, assim como os pais, assumem um trabalho tremendamente desafiador. Estão tentando desenvolver virtudes permanentes na inteligência, vontade e coração de um *grupo* de jovens diferentes entre si durante os anos mais instáveis de suas vidas. Embora tenham de lidar com uma entidade essencialmente espiritual (as mentes das crianças), que está de maneira inerente fora de seu controle, são considerados responsáveis pelos resultados a curto prazo. É difícil trabalhar nessas condições, isto é, ser responsabilizado por uma situação que é, no melhor dos casos, dificilmente controlável. Portanto, sempre tente compreender a situação dos professores e seja paciente; espere *esforços conscienciosos* mais do que *resultados*. Lembre-se, também, de que ninguém é perfeito, e que qualquer um – professor ou pai – pode às vezes ter um dia ruim;

– Do ponto de vista de seus filhos, sua atitude de *interesse genuíno* em sua educação é mais importante do que detalhes específicos sobre o que você faz. O que eles vão notar é o seu interesse ativo por sua performance, e não apenas o número de horas que vocês trabalham juntos. As crianças, como nós adultos, trabalham melhor quando alguém com autoridade interessa-se e as encoraja. Você demonstra interesse principalmente através do tipo de *perguntas* que faz a elas e a frequência com que as faz. Nas tarefas escolares, como no restante da vida, a ausência de perguntas quase sempre significa falta de interesse;

– O sucesso de seus filhos na vida depende de dois traços pessoais (entre outros, é claro): a) a habilidade de concentrar-se nas tarefas, de insistir nos problemas até ter feito o melhor possível; e b) a habilidade de relacionar-se bem com as outras pessoas, especialmente aquelas investidas de autoridade. Quando for avaliar o progresso de seus filhos na escola, você deve dar prioridade a essas duas grandes áreas. Eles estão crescendo em capacidade de autodomínio e concentração? Como se relacionam com os professores e os outros alunos?;

– Obter controle sobre a televisão e os jogos eletrônicos é mais do que metade da batalha para capacitar a mente e a vontade de seus filhos. Tarefas desafiadoras levam à competência, mas a diversão passiva não leva a nada. Seus filhos precisam aprender na prática que a vida consiste de trabalho e diversão em um equilíbrio saudável, mas que – tanto no caso deles quanto no seu e de sua esposa – o trabalho deve vir primeiro. Não apreciamos de fato o descanso a não ser que o tenhamos merecido;

– Sua principal responsabilidade é prestar muita atenção à lição de casa de seus filhos. É também uma das formas mais eficazes para que você, como pai, ensine os critérios de um trabalho bem feito. Indiretamente, você também demonstra seu sólido apoio aos esforços dos professores na escola;

– Nunca diminua a autoridade dos professores criticando-os na frente dos filhos. Isso é antiético. Guarde todas as críticas para uma conversa pessoal e particular com os professores;

– *Oriente* o trabalho de seus filhos, mas não o *gerencie*. Isto é, mostre-lhes como fazer melhor o trabalho, mas não faça por eles.

O que importa não é que sempre tirem boas notas; o importante é que mereçam honestamente aquilo que receberem. Procure que *façam o melhor possível*;

– Considere o tempo que você gasta verificando a lição de casa de seus filhos com eles como um investimento sério e valioso, pois é isso mesmo o que ele é. Mesmo que você esteja morto de cansaço à noite e desejoso de um pouco de silêncio e descanso, invista o tempo e esforço necessários para verificar a lição de casa de seus filhos, corrigindo-os, animando-os e elogiando de forma específica. Ponha-se no lugar deles. Daqui a alguns anos, eles vão se lembrar com carinho daquelas noites em que você repassava suas lições, e em que aprenderam tanto sobre os seus critérios e padrões, sua mente e seu coração, e de como você os conduziu carinhosamente a uma responsável competência. É isso o que um pai faz.

A escolha dos professores e cursos[2]

Ao escolher professores e cursos, seja realista. Se seus filhos estão no Ensino Médio e têm aulas com vários professores a cada dia, vai haver certa variação na qualidade das aulas. Isto é, alguns professores serão excelentes, alguns medianos, e um ou dois (especialmente os iniciantes) terão pontos a melhorar. Isso é verdade para praticamente todas as grandes escolas, mesmo as melhores. Pense na sua própria experiência quando tinha essa idade. Se você é como a maioria das pessoas, seus professores em cada ano tinham essa mesma variação de competência.

Entretanto, se você deseja maximizar o contato de seus filhos com os melhores professores da escola, há algo que pode fazer, ou ao menos tentar.

---

(2) Nos EUA, os cursos incluem uma certa liberdade de escolha entre várias matérias optativas, o que não ocorre ou ocorre de forma muito mais restrita no Brasil. (N. do T.)

Primeiro, você deve perguntar a outros pais e descobrir quais são os professores mais experientes e respeitados. Sua esposa pode tentar também por outra via: perguntar à secretária da escola. A secretária do diretor em geral é uma das pessoas mais perspicazes e bem informadas da equipe. Ela sabe tudo o que está acontecendo, às vezes até mais que seu chefe. Como profissional, certamente não fará comentários negativos sobre ninguém no corpo docente, mas ela sabe quem são os melhores professores. Deixe que sua esposa faça algumas investigações discretas.

Quando tiver essa informação, entre em contato com o diretor ou o responsável pelos estudos e comunique sua preferência. Seja educado, é claro, mas seja assertivo também. Naturalmente, se você já é conhecido por seu forte apoio à escola e ao corpo docente, tem maior chance de conseguir o que quer.

No fim, pode ser que não haja escolha senão aceitar outra pessoa. Pelo menos você tentou. Tire o máximo da situação.

Essa abordagem geral de procurar os melhores professores aplica-se também às escolhas de seus filhos nas matérias optativas do Ensino Médio. Guie-os com bons conselhos que poderão levar consigo até a faculdade. Diga-lhes: nunca escolha seus cursos a partir de um catálogo. Em vez disso, faça perguntas para descobrir quem são os melhores professores, isto é, as pessoas mais desafiadoras, interessantes, estimulantes, dedicadas à sua área e aos alunos. Dentro dos limites de seus interesses pré-profissionais, inscreva-se para quaisquer cursos que eles ministrem, mesmo que no momento você tenha um interesse apenas marginal em suas especialidades. No mínimo, aprenderá muito e provavelmente gostará da experiência. Pode ser até que adquira um interesse – por história, arte, literatura russa, tanto faz – que poderá durar por muitos anos e até mesmo apontar para uma carreira. O entusiasmo de um bom professor é contagioso. Além disso, na escola, da mesma forma que na vida profissional, é agradável trabalhar com profissionais realmente competentes e confiantes.

É uma lição de vida para seus filhos; a excelência está nas pessoas, não nas "matérias".

Trabalho em equipe com os professores

Aqui estão algumas indicações sobre como lidar de modo eficaz com os professores de seus filhos:

– No começo do ano, você ou sua esposa deveriam entrar em contato com cada professor e pedir um número de telefone e o melhor horário para ligar caso vocês tenham alguma pergunta ou preocupação no futuro. Por sua vez, diga a cada professor a hora do dia em que você ou sua esposa podem ser contatados; se lhe for possível e você estiver disposto a isso, dê o telefone de seu trabalho. Vocês e os professores de seus filhos precisam dessa informação para se manterem em contato;

– Descubra se o professor exige que os alunos tenham uma agenda para marcar as lições de casa. Deveriam exigi-lo de rotina, mas se não o fizerem, você deveria fazer seus filhos usarem uma agenda mesmo assim, e deve vê-la todas as noites. Uma agenda é essencial para que as crianças administrem seu tempo e responsabilidades. Em um sentido real, é uma preparação para que depois usem uma agenda para administrar seus próprios compromissos. Adiante-se: em que idade meus filhos deveriam começar a anotar tarefas com prazos e ter o controle de suas responsabilidades?;

– Suas conversas telefônicas com os professores devem ser breves e ir direto ao ponto. Se parece que uma conversa precisará de mais do que dez minutos, você deve marcar uma reunião presencial;

– Se seu filho ou filha tem uma queixa emocional sobre um suposto comportamento inadequado de um professor, não cometa o grande erro de fazer um julgamento apressado e unilateral. Crianças têm grande facilidade em fazer julgamentos precipitados; afinal, essa é uma das razões pelas quais estão na escola. Mesmo se a versão dos fatos de seu filho parecer real, tenha presente que pode ser que ele ou ela não conheça todos os fatos relevantes. Assim, mantenha a mente aberta e respeite o direito do professor à presunção de inocência. Ao telefonar-lhe, mantenha um tom respeitoso e apenas peça que lhe dê os fatos: qual parece ser o problema (se é que há algum). Lembre-se: quando duas pessoas de boa vontade estão em desacordo, a causa quase sempre é alguma espécie de mal-entendido;

– Da mesma forma, nunca vá procurar o diretor com uma queixa sobre uma suposta conduta inadequada de um professor a menos que *antes* você a tenha discutido com o interessado. É um princípio prudente e justo. Aplica-se tanto às escolas quanto a qualquer outro assunto: não passe por cima das pessoas, exceto como uma forma de apelação. Lidar com um problema de forma direta e pessoal é o que melhor serve aos interesses de todos;

– Se um professor comentar sobre algum problema que está tendo com seu filho, ouça com educação e trate essa opinião com seriedade. Um professor veterano tem bastante experiência com crianças da idade de seus filhos, e sabe o que é normal e aceitável em seu comportamento. Se ele tem problemas com o comportamento de seus filhos, provavelmente tem razão. É bom para uma criança quando seu professor e seus pais desaprovam sua má conduta e apoiam os esforços um do outro para corrigi-la. Algumas vezes, crianças mal comportadas precisam ser postas em uma espécie de "beco" de desaprovação por todos os lados, em casa e na escola; e a única forma de sair é pedir desculpas e emendar-se;

– Lembre-se, também, de que ensinar é com frequência um trabalho solitário e pouco reconhecido. Os professores trabalham em pé por várias horas por dia, isolados de outros adultos. As crianças, como vimos, são normalmente ingratas; é triste dizer, mas muitos pais também são. Por isso, se você vir que os professores de seus filhos estão fazendo um trabalho digno de elogios, tenha a consideração de elogiá-los. Mesmo naquelas situações delicadas em que você gostaria de fazer uma crítica construtiva, tente intercalar seus comentários com elogios ao que está indo bem. Se você agir assim com os professores de seus filhos, sua opinião será recebida com atenção, e inclusive com agradecimento.

Lição de casa

Como mencionado em uma seção anterior, seus filhos têm maior probabilidade de levar seus estudos a sério se virem que você os leva a sério. Os psicólogos perceberam que, quando os pais, marido e mulher juntos, têm as mesmas expectativas altas e fazem as mesmas exigências, os filhos prontamente entram na linha. Essa dinâmica fica muito enfraquecida, porém, quando a mãe demonstra interesse, mas o pai permanece distante ou parece indiferente.

Em outras palavras, *o interesse sério e ativo do pai parece ser essencial para formar as atitudes das crianças com relação às responsabilidades de trabalho externas à família.*

O primeiro detalhe que você deve verificar, portanto, é a agenda escolar de seus filhos. O que eles têm a responsabilidade de fazer e entregar? Anotaram com clareza o que devem fazer? As crianças, como todos nós, precisam saber o que se espera delas. Se você pretende orientar seus esforços de forma inteligente, precisa saber também.

Deixe que seus filhos aprendam a satisfação de riscar, um a um, os itens de uma "lista de tarefas". Há um certo prazer saudável em riscar as tarefas à medida que as completamos. É um fato da vida adulta: completar o trabalho é algo agradável, como também brincar. Apenas após terminarmos nossos deveres é que podemos nos voltar ao lazer e realmente aproveitá-lo.

Quando seus filhos lhe mostrarem sua lição de casa terminada, examine-a com seu experiente "olhar profissional". O trabalho escrito foi feito com evidente cuidado, ou parece marretado? As sentenças e os parágrafos (se necessários) fazem sentido?

Seus filhos devem aprender, em casa e na escola, que a primeira obrigação ao escrever é a *clareza*. Leia em voz alta o que es-

265

creveram, de forma que possam *ouvir* seus pensamentos, e assim perceber faltas de clareza e de estrutura gramatical (infelizmente, muitas escolas hoje não fazem as crianças lerem seus próprios trabalhos em voz alta; essa negligência leva a uma forma de escrever desatenta e desleixada). Como a arte de escrever consiste em boa parte em *re*escrever, não hesite em mandar-lhes refazer o trabalho até que satisfaça os seus padrões.

Seus filhos devem aprender desde cedo a considerar os direitos e a sensibilidade do assim chamado "leitor", a pessoa a que se dirige o que é escrito, alguém que tem o direito de compreender com clareza e quase sem esforço aquilo que pensamos. É uma falta de educação, e em última análise prejudicial a si mesmo, tanto na escola como na vida profissional, apresentar a esse leitor um trabalho confuso e descuidado. A destreza na escrita é algo que se deve esperar e ter como meta, com certeza, mas a clareza é sempre essencial. Quintiliano, o orador romano, disse: "Não escreva de forma a poder ser compreendido; escreva de forma a não ser mal-compreendido".

Como o "leitor", para a maioria das crianças na escola, é em geral apenas o professor, e como a escrita e a leitura do texto são feitas em silêncio, as crianças são lentas em compreender esta importantíssima lição: sempre escrevemos para outras pessoas.

Você pode fazer com que seus filhos assimilem a lição sendo seu leitor crítico. Se mantiver esse hábito ao longo dos anos, de forma gradual e sutil eles passarão a escrever para você, para obter a sua aprovação. Assim, os seus padrões de clareza na escrita passam a ser os de seus filhos. De muitas maneiras, você está realmente ensinando padrões adultos de desempenho profissional e sua importância. Trata-se de uma parte importante da tarefa de formação da competência dos filhos.

Nesse mesmo sentido, crie o hábito de conferir quanto seus filhos dominam a matéria que estudaram. Quando acharem que sabem, digamos, ortografia ou vocabulário ou datas históricas, faça-os virem até você. Esse exercício é uma espécie de ensaio para seu desempenho em questionários e testes no dia seguinte. Da mesma forma, se não compreendem um problema de matemática, esteja disponível para ajudá-los a resolver. Não faça o trabalho por eles, é claro, mas mostre-lhes como abordá-lo com lógica, com teimosia, com confiança, da mesma forma como nós adultos abordamos os problemas no trabalho.

Toda essa colaboração com seus filhos certamente consome tempo, interrompe seu merecido tempo de descanso no fim do dia. Mas vale a pena, agora e no futuro. As crianças sentem no fundo da alma o interesse e a disponibilidade do pai. Um laço forte forma-se entre pai e filhos quando estes têm esta certeza: *Não importa o quão ocupado meu pai esteja, sempre está disponível se eu preciso dele.*

Além disso, esse hábito que você cria na vida de família – que os filhos o procurem para aconselhar-se – será importante para eles no futuro. Na adolescência e juventude, e na verdade ao longo de toda a sua vida, poderão recorrer a você com confiança buscando conselhos e orientação. Você sabe do que está falando, é um pai sábio e inteligente.

Não se esqueça de elogiar seus filhos por seus esforços, atitudes e progresso. Seja específico em seus elogios. As crianças respondem bem a um elogio claramente merecido de alguém que respeitam. O mesmo acontece com todos nós.

O que quero dizer aqui é que o acompanhamento próximo do trabalho de seus filhos é de importância vital para o crescimento deles em caráter. Você usa a lição de casa para ensinar-lhes uma enorme quantidade de coisas – através do exemplo, da prática dirigida e das palavras – sobre a capacidade de julgamento, responsabilidade, perseverança e autodomínio. Lembre-se da máxima: não conhecemos de fato uma pessoa até que a tenhamos visto trabalhar. Assim, você pode aprender muito sobre o crescimento de seus filhos em maturidade supervisionando seu trabalho. Isso vale qualquer sacrifício.

Atividades extracurriculares

Ainda que seus filhos sejam pequenos, você deveria começar a pensar sobre seu futuro envolvimento em atividades extracurriculares durante o Ensino Médio.

Infelizmente, em nossa sociedade centrada no esporte, o grande valor, inclusive para a vida, das atividades extracurriculares é subestimada, especialmente pelos pais. Embora os homens esperem pelo envolvimento de seus filhos com os esportes durante o Ensino Médio, é raro que pensem a sério sobre como os clubes podem beneficiá-los também, às vezes mais do que os esportes.

Se seus filhos são atletas melhores do que a média, devem jogar nos times da escola, supondo que passem nas seleções. Mas se não forem esportistas de primeira classe, ou se vão entrar em uma escola grande com muita competição por lugares na equipe titular, talvez você devesse estudar algumas alternativas. Em vez de esquentarem o banco como reservas, talvez seus filhos pudessem aprender a praticar algum esporte individual (como mencionado antes) e uma ou mais atividades extracurriculares. Pense um pouco nisso com bastante antecedência.

Atividades extracurriculares têm muitas vantagens que os pais raramente levam em consideração. Por exemplo:

– Um clube de debates ou um jornal funcionam mais como um empreendimento profissional do que qualquer outra coisa na escola. As atividades em sala de aula têm pouca semelhança com a vida em um escritório comercial, mas um jornal ou anuário escolar é conduzido de forma muito parecida a um negócio de verdade. Há divisões de tarefas, trabalho em equipe, padrões de desempenho, relações interpessoais no trabalho sob pressão de tempo e orçamento. Os alunos do Ensino Médio aprendem muito mais aqui sobre o comportamento profissional do que em aula (Em muitos aspectos, o ambiente de sala de aula é artificial e pouco realista, e não se parece em nada com um local de trabalho típico de um adulto.);

– Clubes são os únicos lugares da escola em que os adolescentes de idades diferentes trabalham juntos. Os do último ano ensinam os dos anos anteriores; os mais jovens fazem amizade com os mais velhos. Lembre-se de que dois anos não são nada para os adultos, mas para os adolescentes é uma diferença enorme. Aos olhos de um aluno do primeiro ano, um formando é anos-luz mais velho, praticamente um adulto. Essa colaboração leva a uma espécie de aprendizado perpétuo, uma transmissão de experiência e uma preparação para assumir responsabilidades. Como esses jovens compartilham um interesse comum – debates, escrita, computação gráfica, fotografia, seja o que for –, tornam-se prontamente amigos, às vezes por toda a vida (um dos meus melhores amigos hoje era um companheiro de debates, dois anos mais velho do que eu no Ensino Médio. Isso foi há quarenta anos);

– Os clubes desenvolvem talentos e competências. Intelectuais calados podem brilhar em debates e falando em público; sua timidez transforma-se em verdadeira autoconfiança. Crianças que gostam de escrever podem exercitar sua forma de expressar-se muito melhor do que em tarefas escolares rotineiras, e podem receber críticas construtivas mais eficazes. Crianças socialmente retraídas podem beneficiar-se do teatro; uma combinação de atuação disciplinada e apoio dos colegas, recompensada pelos aplausos da plateia, lhes dá ânimo e confiança em si mesmos;

– Os estudantes podem chegar a cargos de direção em um clube quando entrarem no último ano. Terão então a responsabilidade da administração; aprenderão o que é liderança e sobretudo qual é o peso da liderança. Será uma experiência valiosa;

– Não é exagero dizer que incontáveis carreiras começaram em atividades extracurriculares. Muitos profissionais encontraram seus nichos – e em certo sentido, a si mesmos – através do trabalho que aprenderam a amar em clubes escolares. Isso vale especialmente para as ciências, jornalismo e debates. Muitos advogados e executivos de sucesso começaram em uma equipe de debates.

Um conselho a mais aqui: será melhor que seus filhos entrem em um ou dois clubes no máximo e trabalhem a sério nesses. Devem especializar-se, por assim dizer, e não dispersar-se por todas as partes. Debates e jornalismo são os mais valiosos. Afinal, a habilidade de falar e escrever bem, especialmente sob pressão, será importante para suas carreiras no futuro, não importa quais sejam. O mesmo acontecerá com sua habilidade de lidar com as pessoas.

Orientação vocacional

Quando você deveria começar a orientar seus filhos a pensarem sobre a faculdade e a escolha da profissão? O primeiro ano do Ensino Médio não é cedo demais.

Um aviso aqui. Você não pode escolher a profissão de seus filhos por eles; terão de fazê-lo por si mesmos. É a vida deles. Mas você pode ajudá-los a encontrar uma direção, uma linha geral de trabalho que pareça adequar-se melhor a eles.

Uma ajuda, geralmente negligenciada pelos pais, são os testes de aptidão profissional disponíveis nos departamentos de orientação discente das escolas de Ensino Médio. Procure que seus filhos façam um desses ainda no começo do Ensino Médio. Mesmo que você esteja em uma escola que não ofereça esse serviço, pode providenciar para que o teste seja feito noutro lugar.

Esses testes servem a alguns propósitos úteis. Em primeiro lugar, falando de forma geral, mostram as áreas de trabalho que parecem ser mais adequadas a seus filhos. E, algo que é igualmente valioso, mostram as profissões que provavelmente *não* são adequadas. Muitos alunos dos primeiros anos de medicina descobrem na metade de seus cursos que não são de fato feitos para o trabalho científico rigoroso que é um prerrequisito da carreira médica. Seus desejos de "ajudar as pessoas" não são o suficiente para lhes dar o título de médicos. Seu altruísmo precisa de outra via de escape, é o que percebem, mas já no meio da faculdade. Não deveriam ter se dado conta antes na vida, enquanto ainda estavam no Ensino Médio?

A outra vantagem dos testes é indireta. Fazer os testes e depois discutir os resultados com você o ajuda a animar os seus filhos a pensarem seriamente sobre o futuro. É algo que os pais fazem com os seus filhos adolescentes desde tempos imemoriais. Você pode direcionar esse pensamento, estimulá-lo, abrir vias de planejamento e ação. Em resumo, você pode começar a tratar de fato seus adolescentes como adultos jovens. Como um bom pai, você sempre os considerou adultos em formação, e agora estão quase lá, precisando de seus experientes conselhos à medida que se aproximam da verdadeira independência.

Sua intervenção direta nessa espécie de meditação sobre a carreira torna-se especialmente importante quando seus filhos entram no Ensino Médio. Por quê?

A menos que a escola seja excepcional, verdadeiramente comprometida com tornar seus filhos adultos responsáveis no futuro, o mais provável é que você não receba muita ajuda por iniciativa da escola. Você é que deve tomar a iniciativa e fazer as coisas acontecerem.

Muitas escolas, infelizmente, funcionam como centros autônomos de ocupação, sem uma direção definida. Os adolescentes têm acesso a incontáveis entretenimentos e distrações, um infindável redemoinho de eventos sociais e atléticos que faz com que pensem muito pouco sobre seu futuro, a menos que você intervenha para orientá-los. Sua autoridade aqui é de uma necessidade crucial. Dedique tempo e esforço para isso agora, enquanto seus filhos ainda são jovens, e você evitará a agonia enfrentada por muitos pais mais velhos hoje: ter um filho ou uma filha prestes a se formar na faculdade e sem absolutamente nenhuma ideia do que fazer da vida.

Então o que você pode fazer? Pegue os resultados dos testes vocacionais e discuta os caminhos mais promissores que revelam. Depois ajude seus filhos e filhas a encontrarem e conversarem com pessoas que trabalham nessas áreas. Não existe nenhum substituto para um conselho pessoal dado por pessoas que conhecem o assunto.

Parece que seu filho tem vocação para engenheiro? Deixe que ele converse com alguns conhecidos seus que são engenheiros. Repasse com ele o tipo de perguntas que deveria fazer: "O que o seu trabalho envolve? Que espécie de problemas você resolve no dia a dia? Qual parece ser a perspectiva de crescimento em vinte anos? Se você estivesse no meu lugar, o que estudaria, e a qual faculdade iria?". Importante: "O que você sabe agora que gostaria de ter aprendido quando tinha dezesseis anos?".

Sua filha se interessa por jornalismo? Tente descobrir se consegue marcar para ela algumas conversas com repórteres profissionais. Melhor ainda, mostre-lhe como conduzir a formação de contatos por conta própria: telefonar para as pessoas, marcar uma entrevista, chegar na hora, manter-se no tema, escrever um bilhete de agradecimento, etc. Se no final ela realmente entrar no jornalismo, fará essa espécie de trabalho de entrevistas todos os dias. Deixe que comece agora.

Se você orientar seus filhos a cultivarem suas profissões dessa forma, tê-los-á ensinado muito sobre a forma como as coisas funcionam no mundo. Você os está ensinando a serem pessoas perspicazes e com iniciativa. Hoje, como sempre na história, o sucesso vem de saber como lidar com educação com as pessoas, especialmente as pessoas influentes.

Além disso, há outra vantagem prática para seus adolescentes. Essa espécie de rede de contatos com frequência leva a um trabalho de verão substancial. Os adultos sempre ficam bem impressionados com adolescentes que demonstram equilíbrio pessoal e interesse maduro por suas áreas de atuação. Os profissionais com frequência podem oferecer uma vaga em sua empresa para um trabalho no verão seguinte. Pode ser algo puramente braçal, como esvaziar cestos de lixo, mas ensina muito sobre o local de trabalho – o que acontece em um escritório de engenharia ou arquitetura, por exemplo – e, no pior dos casos, é bem melhor do que virar hambúrgueres na chapa de uma lanchonete.

Seja o que for que você faça, procure ajudar seus adolescentes a pensarem em si mesmos como adultos em tudo exceto em experiência. Por muito tempo, foi assim que pais responsáveis orientaram e encorajaram seus filhos adolescentes. Quando estavam prestes a saírem de casa para iniciar suas próprias vidas, seu pai os ajudava – com sua sabedoria, experiência do mundo e estímulo – a dar aqueles primeiros passos.

Finalmente, se seus filhos formarem algumas ideias razoavelmente claras sobre suas opções de carreira, podem colocar mais foco em seus estudos no Ensino Médio. Seu trabalho terá um princípio unificador, uma razão de ser e um direcionamento futuro para um objetivo distante. Mais ainda, isso os ajuda a fazer um planejamento mais claro para a faculdade e a começar a trabalhar desde agora para ter uma vantagem competitiva na época em que estiverem no último ano da escola.

Estudos sérios, atividades extracurriculares desafiadoras, esportes: tudo isso transforma o Ensino Médio em uma experiência intensa. Mas não pressione seus filhos adolescentes a ponto de sobrecarregá-los. Todos nós trabalhamos melhor sob uma pressão razoável, mas apenas quando esta é razoável. Busque o razoável e você não ficará muito longe disso.

A experiência de seus filhos no Ensino Médio deveria ser, de todas as formas, agradável. Como dizia Aristóteles, uma pessoa encontra a felicidade "no pleno uso de suas capacidades em linhas de excelência". É saudável que seus filhos percebam que estão crescendo em competência. Essa é uma sólida preparação para seu sucesso depois ao lidar com responsabilidades familiares e profissionais.

Nunca se esqueça de que é isso o que você realmente procura. O que conta para você, como pai amoroso, é que seus filhos tenham todo o sucesso e felicidade da vida.

CAPÍTULO XII
Etiqueta e inteligência no trabalho

Retornando à ideia central aqui: o papel do pai é proteger seus filhos fortalecendo sua capacidade de julgamento e força de vontade de forma que possam depois proteger a si mesmos.

Uma parte dessa lição tremendamente importante é ensinar os adolescentes a comportarem-se de forma honrada e competente no local de trabalho, não importa o que farão depois na vida.

Profissionais experientes perceberam que muitos jovens que começam suas carreiras – digamos, em seu primeiro emprego após a faculdade ou pós-graduação – aparentemente nunca aprenderam as lições básicas de etiqueta profissional ou como se comportarem nas relações sociais de trabalho. Apesar de sua boa vontade e habilidade técnica, parecem desinformados, para não dizer ingênuos e até mesmo "despistados", sobre padrões de gentileza profissional e como lidar com os outros. Essa falta de preparação para o mundo do trabalho causa problemas a eles e às pessoas com quem devem se relacionar, e pode prejudicar suas carreiras.

Onde os jovens costumam aprender esses princípios básicos? Não estão escritos em lugar algum, e as escolas de administração raramente os mencionam. Assim, como podem ter uma "pista" do que fazer, ou não fazer, e do que prestar atenção no mundo do trabalho no qual estão prestes a entrar?

Ao que parece, esses conhecimentos tradicionalmente vinham de casa, e especialmente do pai. Como vimos, o pai preparava seus filhos quase adultos para comportarem-se com competência ao iniciarem suas carreiras. Temos cópias de cartas escritas por homens famosos – como as de John Adams e Lord Chesterfield a seus filhos – cheias de sábios conselhos sobre o trabalho e as relações honradas com os demais. Esses pais buscaram em sua experiência e transmitiram seu conhecimento para guiar seus filhos na direção de carreiras bem-sucedidas e honrosas. Essa carinhosa orientação paterna gerava confiança e competência entre os jovens e protegia-os de perigos.

Em certo sentido, esse ajuste fino da consciência e do critério dos jovens servia para resumir tudo o que havia sido ensinado em casa durante os anos da infância. Conduzia-os a excelentes carreiras e casamentos e unia-os a seus pais por toda a vida.

Etiqueta: orientações gerais

Listei abaixo alguns conselhos que os pais tradicionalmente transmitem a seus filhos crescidos (ou quase) sobre a vida no ambiente de trabalho. Os pontos lidam com etiqueta e com comportamento inteligente. Têm o objetivo de estimular seu pensamento e ação, agora e no futuro, para guiar o progresso de seus filhos no mundo do trabalho. Por favor, use-os como achar melhor e de acordo com as ocasiões que surgirem em suas conversas com eles. Posso assegurar-lhe que seus filhos o ouvirão, e com o tempo valorizarão cada vez mais a sua sabedoria e carinhosa autoridade.

– A cortesia não é simplesmente uma questão de boas maneiras. É uma série de atitudes, uma genuína preocupação pelos direitos, sentimentos e necessidades dos outros. Essa atitude demonstra-se com fatos na forma como vivemos as boas maneiras. Um homem ou mulher cortês – isto é, um cavalheiro ou uma dama – é alguém que não faz mal nem ofende a ninguém de propósito, que está aberto à amizade e estima os amigos, que encara o trabalho principalmente como um serviço, que tem a graça de discordar sem ser desagradável, e que tem olhos para as necessidades dos outros. Lute para tornar-se uma pessoa assim;

– Diga "por favor" e "obrigado" com frequência. Seja conhecido como alguém que preza a dignidade, direitos, sentimentos e esforços sinceros dos outros. Demonstre esse apreço; é a maior necessidade humana;

– "Obrigado" é sempre uma resposta apropriada para qualquer espécie de elogio ou favor. Quando não souber como responder a um elogio, simplesmente diga "obrigado" e deixe por isso mesmo;

– Sempre que encontrar pessoas após um período de ausência, diga seu nome. Faça isso mesmo se já tiver conhecido a pessoa antes, pois ele ou ela pode não se lembrar;

– Se estiver encontrando uma pessoa pela primeira vez e não entender o seu nome, peça-lhe que o repita. ("Por favor, me desculpe, não ouvi o seu nome".) Não há nada de vergonhoso nisso. Você demonstra interesse sincero em acertar o nome e em conhecer a pessoa;

– Quando falar com alguém, faça contato visual. Demonstre que está interessado na pessoa e naquilo que ela tem a dizer;

– Seja paciente com pessoas que falam devagar. Não interrompa para terminar a frase dos outros por eles, especialmente seu chefe;

– Tanto no escritório quanto em ocasiões sociais, você deve evitar alguns tópicos de conversa, pois podem levar a constrangimento, tédio, embaraço ou ressentimento. Esses tópicos são: a) sua própria saúde ou a dos outros, b) assuntos polêmicos, c) o preço das coisas, d) assuntos de natureza sexual, e) infortúnios pessoais, f) fofoca, g) histórias de gosto duvidável ou piadas sujas, e h) política;

- Nunca use humor ofensivo: não faça piadas racistas, sexistas, étnicas ou grosseiras;
- Ao conversar, não balance o dedo nem o aponte para ninguém;
- Não comece uma conversa perguntando o que a pessoa faz da vida. Embora os americanos tenham a tendência a fazê-lo, para muitas pessoas é uma pergunta embaraçosa, especialmente se no momento estão desempregadas. E para estrangeiros, especialmente, parece uma pergunta pessoal e portanto grosseira. Espere e deixe que o trabalho da pessoa venha à tona naturalmente durante a conversa;
- Sempre que precisar enviar uma carta ou memorando a alguém, assegure-se de escrever o nome todo da pessoa corretamente. Faça o que for necessário para acertar no nome: procure na internet ou telefone a alguém que saiba. As pessoas se irritam quando seu nome é escrito errado; tendem a atribuir o erro à falta de profissionalismo, e ficam inclinadas a desconsiderar o que você tem a dizer no restante da mensagem;
- Não use "senhor" ou "doutor" quando se referir a si mesmo, nem no seu papel de carta e nem ao telefone. Use apenas o seu nome. São termos honoríficos; usamo-los com os outros para demonstrar nosso respeito por eles. Assim, não a usamos para referir-nos a nós mesmos.

Etiqueta em eventos sociais

- Ao convidar alguém para uma ocasião social, não comece o seu convite com a pergunta: "O que você vai fazer nesta sexta à noite?", ou: "Você está ocupado neste sábado à noite?", ou nada no mesmo estilo. Isso coloca as pessoas contra a parede. Deixe que seus amigos tenham uma saída para, se preferirem, recusar seu convite com gentileza e diplomacia;
- Se você receber um convite que diz: "RSVP", esteja ciente de que isso significa que você deve avisar seu anfitrião se irá ou não.

Faça-o sem falta e rápido. Seu anfitrião precisa dessa informação para planejar a comida do evento, a disposição dos assentos, etc., e sua negligência aqui será um verdadeiro desserviço, excepcionalmente mal educado;

– Chegue na hora. Sempre seja pontual em seus compromissos, ainda que sejam ocasiões sociais simples, com bons amigos. Se o atraso é inevitável, tente avisar antes; em qualquer caso, peça desculpas;

– Quando for convidado a ir à casa de alguém, tente chegar exatamente na hora, não mais do que cinco minutos atrasado. No entanto, não chegue antes, pois seus anfitriões podem ainda não estar preparados para recebê-lo;

– Interaja com os outros convidados, não apenas com seus amigos. Procure as pessoas que parecem estar sozinhas;

– Não se demore demais conversando com o anfitrião. Tenha em mente que ele ou ela precisa circular entre os outros convidados;

– Limite o consumo de álcool: uma ou duas bebidas no máximo. Prefira vinho ou alguma bebida não alcoólica a destilados, e aprenda a tomar uma mesma bebida durante toda a festa. Cuidado para não consumir álcool com o estômago vazio: antes de beber, coma alguns petiscos, assim o álcool demorará mais para entrar em seu organismo e você continuará bem. E claro, nunca, em hipótese alguma, beba a ponto de embriagar-se;

– Nunca insista com uma pessoa que recusou uma bebida alcoólica. Talvez ela não possa beber por motivos religiosos ou médicos, ou esteja tentando recuperar-se de um problema com o álcool;

– Não coma demais. O propósito de um evento social é interagir com as pessoas e fazer amigos, e não se empanturrar de comida e bebida. Em outras palavras, as pessoas vêm primeiro; a comida e bebida são acidentais. Não dê às pessoas a impressão de que suas prioridades são invertidas;

– Ao participar de um almoço de negócios, não comece o as-

sunto até que todos tenham pedido a comida. Converse sobre amenidades até que o garçom tenha anotado todos os pedidos;
– Se vai a uma refeição com colegas, evite falar de trabalho. Isto é, a menos que a refeição seja claramente para tratar de negócios, não discuta assuntos profissionais. Uma ocasião social deve ser uma pausa na rotina de trabalho;
– Quando se encontrar socialmente com outros profissionais (especialmente médicos, contadores e advogados), não os coloque em uma situação desagradável pedindo-lhes conselhos profissionais. Se acha que eles podem lhe ajudar, pergunte se pode telefonar para seus escritórios em um outro momento para marcar um horário;
– Quando for a alguma ocasião social, sempre leve alguns cartões de visita. Mas não ofereça seu cartão até o fim da conversa, quando estiver se despedindo, e mesmo assim apenas se estiver claro que a pessoa que você acabou de conhecer pode ter interesse de voltar a encontrá-lo algum dia. Distribuir cartões de graça parece forçado e amadorístico;
– Não seja o último a partir, mas fique pelo menos uma hora;
– Antes de sair, certifique-se de agradecer ao organizador ou anfitrião. Se sair junto com várias outras pessoas, é educado telefonar no dia seguinte e agradecer pessoalmente. Se você recebeu um convite impresso para o evento, é educado escrever uma nota de agradecimento. (O protocolo é: um convite informal por telefone leva a um agradecimento por telefone, e um convite por escrito a um agradecimento por escrito.)

Bons modos ao telefone

– Fale com uma voz normal, agradável e educada, especialmente ao atender. Ganhe o hábito de sorrir enquanto fala;
– Quando telefonar a alguém que não conhece bem, você deve identificar-se para a pessoa que atender à ligação;
– Muito importante: antes de começar uma conversa telefônica, pergunte primeiro se a hora é boa para falar;
– Tente atender antes de três toques. Nunca bata o telefone;

– Se você prevê que terá de deixar um recado na secretária eletrônica, tenha uma mensagem breve e clara ensaiada, que não soe algo nervosamente improvisado. Sempre deixe seu número, mesmo para pessoas que provavelmente o conhecem; você lhes economiza o tempo de procurá-lo. Diga-o devagar no começo e no fim da mensagem;
– Retorne prontamente todas as ligações;
– Não perca o tempo das pessoas com desencontros. Deixe-as saberem quando você estará disponível;
– Dê às pessoas no telefone toda a sua atenção. Não faça comentários paralelos a outras pessoas na sala ou de outra forma dê a impressão de que está fazendo outra coisa enquanto fala;
– No trabalho, limite as ligações pessoais apenas a assuntos importantes, e seja breve;
– Não faça ligações a cobrar, mesmo que a outra pessoa lhe ofereça essa possibilidade como cortesia. Ligações de longa distância são baratas hoje em dia, e você não quer parecer sovina;
– A menos que deseje que as pessoas telefonem para a sua casa ou celular em horários inconvenientes, não lhes dê esses números.

Etiqueta no escritório

– Quando algum visitante entrar em sua sala, fique em pé para recebê-lo, olhe-o nos olhos, dê um caloroso aperto de mão e indique com um gesto onde ele poderá sentar. A menos que ambos vão examinar papéis, disponha sua cadeira de forma que não haja uma mesa ou escrivaninha entre vocês. Dê-lhe toda a sua atenção; não olhe o relógio ou dê de alguma outra forma a impressão de que está impaciente para que vá embora. Quando ele sair, acompanhe-o até a recepção;
– A mesa dos outros não é quadro de avisos. Não leia o conteúdo do que estiver sobre suas mesas ou monitores de computador (acima de tudo, não faça isso com seu chefe);
– A menos que tenha permissão explícita para isso, não entre na sala de seu chefe quando ele não estiver lá;

– Evite ficar em pé atrás das pessoas quando elas estiverem sentadas em frente ao computador;
– Nunca tire algo da mesa de alguém sem pedir permissão;
– Não fique à toa na entrada da sala de alguém enquanto a pessoa estiver ao telefone;
– Ao entrar em uma sala, permaneça em pé, a menos que seja convidado a sentar. Então, sente-se com elegância e mantenha uma postura de atenção;
– Se estiver na sala de alguém e essa pessoa receber uma ligação, saia gentilmente sem interrompê-la. Isto é, levante-se e sinalize em silêncio que esperará do lado de fora;
– Mantenha as visitas ao escritório breves e profissionais. Seja agradável, mas vá direto ao ponto, faça o que precisar e depois saia;
– Se chega à sua sala um fax que não está endereçado a você, não o leia;
– Pessoas de negócios em nossos dias recebem um dilúvio de e-mails. Um executivo recebe tipicamente pelo menos sessenta por dia. Assim, evite enviar e-mails desnecessários ou múltiplos para alguém que você sabe que é ocupado. Antes de enviar, pare e pergunte-se: "Esta mensagem é necessária? Posso aguardar um pouco e juntar várias informações em uma única mensagem?" (Para reduzir o tráfego de e-mails, alguns escritórios têm a política de não enviar agradecimentos de rotina ou por mera formalidade. Descubra qual é a política de seu escritório e siga-a).

Inteligência profissional: como as coisas funcionam no mundo

Considerações sobre a carreira

– Sucesso na carreira não significa necessariamente fama e fortuna. O verdadeiro sucesso no trabalho e na vida pode significar muitas coisas:

- Ser capaz de sustentar a si mesmo e à sua família confortavelmente;
- Acordar pela manhã ansioso para realizar o trabalho daquele dia;
- Ganhar o respeito de todos que o conhecem;
- Ver suas capacidades e habilidades trabalharem para o aperfeiçoamento dos outros;
- Apreciar completamente as atividades de lazer por tê-las merecido.

– Existe de verdade uma vocação profissional. Trata-se de um amor apaixonado que dirige as suas forças para o bem dos outros e proporciona a você os meios de vida. Enquanto cresce, você deve procurar bastante para encontrar alguma linha de trabalho que agrade ao seu coração, que lhe dê a alegria que você sentia na infância, quando brincadeira e trabalho eram a mesma coisa. Poucas coisas na vida são mais agradáveis do que um trabalho de que realmente gostamos;

– Um alerta, entretanto. Você pode amar de tal forma a música ou o teatro ou os esportes que pense nesses campos como possíveis carreiras. Ótimo, mas prenda-se à realidade. O mundo do entretenimento e dos esportes faz as delícias de milhões de pessoas, e por isso algumas centenas de jovens aspiram a trabalhar nele, e todos nessa vasta multidão estarão competindo contra você. Para ter sucesso, você precisa ser excepcionalmente talentoso, extremamente esforçado, obsessivamente ambicioso, bem relacionado com pessoas influentes e (para ser franco) muito, muito sortudo. Suas chances são bem pequenas. Lembre-se: não importa o que você faça da vida depois, sempre pode cultivar essas atividades como passatempos;

– Na hora de escolher uma carreira, procure muito e com insistência. As invenções e descobertas do mundo (como a borracha vulcanizada da Goodyear) foram feitas por pessoas que buscavam *algo*;

– Quando estiver pendendo para uma carreira, pergunte a si

mesmo: "No que posso me especializar?", e então trabalhe para se tornar esse especialista;

– Confie na família e nos amigos para lhe dizerem no que você é realmente bom. Quando somos bons em alguma coisa, em geral estamos entre os últimos a sabê-lo. Os outros percebem nosso talento antes de nós, porque para nós é algo que parece natural, fácil, que quase não requer esforço. Por isso, preste atenção quando as pessoas que lhe são próximas disserem todas a mesma coisa: você tem algum talento que deveria desenvolver;

– Ao longo da história da humanidade, encontrar trabalho sempre foi uma questão de quem você conhece. Credenciais, experiência, propaganda por telefone, envio de currículos por mala direta: nada disso supera os *contatos através de amigos*. Seus amigos não terão um trabalho para você, mas talvez os amigos *deles* tenham. A forma mais rápida e eficaz de conseguir um emprego é através dos amigos de nossos amigos. Só por esse motivo, já vale a pena ter muitos amigos e conhecidos. Um conselho correlato: mantenha contato com seus melhores amigos do colégio e faculdade. Procure que se tornem seus amigos para a vida inteira;

– Saiba a diferença entre uma indicação e uma referência. Uma indicação é simplesmente uma apresentação; isto é, alguém que o conhece apresenta-o a um amigo ou conhecido que poderia estar interessado em contratá-lo. É basicamente um atestado de seu caráter, sem comentários ou avaliações sobre a sua competência técnica, que talvez seu amigo não esteja em posição de conhecer. Uma referência, por outro lado, é uma avaliação de seu caráter *e* de sua competência profissional, baseada na familiaridade do avaliador com seu trabalho;

– Antes de usar o nome de alguém como referência, certifique-se de obter a permissão dessa pessoa. Como bons profissionais sempre checam as referências, se você deixar de pedir permissão, isso tornará sua referência pior do que inútil;

– A cada intervalo de alguns meses, separe um par de horas para pensar a fundo em sua carreira e seu futuro. Como vão as

coisas? Para onde estou caminhando? Que oportunidades posso estar deixando passar? Onde quero estar daqui a cinco anos? Tenha um arquivo onde você guarde anotações sobre realizações para atualizar seu currículo, e faça-o ao menos duas vezes por ano. Um currículo atualizado é como um kit de primeiros socorros: se você precisar dele, vai precisá-lo para já;
– Enquanto se move pelo Plano A de sua carreira, mantenha um Plano B também: uma rota de carreira alternativa na qual apoiar-se em caso de súbita necessidade. Se você perder o emprego, precisa pensar, planejar, fazer contatos e agir rapidamente. Manter um Plano B significa pensar, planejar e fazer contatos com tempo, muito antes da emergência, de forma que você possa entrar rapidamente em ação. Esteja preparado para tudo;
– Sempre se lembre de que o segredo do sucesso é a paixão. Assim, pense grande. Tendemos a nos tornar aquilo que pensamos. Se você tem grandes ambições de *serviço* às pessoas, comece com sua família, e algum dia será reconhecido como um homem ou mulher extraordinário e um grande profissional.

Relação com os chefes

– Em seus primeiros trabalhos, tente trabalhar para um bom chefe, alguém que desafie suas capacidades, corrija-o e ajude-o a aprender com seus erros. Um bom chefe pode ensinar-lhe em um ano mais do que você aprendeu em quatro anos de faculdade;
– Observe que chefes bem-sucedidos têm habilidades eficazes de comunicação: são ouvintes atentos e explicam as coisas com clareza. Aprendem com as pessoas, inclusive com seus funcionários. Levam-nos a compreenderem o que é importante. Ajudam seus funcionários a ter a mesma imagem, especialmente o conceito de para onde as pessoas estão indo e de como o esforço de cada um contribui para alcançar a meta. Aprenda de seu chefe como lidar com as pessoas de forma eficaz, como ser líder. Note que um líder eficiente tem colaboradores, e não seguidores, e seu exercício da autoridade é de fato uma forma de serviço;

- Seu chefe é seu principal cliente. Seu objetivo é deixá-lo satisfeito com seu trabalho e com você como pessoa. Um dos grandes segredos dos negócios é que os chefes tendem a contratar e manter pessoas competentes pelas quais têm um apreço e respeito pessoal: pessoas íntegras, trabalhadoras e bem-humoradas;
- Trabalhe de modo a deixar o seu chefe bem;
- Mantenha seu chefe ciente das coisas. Nada de surpresas. Chefes geralmente odeiam surpresas;
- Peça um aumento quando achar que fez por merecer;
- Não leve problemas a seu chefe a menos que você também proponha algumas soluções já pensadas. Chefes não precisam de problemas adicionais; já têm o suficiente. O que precisam e querem são soluções;
- Quando seu chefe lhe der um projeto, você deve chegar em um acordo com ele sobre quanto tempo deve levar. Tente entregá-lo antes do tempo, e feito da melhor maneira possível;
- A integridade pessoal é crucialmente importante no trabalho. Não diga nada além da verdade, e sempre mantenha sua palavra. Chefes e clientes podem perdoar enganos isolados e bem intencionados, e até mesmo erros, mas se você mentir, estará acabado;
- A menos que você seja o chefe, não é sua função mudar as políticas da empresa. Se achar que elas são duras demais de aceitar, não reclame. Apenas procure outro emprego e tente sair em bons termos. Durante sua entrevista de emprego para outro lugar, ou quando conseguir outro emprego, não fale mal de sua empresa anterior. Lembre-se: chefes tendem a solidarizar-se como classe. Sua aparente deslealdade com antigos chefes deixará um gosto ruim e levantará desconfiança.

Inteligência profissional e nos negócios

- A coisa certa a fazer é também a coisa *mais inteligente* a fazer. No trabalho, assim como na família, a coisa mais importante é a confiança. Sua integridade é o seu ativo mais importante. Por isso, seja honesto, mantenha a palavra, trate o seu trabalho como um serviço aos outros e cuide de sua própria vida;

– Cuide dos recursos da empresa – dinheiro, carros, material de escritório, acomodações de viagem, computadores – como se fossem seus. Nunca furte nada, nem use recursos da empresa para cobrir necessidades pessoais;

– Leia o boletim de notícias da companhia para estar por dentro do que está acontecendo em sua empresa e o que seus chefes estão pensando. Além disso, quando pessoas que você respeita recomendam certos livros, leia-os;

– Vista-se para o trabalho que você deseja ter, e não para o que você tem. Deixe que sua forma de vestir e arrumar-se reflita seu respeito próprio e seu profissionalismo. Dê especial atenção a seus sapatos e camisas ou blusas. Seus chefes vão notar;

– Fique em boa forma física e procure manter-se nela. Em geral, pessoas notavelmente acima do peso sofrem uma desvantagem competitiva no trabalho. A menos que tenham grande perícia em alguma área técnica, são preteridas em favor de concorrentes de aspecto mais saudável, especialmente se suas profissões envolvem contato com o público. Essa situação muitas vezes é injusta com certeza, mas a vida muitas vezes é injusta, e temos de encarar a realidade;

– Da mesma forma, não faça comentários críticos sobre assuntos que estão fora de sua área de responsabilidade. Restrinja-se ao seu trabalho. Não ganhe a fama de intrometido. Todo profissional responsável sabe que pessoas metidas a falar demais são também preguiçosas ou então maníacas por controle. Em ambos os casos, ninguém confia nelas;

– Não fale das pessoas pelas costas. Se o fizer, as pessoas não confiarão em você. Além disso, fofocas de escritório têm uma misteriosa tendência de chegar até o interessado. Aqui, como em tantas áreas, mantenha a boca fechada e você ficará longe de problemas;

– Se há muita fofoca negativa em seu escritório, especialmente sobre a gerência, comece a procurar outro emprego. A má disposição quase sempre tem origem em uma má gestão, e uma empresa infestada pela fofoca está à beira de um colapso;

– Não leve as coisas para o lado pessoal. Se alguns colegas são mal-humorados ou tratam-no mal, o problema é deles, em geral algo em suas vidas pessoais, fora do trabalho. Não deixe que os problemas deles se transformem em seus. Apenas dê de ombros e continue a trabalhar;

– Da mesma forma, se você precisa corrigir alguém, não leve para o lado pessoal. Corrija o erro, não a pessoa. Faça a correção em particular, nunca na frente dos outros;

– Não se apresse para tomar decisões importantes. Apenas diga: "Eu gostaria de um pouco mais de tempo para pensar nisso". Indique quando você espera chegar a uma decisão e então mantenha a palavra;

– Sexta-feira à tarde é o pior momento para falar com qualquer pessoa sobre alguma coisa importante;

– Pense na intensidade e concentração que você colocou no trabalho nos últimos dois dias antes de sair de férias. Idealmente, é assim que você deveria trabalhar todos os dias;

– Nunca envie uma carta ou memorando escrita em um momento de raiva. Se o fizer, provavelmente vai se arrepender. Retenha-a por um dia ou dois, leia-a com calma, e então revise-a ou jogue-a fora;

– Nunca coloque por escrito nada que possa, nas mãos erradas, ser danoso ou embaraçoso para você. Os documentos tendem a adquirir vida própria; seu destino é difícil, às vezes impossível, de controlar;

– Nunca assine nada sem antes ler cuidadosamente. Se assinar alguma coisa de forma apressada e descuidada, você pode terminar precisando de um advogado;

– Nunca conte piadas racistas, étnicas ou sexistas. Elas magoam as pessoas, e portanto são desonrosas. Além disso, podem deixá-lo em maus lençóis;

- Seja gentil com as pessoas que lhe atendem ou prestam serviços: faxineiros, vendedores, garçons, motoristas de ônibus, balconistas. Olhe-os nos olhos, sorria, diga "por favor" e "obrigado". São seres humanos como você, com dignidade e sentimentos, mas raramente são tratados com a cortesia e gentileza que merecem;
- Não sussurre com as pessoas em saguões ou outros lugares públicos. Isso dá um ar de dissimulação e conspiração. Entre em uma sala ou saia de perto das pessoas e então fale em tom de voz normal;
- Haja o que houver, chegue na hora para todos os compromissos de trabalho. Se possível, chegue alguns minutos antes. Independentemente do quão tarde você sair do trabalho, acabe o seu trabalho a tempo;
- Faça tudo o que puder para cumprir prazos, especialmente se foi você que os estipulou. Se claramente não poderá cumpri-los, peça desculpas e solicite uma prorrogação (as pessoas não vão se lembrar se o trabalho atrasar um pouco, mas sim se estiver mal feito). Uma vez que consiga uma prorrogação, é isso. Faça o que for necessário – fique acordado até tarde, peça ajuda externa – para entregar um trabalho bem-feito a tempo;
- Não use linguagem chula no trabalho, para que os outros não percam o respeito por você. De forma consciente ou inconsciente, as pessoas associam os palavrões habituais a um egoísmo infantil ou a uma falta de autodomínio básica;
- Admita seus erros. Perdoe os dos outros;
- Demonstre aprovação. É a maior necessidade humana;
- Conduza-se durante toda a vida de acordo com os padrões de certo e errado que sua mãe e seu pai lhe ensinaram desde a infância.

CAPÍTULO XIII
Faça a si mesmo algumas perguntas-chave para manter-se no rumo certo

James Thurber, o humorista americano, disse: "É melhor fazer algumas das perguntas do que ter todas as respostas". Como a própria vida, educar bem os filhos é essencialmente um mistério, e ninguém conhece todas as respostas. Mas um pai inteligente sabe fazer perguntas inteligentes.

Ele reflete sobre o que está fazendo, para onde está indo, o que mais deseja para seus filhos agora e no futuro. Qual é a minha tarefa? Para onde nossa família está se dirigindo? Quais são as tendências que vejo, e o que elas sugerem sobre o futuro? O que estou deixando passar? O que precisa mudar na vida de família, começando comigo mesmo? Que resultados espero de meus filhos quando forem homens e mulheres adultos? O que o "sucesso" realmente significa para mim?

Como disse no início, escrevi este livro para ajudá-lo a pensar com profundidade e realismo sobre seu trabalho de pai. Procurei dar-lhe uma ideia mais clara da descrição das tarefas, um convencimento mais firme do que significa ser um pai bem-sucedido, e uma compreensão de como outros homens como você conseguiram educar bem seus filhos.

Em resumo, procurei dar-lhe muitas coisas para refletir e colocar em prática de forma inteligente. Um pai "bem-sucedido" pensa e depois age. Sabe que a felicidade da vida de seus filhos depende enormemente de sua liderança inteligente e ativa. Espero sinceramente que você compreenda tudo isso com mais clareza agora do que quando abriu este livro pela primeira vez. Espero que você tire confiança desta descoberta feita por tantos pais antes de você: *o sucesso na paternidade, assim como em qualquer outra grande responsabilidade, vem principalmente do planejamento estratégico de longo prazo e da cuidadosa atenção aos detalhes. O resto, a execução das ideias, é uma questão de coração.*

Aqui, aproximando-me da conclusão, desejo fazer um sumário das perguntas críticas que um bom pai faz a si mesmo de tempos em tempos para manter a si mesmo e a seus esforços em foco. Faça uma pausa das suas muitas ocupações de vez em quando e pense bem em cada uma delas. As respostas e conclusões, é claro, serão exclusivamente suas:

– Meus filhos sabem o quanto amo e honro a mãe deles? O que eles veem e ouvem de mim na vida em família que lhes transmite essa lição?;

– Tenho o cuidado de respeitar o critério da minha esposa e levar suas opiniões a sério, especialmente quando se trata do bem dos nossos filhos?;

– O que devo fazer ou mudar para viver mais unido à minha esposa em nosso trato com os filhos? Tenho o cuidado de consultá-la antes de permitir algo a eles? As crianças reconhecem que nunca permitirei que se interponham entre minha esposa e mim?;

– Tomo cuidado para nunca desautorizar minha esposa diante dos filhos? Faço a minha parte do nosso acordo de nunca discutir acaloradamente na presença deles? Os filhos veem que nos reconciliamos após qualquer discussão impulsiva?;

– Com que frequência minha esposa e eu conversamos sobre a formação do caráter dos filhos, e sobre o que precisamos fazer juntos a esse respeito?;

– O que faço para permitir à minha esposa uma pausa, um descanso, a chance de uma merecida distração? O que impede que o faça com mais frequência?;

– Mantenho uma clara visão estratégica sobre o crescimento de meus filhos até tornarem-se adultos responsáveis, competentes e confiantes? Vejo-os como "adultos em formação"? Estou esforçando-me por torná-los adultos competentes e *orientados para as outras pessoas*?;

– Penso com frequência em meus filhos como homens e mulheres casados, com suas próprias responsabilidades familiares? Vejo minha tarefa fundamentalmente como uma forma de prepará-los para terem casamentos estáveis e felizes, e educarem bem seus filhos?;

– Que virtudes meus filhos deveriam desenvolver para tornarem-se maridos, pais e profissionais bem-sucedidos, seja o que for que façam na vida? Que virtudes minhas filhas deveriam conseguir para administrar bem as responsabilidades da família e da carreira, de forma que sejam tão boas como sua mãe?;

– Que critérios e consciência meus filhos deveriam ter sobre os relacionamentos com o sexo oposto quando forem adolescentes e adultos? O que deveriam procurar em um cônjuge em potencial, e sobre o que deveriam estar avisados para evitar?;

– Que infortúnios, e mesmo tragédias, poderiam atingir meus filhos se eu deixasse de formar seu critério, consciência, sentido de responsabilidade, rijeza e autocontrole? O que poderia acontecer a eles e a seus casamentos e carreiras se permanecessem exatamente como são agora, com todos os seus defeitos imaturos e egoísmo infantil?;

– Se meus filhos tiverem de enfrentar um revés econômico grave em suas vidas, terão a coragem, inteligência e força religiosa para sustentar a si mesmos e suas famílias?;

– Estou me esforçando por acostumar meus filhos com este fato da vida: de que temos de *trabalhar*, e não apenas brincar; de que uma vida de trabalho produtivo é algo normal, enriquecedor e profundamente satisfatório? Estou educando meus filhos para enxergarem o trabalho como uma aventura desafiadora, semelhante a um esporte, um direcionamento de nossas capacidades que extrai o melhor de cada um de nós?;

– Quanto meus filhos sabem do meu trabalho? O que conto a eles? Como posso ensinar-lhes melhor sobre o que faço? Posso trazer algum trabalho para casa ou levá-los até o trabalho com mais frequência, mesmo que seja durante o fim de semana?;

– Dou aos meus filhos responsabilidades dentro de casa, tarefas com as quais possam servir à família, mesmo em coisas pequenas? *Oriento* e *encorajo* seus esforços, e demonstro quão orgulhoso fico quando fazem o melhor que podem?;

– Faço meus filhos mais velhos *esperarem* por bens de consumo que queiram, e se possível *merecê-los*?;

– Esforço-me por ensinar aos meus filhos mais velhos o valor do dinheiro? Ensino-lhes como os adultos responsáveis o ganham de forma honesta, guardam com prudência, gastam com sabedoria e dão com generosidade às pessoas necessitadas?;

– Quando devo fazer uma correção mais forte a meus filhos, tenho o cuidado de praticar a "afetuosa assertividade"? Isto é, certifico-me de que as crianças entendam que estou corrigindo o erro, e não a pessoa, e que os corrijo porque os amo?;

– Tenho o cuidado de corrigir meus filhos em particular sempre que possível? Sou rápido em aceitar carinhosamente seus pedidos de desculpas e dar-lhes a chance de começar de novo?;

– Faço meus filhos pedirem desculpas quando ofendem alguém, e aceitarem os pedidos de desculpas dos outros?;

– Meus filhos entendem o significado dos termos *integridade, honra, compromisso, competência, prazo, coragem, perdão, compaixão* e *confiança em Deus*?;

– Ensino meus filhos quanta *coragem* é necessária para viver com integridade, não abandonar um trabalho difícil, controlar impulsos, recuperar-se de reveses e decepções, dizer a verdade, cumprir as promessas e pedir perdão? Demonstro o orgulho que tenho como pai quando vivem dessa maneira?;

– Certifico-me de que as regras da nossa casa comecem com "Nós"? Isto é, esforço-me como líder por viver pelos mesmos padrões que determino para meus filhos, de forma que nunca pensem em mim como um hipócrita?;
– Faço cumprir uma regra sólida da casa: não se discute à mesa?;
– Insisto em que as crianças pratiquem os bons modos? Elas dizem habitualmente "por favor", "obrigado", "desculpe-me" e "perdão" na vida em família, especialmente com a mãe delas? Dou bom exemplo nisso?;
– Quem são os heróis de meus filhos? Quem eles admiram? Se falam demais sobre figuras do mundo do entretenimento, será sinal de um excesso de TV e entretenimento em suas vidas?;
– Quanto tempo meus filhos desperdiçam assistindo programas inúteis? Que atividades construtivas poderiam estar fazendo em vez disso?;
– Meus filhos estão criando o hábito de *não* assistir TV?;
– Em que idade meus filhos deveriam começar a: a) levantar de manhã com seu próprio despertador, b) fazer a própria cama, e c) trabalhar oito horas por dia (isto é, *aulas* mais *esportes* mais *lição de casa* somados chegando a oito horas de trabalho)?;
– Arranjo tempo para conversar com cada um dos meus filhos em particular, ouvindo-os com atenção, descobrindo o que está acontecendo em suas mentes em formação? Eles reconhecem o quanto me importo com eles e com o que pensam?;
– Ajudo-os a resolver problemas, levando-os a aprenderem com seus erros e pensar antes na próxima vez?;
– Tento fazer contato visual com eles e demonstro meu afeto de outras maneiras: dando-lhes tapinhas carinhosos na cabeça, apertando seus ombros e braços, dando-lhes um breve beijo de despedida, ou colocando-os na cama?;
– Meus filhos dão sinais de moleza física? Estão em boa forma? Têm bons hábitos de alimentação e exercício que os mantenham assim ao longo dos anos?;
– Se meus filhos estiverem acima do peso na época em que en-

trarem na faculdade, como isso pode afetar sua autoestima e vida social? Como a obesidade poderia prejudicar suas carreiras?;

– Arranjo tempo para participar de jogos e esportes com os meus filhos, e para assistir quando participam de esportes de equipe? Ajudo-os a *apreciar* o esporte e evitar a mentalidade da "vitória a qualquer preço"?;

– Estimulo meus filhos a terem *hobbies* e a lerem bons livros? Converso com eles sobre o que estão fazendo e aprendendo?;

– Verifico a lição de casa dos meus filhos com a maior frequência possível? Uso esse tempo para ensinar lições de perseverança no trabalho e altos padrões de desempenho? Ajudo-os a aprenderem com seus erros? Demonstro meu orgulho por sua crescente *competência*?;

– Quando penso em seus trabalhos de escola e tarefas da casa, dou especial atenção ao *modo* como trabalham: sua prontidão e concentração, sua profundidade, sua administração do tempo (autocontrole), suas atitudes de legítimo orgulho por suas realizações?;

– À medida que meus filhos se aproximam da adolescência – em que prestam uma atenção cada vez maior ao seu pai –, torno-me mais disponível do que nunca? Penso neles e trato-os como quase adultos? Falo mais com eles sobre namoro, casamento, escolha da profissão, critérios de profissionalismo e inteligência no trabalho? Reconheço que estou chegando à meta, que só tenho mais alguns anos com eles em casa para terminar seu crescimento em maturidade?;

– Recordo a mim mesmo de tempos em tempos que só tenho uma oportunidade de educar bem meus filhos, e que essa missão é minha maior realização na vida, a medida pela qual serei um sucesso ou fracasso como homem?;

– Apoio-me com confiança na ajuda de Deus para compensar os meus erros e defeitos, pois meus filhos pertencem, em última análise, a Ele?

CAPÍTULO XIV
Tire forças do seu coração de pai

Uma tarde de domingo, há alguns anos, fui à casa de um amigo meu. Jack era um engenheiro de computação que vivia nos arredores de Washington, D.C., e era pai de seis filhos, de adolescentes a bebês. Um de seus filhos era meu aluno na *The Heights School*, um excelente jovem já com quatorze anos. Jack e eu havíamos nos tornado amigos e estávamos nos encontrando para uma conversa informal.

Jack recebeu-me na porta de casa e conduziu-me à sala de estar. Quando entrávamos, vi-o olhar para algo no chão que o fez parar, dar um pequeno suspiro e menear a cabeça. Apontou para o chão e mostrou-me um par de tênis e meias sujos largados no meio de sua sala imaculadamente limpa.

Ele me fez sentar, trouxe-me uma bebida e em seguida disse: "Por favor, me desculpe, Jim. Volto em um minuto. Tenho que resolver uma coisa antes".

Saiu por alguns minutos. Retornou pouco depois com um de seus meninos, Frankie, de cerca de oito anos, que parecia um pouco envergonhado. Jack apontou para os tênis imundos e Frankie rapidamente agachou-se e recolheu-os. Desviando os olhos de mim, o garoto tentou sair da sala, mas seu pai o impediu com o braço. Segurando seu filho carinhosamente pelo ombro, apontou para mim e disse: "O que você tem a dizer ao Sr. Stenson?". O garoto olhou-me nos olhos e murmurou: "Prazer em conhecê-lo, Sr. Stenson, e desculpe pela bagunça que fiz". Aceitei suas desculpas e ele se voltou para seu pai, que disse: "Está desculpado, Frankie". O garoto saiu rapidamente com seus tênis sujos.

Jack sentou-se e explicou:

"As crianças são desordeiras, eu sei, e irrefletidas também. Estão sempre fazendo coisas assim, deixando a bagunça atrás de si. Não consigo fazê-las recolherem suas coisas toda vez, mas tento sempre que posso.

"Enxergo isso da seguinte forma: quando um dos meus filhos faz uma bagunça, há dois problemas. Um é a bagunça em si, e o outro é a atitude de descaso dele. Sem dúvida, seria muito mais fácil para mim simplesmente recolher eu mesmo os tênis e as meias e deixar o assunto de lado. Isso resolveria o primeiro problema..., mas não o segundo, o desleixo. Considero minha função formar as atitudes dos meus filhos. Penso que quanto mais eu insistir – fazendo-os arrumar suas coisas –, mais rápido crescerão. Às vezes fico esgotado com essa abordagem, pelo menos por algum tempo, mas nunca vou desistir. Há muita coisa em jogo".

Perguntei-lhe: "E o que o faz seguir em frente?".

Ele disse: "Bem, minha mulher conta comigo, e não posso decepcioná-la. Além disso, os mais velhos estão dando sinais de que finalmente entenderam a mensagem. No fim das contas, na maior parte do tempo são garotos bastante responsáveis. Em geral, ajudam por aqui, e – graças a Deus – têm iniciativa".

Têm mesmo. Acompanhei a família de Jack por mais de vinte anos e vi cada um de seus filhos tornar-se um adulto excepcional e bem-sucedido. Jack é agora avô, amado por seus netos, ocupado como sempre, mas de formas bem menos frenéticas. Nos domingos à tarde, passa o tempo – como ele mesmo diz – "fazendo farra com os netos".

Conto a história de Jack aqui para mostrar o que é necessário para ser um bom pai, um homem que finalmente triunfa com seus filhos.

Asseguro-lhe que Jack não é nenhum super-homem carismático. É um engenheiro e um marido perfeitamente normal, de fala tranquila e inclusive um pouco tímido. Ama futebol americano apaixonadamente e gosta de encontrar os amigos de vez em quando. Como quase todo mundo, preocupa-se com seu emprego e trabalha para pagar as contas. Quando as pessoas o cumprimentam por seus filhos, transfere rápida e sinceramente a maior parte do crédito à sua maravilhosa esposa. Mas se você conversar com ela (como eu fiz), vai ouvi-la elogiar calorosamente Jack como um ótimo pai.

Por toda a sua vida como pai, Jack manteve um claro senso de missão sobre sua liderança paterna. Seria o primeiro a admitir que cometeu erros e sofreu reveses pelo caminho, e que sofreu às vezes com períodos de dúvida e desalento. Ainda assim, nunca perdeu de vista sua tarefa de pai – conduzir seus filhos a uma maioridade responsável – e nunca desistiu dessa missão, qualquer que fosse o custo pessoal.

Jack era e é um homem corajoso, um pai com um grande coração. O segredo de seu sucesso é seu amor incansável e sacrificado.

Independentemente de seus erros, dúvidas e deficiências, quando um homem é movido por essa espécie de amor, supera qualquer obstáculo e torna-se um grande pai.

* * *

Ao longo deste livro, procurei ajudar você de vários modos. Mostrei-lhe como outros homens – todos eles pais bem-sucedidos – mantinham uma visão clara, inteligente e de longo prazo do crescimento do caráter de seus filhos e do que isso significa. Descrevi os problemas familiares comuns e os obstáculos sociais atuais que esses homens conseguiram superar. Expliquei as várias abordagens e táticas diferentes que usaram para guiar o pensamento, a consciência, a força de vontade e os hábitos de virtude de seus filhos. Tanto quanto me foi possível, delineei a espécie de pensamento inteligente e ações práticas que testemunhei uma e outra vez entre os pais mais bem-sucedidos que conheci.

Espero que você tenha aprendido muito da experiência paterna adquirida a custo por esses homens, de forma que possa viver como um líder confiante, ativo e eficaz com seus filhos. Desejo que você, como eles, goze do triunfo de ver seus filhos crescerem para se tornarem grandes homens e mulheres.

Como se pode perceber pelos muitos detalhes deste livro, viver como um pai competente requer trabalho e dedicação. A missão é às vezes difícil e sempre desafiadora. A responsabilidade de um pai exige todas as suas capacidades masculinas, o melhor que há nele. Deve superar-se por anos sem descanso. Ser um grande pai e líder sempre foi difícil e sempre será. Mas nunca nenhum homem em lugar algum realizou grandes coisas sem um pouco de amor apaixonado e sacrificado.

Seu amor por seus filhos é o que o fará seguir em frente. Seu grande coração o levará a perseverar, haja o que houver, até que você sinta o doce sabor da vitória da paternidade: filhos crescidos que o honram com a consciência e a conduta durante toda a vida.

Assim, termino este livro com algumas considerações sobre o coração. Desejo deixá-lo com algum material para meditar de tempos em tempos. Espero que ele fortaleça sua resolução naquelas situações difíceis e momentos de desânimo que de vez em quando afligem todos os pais, mesmo os melhores.

O amor foi com frequência comparado a um grande fogo, e é verdade. Como o fogo, o amor traz energia, calor e luz à vida de um homem. O amor joga luz sobre os deveres do homem e transmite a força de realizá-los. Mas o amor, como o fogo, precisa ser alimentado para viver. Precisa ser alimentado, protegido e cuidado.

Aqui estão algumas ideias que vão manter seu amor vivo e aceso... e que lhe darão a coragem de perseverar, haja o que houver, ao longo de seus anos de serviço à sua esposa e filhos.

Visão

Um homem que conheci em Chicago, pai de quatro filhos, disse-me o seguinte: "Leio no jornal sobre adolescentes e jovens que se metem em problemas sérios. Garotos de colégio morrem em acidentes de trânsito por falta de juízo, excesso de velocidade e bebedeiras. Meninas ficam na rua até as duas da manhã e pegam carona com completos estranhos e depois são violentadas. Calouros de faculdade bebem demais em uma festa e depois se envolvem em problemas sérios. Veteranos brilhantes e promissores tiram a própria vida porque não veem nenhum motivo para viver após a formatura... Pergunto a mim mesmo: *Onde estavam os pais dessas pobres crianças?* Quando leio sobre desastres dessa espécie entre jovens aparentemente normais, juro para mim mesmo que, com a ajuda de Deus, aos *meus* filhos essas coisas *nunca* acontecerão. Não se eu puder evitar! Farei qualquer coisa, qualquer sacrifício, para evitar que tragédias como essas destruam meus filhos".

Assim, vamos rever o básico.

Qualquer homem normal carrega dentro de si um poderoso instinto de proteger seus filhos. Quando algum perigo os ameaça, ele rapidamente se lança à ação, sem se importar com riscos pessoais, para protegê-los do mal. Se seu filhinho sai correndo pela rua, um pai saltará no meio dos carros para tirá-lo do perigo. Se sua filhinha corre em sua direção gritando de medo, perseguida por um cachorro bravo, ele a colocará em segurança e depois vai voltar-se para o animal para afastá-lo com sua força física. Se sua filha faz um corte profundo enquanto está brincando em casa, ele largará qualquer coisa que estiver fazendo e correrá com ela para o hospital. Se sente que o novo namorado de sua filha adolescente é um perigo para ela, intervirá assertivamente para separá-los. Se seu filho necessita de uma operação cirúrgica cara, arranjará um trabalho adicional e fará as dívidas que forem necessárias para pagá-la.

O instinto primário de um homem de proteger sua família leva-o a superar-se. Faz com que dirija sua poderosa agressividade masculina contra qualquer coisa que ameace aqueles que ama.

Como vimos, um pai inteligente e consciencioso vai além disso. Pensa com antecedência, vinte anos na frente, e age agora para proteger seus filhos no futuro. *Esforça-se agora para fortalecer seus filhos, de forma que possam proteger-se depois.* O pensamento da felicidade futura de seus filhos é o que o faz seguir em frente, e lhe dá a força e a paciência de agir sem descanso e de forma sacrificada, como um pai e líder que prepara seus filhos para a vida.

Por isso, pense com profundidade sobre essas coisas, pelo bem deles...

Se você não ensinar seus filhos a lidarem com seus problemas com confiança, eles poderão ficar esmagados pela ansiedade diante dos problemas normais da vida, paralisados pela dúvida ou levados ao escapismo das drogas.

Se você não der orientação e conselhos paternos a seus filhos, eles podem depois procurá-los desesperadamente com psiquiatras e conselheiros matrimoniais.

Se você não ensinar seus filhos a controlarem seus impulsos e respeitarem os direitos dos outros, eles podem se ferir ou morrer em um acidente de trânsito ou destruir seus casamentos.

Se você deixar que seus filhos criem hábitos hedonistas – recompensa instantânea, escravidão aos sentimentos –, eles poderão destruir a si mesmos usando drogas.

Se você deixar de ensinar seus filhos a trabalharem com competência e profissionalismo, eles podem flutuar pela vida como adolescentes permanentes, sem carreira ou casamento estável.

Se você não der a suas filhas um exemplo viril de virtude, elas podem acabar casando com homens frívolos e inúteis, e seus netos, se houver, poderão crescer em um lar sem pai.

Se você não trabalhar com sua esposa para formar uma família estável e feliz, seus filhos não saberão formar uma.

A mente masculina é feita para projetar o futuro, para exercitar sua imaginação em prever eventos futuros, especialmente problemas que podem ocorrer. Deixe que sua mente trabalhe assim com relação ao futuro de seus filhos. Imagine os seus pequenos como homens e mulheres adultos, e imagine-os afetados pela tragédia, lágrimas, casamentos rompidos: sua felicidade destruída, suas vidas fora de controle.

Como tantos outros bons pais, você sentirá uma onda de força protetora masculina erguer-se em seu interior. Com seu poderoso amor, você vai enrijecer, negar-se seja o que for, fazer qualquer sacrifício para manter esses sofrimentos longe da vida de seus filhos.

Primeiro o que é mais importante

Um bom pai sempre coloca sua família em primeiro lugar. Tudo o mais fica em segundo lugar, e isso inclui a profissão, o trabalho de sua vida.

Um homem, qualquer homem, realiza bem seu trabalho por muitas razões. Através do trabalho, ele ganha seu salário, sua forma de pagar as contas, ou acumula riqueza. Encontra satisfação na ação de produzir, em enfrentar problemas e resolvê-los, e assim ganha autoestima e o apreço de seus colegas. Aprecia o trabalho como uma válvula de escape saudável para suas ambições masculinas, sua força criativa, seu desejo de deixar uma marca no mundo, de fazer a diferença para o bem da humanidade. São todas atitudes boas, com certeza, frequentemente encontradas entre homens muito produtivos.

Mas nunca se esqueça, não importa o quão bem você se dê no trabalho, não importa o quanto você ganhe em fama, riquezas e realização pessoal, sua família deve vir em primeiro lugar. *Um bom pai aplica-se no trabalho, mas dedica esse trabalho à sua família. O objetivo principal do trabalho de sua vida é, de longe, o bem de sua esposa e filhos.*

Deixe que lhe conte sobre um amigo meu chamado John, um corajoso homem de quarenta e poucos anos que trabalha como advogado em Nova York. Vive com sua esposa, Karen, e quatro filhos, nos arredores de Nova Jersey.

John casou-se aos vinte e quatro anos, logo que se graduou em direito, e começou a trabalhar em um importante escritório de advogados em Nova York. Ele e Karen logo tiveram um filho e depois uma filha; ambos haviam crescido em famílias numerosas e queriam formar uma também. Enquanto isso, como tantos outros advogados jovens em grandes escritórios, John trabalhava de setenta a oitenta horas por semana. Ele me disse na época: "Tenho dois empregos de quarenta horas semanais no mesmo lugar". Em pouco tempo, ele se tornou sócio e começou a ganhar um alto salário de seis dígitos ao ano.

Mas John era um típico viciado em trabalho. Continuou com o hábito, ensinado sabe-se lá por quem, de trabalhar de doze a quatorze horas por dia. Saía para Nova York ao amanhecer e retornava, esgotado, entre oito e dez da noite. Os sábados também eram passados no escritório. Isso continuou durante anos, apesar de mais dois nascimentos na família e da crescente exasperação de sua esposa.

Os filhos mais velhos de John entraram na escola, jogaram nos times do bairro, cresceram rapidamente até a idade do Ensino Fundamental, e o menino mais velho começou a apresentar (aos onze anos) alguns dos sinais de rebeldia próprios do início da adolescência. John não viu nada disso. Não podia ver. Quando saía de casa pela manhã, seus filhos estavam dormindo. À noite, quando voltava, já haviam ido para a cama. Uns e outros eram virtualmente estranhos entre si. Por fim, milagrosamente, ele começou a se dar conta disso.

Uma noite em que voltou tarde, sua esposa Karen, magoada e quase chorando, contou-lhe que David, o filho mais velho, começara a tirar péssimas notas em seus últimos boletins. A professora havia-os chamado para uma reunião durante a tarde na semana seguinte. Ao telefone, a professora alertara Karen de que David recentemente andava carrancudo em aula, desatento e irritadiço, e que ela achava importante ir ao fundo do problema. Karen suplicou a John que fosse à reunião e que antes disso falasse com David. John fez objeção a ir à reunião, mas disse que conversaria com David no domingo de manhã, um dos poucos momentos em que pai e filho tinham, por assim dizer, um espaço em suas agendas.

Como conta John, ele e David sentaram-se para conversar no domingo após o café da manhã. O garoto estava arredio, carrancudo e fervendo com um ressentimento silencioso. John fez algumas perguntas, mas David respondia apenas dando de ombros e olhando para fora da janela.

John era impaciente por natureza e não estava acostumado à frustração. Finalmente, irritando-se, insistiu: "Qual é o problema? Por que você não me responde? Não sabe que eu me preocupo com os seus problemas?". Mas John ficou perplexo, chocado na verdade, com o que aconteceu em seguida. Seu filho repentinamente voltou-se para ele, seus olhos acesos de raiva e enchendo-se de lágrimas, e explodiu: "Não, eu não sei se você se preocupa. Você não se preocupa nem um pouco com o que acontece comigo! Você vive a sua vida e eu vivo a minha!". Então, com as mãos cobrindo os olhos, lutando para controlar os soluços, David fez a seu pai estupefato a longa ladainha de agravos em sua memória: partidas de futebol jogadas quando o pai estava ausente, prêmios trazidos da escola para casa para serem vistos só pela mãe, promessas quebradas porque "apareceu uma coisa", bilhetes passados entre pai e filho na porta da geladeira, problemas de escola perguntados à mãe, ir aos lugares com a mãe, conversar apenas com a mãe, *tudo* apenas com a mãe.

Abalado por esse transbordamento de dor, John deixou David sozinho e foi pensar um pouco por conta própria. Entrou no banheiro e olhou-se no espelho. Viu um homem de trinta e sete anos que parecia dez anos mais velho: financeiramente um sucesso, mas um escravo do trabalho. Um homem que sofrera uma censura totalmente justa de seu filho quase crescido. Uma e outra vez, perguntou a si mesmo: "O que estou fazendo com a minha vida? O que vai acontecer com os meus filhos?".

Compareceu à reunião com a professora naquela semana e percebeu algo que o convenceu das palavras de seu filho. Estava sentado junto a Karen enquanto a professora de David fazia perguntas aos dois sobre o menino. Não era capaz de respondê-las. Ficou sentado em silêncio, quase desamparado, como se fosse um estranho. Sua esposa e a professora mantiveram um diálogo sobre David, e ele não fazia a menor ideia do que estavam falando.

Alegro-me em dizer que essa história terminou bem. John finalmente reconheceu que tinha uma carreira lucrativa mas estava perdendo seus filhos. E, como ele mesmo diz: "Essa era uma troca que não valia a pena. As palavras e as lágrimas de David corroeram minha consciência durante semanas". Finalmente, tomou uma atitude. Abandonou sua posição de sócio no escritório e arranjou emprego como advogado de uma empresa, trabalhando apenas cinquenta horas por semana. Seu salário diminuiu e ele teve de engolir seu orgulho, mas ganhou sua esposa e filhos para sempre.

E David? Passa horas sentado ou caminhando, conversando com seu pai. Considera-o um herói, um homem que transforma o amor em ações. E quando crescer, quer ser advogado.

Por favor, aprenda com a experiência de John e de outros homens.

Uma das grandes surpresas que os homens descobrem ao se aposentarem é a grande rapidez com que sua vida é desfeita depois deles, como se nunca houvessem existido ou feito nada. Um provérbio polonês diz: "Passamos pela vida como uma faca através da água, mal deixando uma ondulação atrás de nós, e depois mais nada".

Um médico ou advogado trabalham a vida toda para montarem um bom consultório ou escritório. Quando se aposentam, o que lhes resta de seu trabalho? Alguns arquivos cheios de papéis, e só. E algum dia, com certeza absoluta, alguém jogará esses arquivos fora como lixo inútil.

Um homem trabalha anos em uma companhia para montar uma divisão produtiva, marcá-la com sua personalidade e receber a estima de seus funcionários por sua liderança criativa. Mas quando se afasta ou se aposenta, chega alguém e acaba com a divisão, submergindo sua estrutura em alguma reorganização. Depois de algum tempo, ninguém mais se lembra do que havia antes.

Um empresário ambicioso trabalha a vida toda para construir um negócio de sucesso. Constrói um prédio ou uma fábrica que ele mesmo projetou e coroa-a com seu nome. Quando se aposenta, vende-a para alguém ou para algum conglomerado. O que acontece em seguida? Os novos proprietários mandam o trabalho para outro país, arrancam o nome e vendem o prédio vazio a outras pessoas, que o usarão para montar lojas de velas aromatizadas, sandálias de couro e bugigangas.

É um fato: quase ninguém no mundo deixa atrás de si um trabalho de valor realmente duradouro. Entre todos os bilhões de pessoas que fizeram a história humana, aqueles que deixaram um rastro permanente provavelmente caberiam com conforto em uma sala pequena.

O trabalho precisa ser um meio para atingir um fim: o bem daqueles que amamos; caso contrário, tem pouco sentido. Em última análise, só o amor perdura. É a família que sobrevive, e é nela que o trabalho de um homem encontra seu maior significado.

Aprendi uma lição sobre essa verdade alguns anos atrás no interior de Massachusetts.

Em um lindo dia de outono, estava fazendo uma excursão com alguns outros homens, bons amigos meus, e seus filhos. Estávamos aproveitando o ar puro, o céu azul e sem nuvens, e a espetacular folhagem do outubro na Nova Inglaterra. Nosso pequeno grupo saiu da estrada e entrou em um denso bosque próximo, nossos pés sumiram no meio das folhas caídas, enquanto compartilhávamos o encanto das crianças em correr livremente pelo meio da floresta. Havíamos nos embrenhado muito quando deparamos com uma visão intrigante. À nossa frente, estendendo-se em uma linha reta através da densa massa de árvores, havia um muro de pedra, antigo e coberto de musgo. Encontrar esses muros – grandes pedras empilhadas – é comum no interior da Nova Inglaterra. O que nos espantou, entretanto, foi encontrar aquele muro, que talvez tivesse duzentos anos ou mais, no meio de uma densa floresta.

Um dos garotos mais velhos fez em voz alta a pergunta que estou certo de que alguns dos adultos estávamos fazendo a nós mesmos: "Por que este muro está aqui? O que faz um muro no meio do bosque?".

307

Um dos pais, que era historiador amador, explicou. Alguns séculos atrás, esta floresta não estava aqui. Onde hoje vemos árvores, havia campos ou pastos habitados por uma família colonial. Ao longo de várias gerações, os fazendeiros, com seus filhos e lavradores, retiraram pesadas pedras do solo pedregoso e empilharam-nas para formar este muro, provavelmente para demarcar terreno, talvez para manter o gado longe da plantação. Após muitas gerações, a família mudou-se, a fazenda deteriorou-se, e a floresta lentamente voltou a cobrir o terreno. Tudo o que restou foi este muro coberto de musgo.

Aquela pequena lição de história impressionou-me. E apresentou-me uma lição de significado mais amplo.

Imagine os desafios e dificuldades enfrentados por esses homens da época colonial, que faziam tanto esforço para sustentar suas famílias de uma geração para a outra. Eles arrancaram sua vida daquele solo duro, curvados pelo trabalho extenuante de empilhar aquelas pedras. E ao longo de anos de esforço, conseguiram. Alimentaram, vestiram e abrigaram suas famílias no infindável e inexorável ciclo de plantação e colheita.

No final, a família se mudou. Espalhou-se por vários lugares, como costumam fazer as famílias na América, e continuou vivendo seus diferentes destinos em regiões distantes do país. A fazenda de madeira lentamente afundou e voltou à terra de onde viera, sem deixar vestígio. As árvores, lançando sementes que brotavam e começavam a crescer, avançaram ano após ano para recuperar o solo, deixando apenas aquele muro de pedra para erguer-se inutilmente no meio da floresta: um pungente monumento à natureza passageira e perecível do trabalho do homem.

Mas a família que se espalhou por terras distantes ainda vive. E essa é a lição para qualquer pai: no longo prazo, apenas o amor perdura.

Por favor, lembre-se disso se algum dia tiver de escolher entre o trabalho e a família. Se puser sua família em primeiro lugar, não importa qual seja o sacrifício atual, sua velhice será iluminada pela mais profunda felicidade. Seus filhos adultos e seus netos, juntos ao seu redor para honrá-lo, serão sua recompensa permanente.

De coração a coração

Muitas vezes, em meus anos como educador, conversei com pais que estavam claramente conseguindo, de alguma forma, fazer um bom trabalho com seus filhos. Com certeza, estes não eram perfeitos, e nem os pais, que eram os primeiros a admiti-lo. Mas os filhos eram de tal qualidade – tão confiantes, competentes e responsáveis –, que pai e mãe mereciam os parabéns. E eu lhes dava.

Como expliquei no começo deste livro, perguntei também aos pais como, apesar de tantos obstáculos hoje em dia, incluindo suas deficiências pessoais, eles haviam conseguido. O que me contaram de tantas formas diferentes foi o que formou as lições deste livro.

De vez em quando, especialmente quando os incitava a isso, resumiam sua forma de abordar a vida e de agir como pais conscienciosos. O que os fazia seguir em frente? De onde tiravam as forças para perseverar?

Quero deixar aqui alguns de seus comentários (tentando recordar as palavras que utilizaram), para que você possa extrair ânimo e coragem de sua experiência. Isto é o que me disseram:

Amo minha esposa mais do que posso dizer. Somos casados há dezoito anos, e ainda não consigo me conformar com o fato de que ela, uma mulher tão absolutamente maravilhosa, concordou em casar comigo... Em minha forma de ver, minha tarefa com meus filhos é garantir que eles a amem e honrem, e respeitem seus desejos tanto quanto eu. Não aceitarei nada menos da parte deles. E isso é tudo.

Com alguma frequência, recordo a mim mesmo que algum dia meu filho será o esposo de alguém, e minha filha a esposa

309

de alguém. Minha tarefa é trabalhar sem descanso, não importa o que aconteça, para preparar cada um deles para construírem um ótimo casamento e uma ótima família.

Algumas semanas após o nascimento do nosso filho mais velho, seus olhos começaram a focalizar os meus quando o segurava em meus braços. Nunca esquecerei a primeira vez em que olhou-me diretamente no rosto com seus grandes olhos escuros e deu um grande sorriso de reconhecimento... É difícil explicar, mas senti dentro de mim uma onda profunda e comovedora de força e responsabilidade, uma forte convicção de que eu faria qualquer coisa, e suportaria absolutamente qualquer coisa, pela felicidade daquele pequeno ser... A lembrança daquele momento tão emotivo fez-me seguir em frente desde então.

Meus filhos têm um temperamento tão forte e explosivo quanto eu, e isso às vezes me faz sofrer interiormente quando tenho de corrigi-los com mais força, especialmente quando começam a chorar. Lembro-me do velho chavão: "Dói mais em mim do que em você". Agora sei o que ele significa. O que me mantém no caminho, entretanto, é isto: prefiro que chorem por coisas pequenas agora do que por alguma tragédia daqui a vinte anos... Além disso, tenho a fé – e de fato é uma fé – de que algum dia eles compreenderão e me agradecerão.

Quando meus dois filhos eram pequenos, ocorreu-me um dia o quanto eu devia a meus próprios pais. Reconheci pela primeira vez aquilo por que passaram, quantos sacrifícios fizeram por mim, meu irmão e minha irmã. Um domingo em que os estava visitando, de alguma forma encontrei as palavras para dizer-lhes isso. Agradeci-lhes do fundo do coração. Os dois ficaram comovidos, pude perceber, e muito, muito felizes... Assim, eu aconselharia a qualquer pai: se os seus pais ainda estão vivos, vá lá e agradeça a eles. Agradeça-lhes enquanto você ainda pode. Ficarão profundamente felizes, e essa expressão de gratidão vai mudar a forma como você lida com seus próprios filhos. Quando tiver de ser firme com eles, poderá dizer a si mesmo: "Algum dia, se Deus quiser, eles entenderão e agradecerão".

Em nossa família de tradição judaica, o pai tem um papel extremamente importante com os filhos. Vê-os como um presente inestimável de Deus, e sua missão é tratá-los da forma como Deus trata a todos nós. Isso é o que vi em meu pai e meu avô, e isso é o que desejo que meus filhos vejam em mim. Terei de responder a Deus pela forma como meus filhos crescerem.

Nunca fui particularmente religioso até me tornar pai. Então minha forma de pensar mudou... Com alguma frequência, sinto-me quase sobrepujado pelas coisas, quase no limite de minhas forças. Nesse ponto, volto-me para meu Pai do céu e peço que preencha a lacuna entre o que sou capaz de fazer e o que precisa ser feito. Rezo pedindo a sua ajuda, e isso nunca deixa de me dar forças... Além disso, percebo que minhas orações são seguidas por "coincidências", que me ajudam de forma inesperada. Quando você pede milagres, começa a perceber coincidências.

Nunca me esquecerei de quando minha filhinha começou a conversar comigo. Não era apenas uma repetição de palavras ou frases, mas quando a ouvi criar ideias completamente racionais em frases originais e a fazer perguntas sobre as coisas. Fui atingido por um sentimento mudo de encantamento: dei-me conta com espanto de que aquela minha filhinha era um milagre vivo. É uma pessoa completamente separada de mim, um ser humano vivo com um destino na vida misteriosamente entrelaçado com o meu. Essa sensação de espanto e responsabilidade vocacional nunca me deixou. De vez em quando, ela e os outros filhos sorriem para mim e me abraçam, e tenho um sentimento de missão na vida, de algo sagrado entre cada um deles e mim. É isso o que me faz seguir em frente.

E outra coisa que ouvi muitas vezes de muitos pais excelentes:

> *Sempre que me sinto no fim das forças, quando tive uma semana muito difícil, quando sinto a tentação do desalento, faço algo que nunca deixa de me renovar. Vou na ponta dos pés ao quarto dos meus filhos à noite e passo alguns minutos contemplando-os enquanto dormem. O simples fato de vê-los deitados em paz – tão inocentes e indefesos, tão dependentes de mim – restaura minha paz de espírito e fortalece minha resolução. Pela felicidade deles na vida e pelo bem de suas almas, sou capaz de fazer qualquer coisa... farei qualquer coisa. Sou o pai deles".*

Você pode perceber um fio condutor em todos os pensamentos e palavras desses homens. É o amor.

É a espécie de amor encontrado no interior dos corações de homens fortes: conscienciosos, leais, generosos, silenciosamente corajosos, ferozmente dedicados, inflexivelmente decididos a uma ação heroica e viril.

Esse é o amor que pode levá-lo a tornar-se um grande pai, um grande marido e um grande homem.

EPÍLOGO
Uma palavra para a esposa

Esta parte final, necessariamente um epílogo, é dirigida à esposa do homem que está lendo este livro, à mulher que, como esposa e mãe dedicada, apoia seu amado esposo em seus esforços para viver como um bom pai. Espero sinceramente que você, assim como seu marido, consiga tempo para ler o livro todo e aprender com ele. Como verá, uma enorme parte do que está escrito aqui aplica-se a você tanto quanto a ele. A paternidade é uma parceria, e parceiros agem de forma unida.

Além disso, você provavelmente descobrirá que muito do que digo aqui a seu marido reforça o que você já vem tentando explicar-lhe há algum tempo. Ao longo dos anos, disse a incontáveis homens para ouvirem suas mulheres com atenção e levarem a sério suas opiniões. As mulheres têm uma intuição e uma sensibilidade especial para as necessidades dos filhos que os homens fazem mal em ignorar. Quando ler este livro, desconfio que você será tentada a sublinhar algumas partes e depois dizer a seu marido: "Faça o que quiser, mas leia isto..."

Contudo, há uma razão mais importante para que eu me dirija a você diretamente, e é esta: *o sucesso de seu marido como pai depende enormemente de você*.

Se ele seguir o que explico neste manual – escrito a partir da experiência de outros homens –, poderá ver sua missão com mais clareza e agir de forma mais eficiente para realizá-la. O que tenho a dizer a você, esposa dele, é que você pode acelerar o progresso e firmar o papel dele se mantiver algumas ideias importantes em mente.

Primeiro, *não espere que ele seja perfeito*. Ninguém é. O que está descrito neste livro sobre a paternidade é realmente um ideal. É uma reunião das melhores qualidades dos melhores pais que conheci. Mas nenhum homem pode viver de uma vez ou totalmente de acordo com um ideal. Como qualquer outro ser humano, seu marido tem defeitos e falhas. Pode ser que nunca supere alguns deles, e você terá de conviver com isso. Trata-se de uma parte enorme do significado do amor matrimonial: passar por alto as falhas que o outro não consegue mudar.

Em outros defeitos, ele lutará conscienciosamente, com vitórias e derrotas, altos e baixos, fazendo um contínuo progresso enquanto seus filhos crescem. Por favor, seja paciente. E, acima de tudo, dê-lhe crédito por *tentar*. Poucas coisas frustram e irritam mais um homem do que ver que seus melhores esforços não são apreciados. O próprio ato de tentar é em si mesmo um corajoso passo à frente.

Segundo, *não espere que ele seja como uma mulher*. Isto é, não espere que pense, aja e reaja às coisas da mesma forma que você. Ele é homem, e os homens são diferentes. Embora às vezes sua masculinidade possa parecer-lhe incômoda e desconcertante, ela fortalece a educação de seus filhos. E as crianças não precisam de duas mães.

As diferenças entre os sexos são reais, e em uma família saudável estes se complementam de formas sutis mas importantes.

Aqui está um exemplo. Quando irmãos estão brigando (algo normal mesmo nas melhores famílias), cada um dos pais tende a tratar o problema de forma diferente. A mãe, dedicada à harmonia familiar e ao amor mútuo, tende a ver o problema como uma falta de caridade: "É uma *falta de consideração* mexer nas coisas de sua irmã. Veja como isso a ofende!". Mas o marido, com a sensibilidade masculina de justiça mais do que caridade, vê as coisas em termos de justiça e direitos: "Você não tem o *direito* de mexer nas coisas de sua irmã. Você tem a obrigação de respeitar o seu direito à propriedade e à privacidade!".

Obviamente, as crianças precisam crescer tanto em consideração quanto em justiça; por isso, ambos os pais se unem para ensinar essas lições de formas complementares. Na verdade, em uma família saudável, os pais aprendem gradualmente um com o outro, apreciam a forma de pensar um do outro, e chegam a compartilhar mais ou menos o mesmo ponto de vista. Na época em que os filhos chegam à adolescência, ambos os pais aprenderam inconscientemente um do outro e pensam de forma muito semelhante em assuntos importantes: sem perder as forças inerentes a cada sexo.

Outra diferença: os homens dão grande importância à competência e ao parecer competente. São cuidadosos diante de problemas que parecem difíceis, especialmente situações pouco familiares. Assim, para evitar estragar um desafio novo e ainda não tentado (e dessa forma dar a impressão de incompetência), tendem a esperar, avaliar a situação cuidadosamente e calcular como agir. Por fim, atuarão, mas não antes de estudar o problema de forma a resolvê-lo da primeira vez. Esse é um traço masculino, os homens foram feitos para se comportarem assim. Infelizmente, muitas mulheres, especialmente se cresceram sem irmãos ou sem um pai forte, veem essa cautela como mera procrastinação, uma demora pouco razoável. Não conseguem compreender que sua natureza feminina lhes dá naturalmente uma disposição mais forte e mais otimista, maior habilidade de correr riscos, especialmente nas relações interpessoais. Mulheres são muito mais acostumadas do que os homens ao mistério, a enfrentar e lidar com situações fora do controle: o ciclo menstrual, o milagre do nascimento e da amamentação, a rápida sensibilidade às necessidades das pessoas amadas, e assim por diante.

Portanto, leve tudo isso em consideração quando seu marido estiver tentando tornar-se um pai melhor. Não pegue no seu pé. Se parecer que você está questionando sua competência, estará ameaçando sua autoestima masculina, e isso o irritará (não é verdade que boa parte da raiva deriva da percepção de uma ameaça à autoestima de alguém?). Ele precisa é da sua paciência, compreensão e estímulo.

Finalmente, *faça tudo o que puder para levar seus filhos a respeitarem seu pai e sua autoridade*. Ele simplesmente não pode fazer o papel de líder e pai sem o respeito dos filhos. A formação do caráter deles aumentará ou diminuirá de acordo com quão profundamente respeitam o pai.

Este livro dá a seu marido muitos conselhos sobre como conquistar o respeito dos filhos. Mas você pode acelerar essa dinâmica, dar-lhe maior profundidade e força, fazendo com que eles o honrem. Leve-os a verem seu pai como você o vê: um grande homem, um modelo de força e realização masculina, um herói sacrificado digno da gratidão e do respeito de toda a família. O respeito de seus filhos pelo pai será um reflexo da sua própria estima por ele, e isso é de enorme importância para a influência que terá em suas vidas.

Lembro de forma viva de uma história que me foi contada por um bom amigo, excelente marido e pai. Ele me disse:

> Eu era o mais novo de cinco filhos em uma casa sem pai. Meu pai morrera quando eu era bebê, e nunca o conheci. Minha mãe criou-nos como viúva, e era uma grande mulher. Com alguma frequência, quando eu ficava indisciplinado e fora do controle quando garoto, e mesmo quando adolescente, ela me levava para um canto e dizia: "Jimmy, seu pai nunca aprovaria o que você está fazendo agora! Ele ficaria muito aborrecido. Por isso, pare…". Isso sempre mexia comigo, sempre. Sempre me fez cair em mim e corrigir-me.

Entende o que quero dizer? O pai daquela casa continuava a influenciar seus filhos para o bem, mesmo após sua morte, por causa do amor e respeito que sua excelente esposa tinha por ele. Ainda estava vivo em seu coração, e portanto ainda era o pai da família. Lembre-se, também, de uma ideia mais prática. É do seu interesse de longo prazo que seus filhos aprendam a respeitar seu pai desde a primeira infância. Algum dia, quando forem adolescentes, serão grandes demais e talvez voluntariosos demais para que você lide sozinha com eles. Isso é verdade especialmente no que tange a suas filhas. Nessa época, seus filhos e filhas deveriam ter – têm que ter – um hábito firme de respeito pela autoridade e critério de seu pai. Precisarão de um hábito profundamente entranhado de resposta ao que ele lhes orienta a fazer com sua grave voz masculina. Quando seus filhos forem adolescentes, você necessitará de seu marido, com seu firme controle da situação e suas sérias advertências – dadas em um tom que não admite tolices – de que eles devem respeitá-la e obedecê-la, ou então responder a ele.

Todas as vezes em que você apoia e anima seu marido, demonstra também a seus filhos o que significa ser uma grande mulher. Sacrifício pessoal, compreensão, afeto, encorajamento, perdão, generosidade incansável: tudo isso compõe um grande amor familiar, e essas forças da vida em família vêm principalmente da mãe.

Daqui a muitos anos, bastante tempo depois de terem formado suas próprias famílias, seus filhos vão se reunir como irmãos e irmãs adultos. Naquela hora, olharão para trás e recordarão com carinho as memórias da vida cheia de aventuras que sua família passou junta. Tanta diversão e riso, tantas lições aprendidas, tanto amor plantado em seus corações para sempre. Com profundo afeto e gratidão, todos concordarão: "Mamãe e papai eram grandes pessoas".

Índice

AGRADECIMENTOS 5
PRÓLOGO: DO QUE TRATA ESTE LIVRO 7
CAPÍTULO I: O PAI INTELIGENTE: DESCRIÇÃO DAS TAREFAS ... 23
   A missão de um pai: formar o caráter e proteger 26
   Unidade de vida 43
   Liderança no trabalho 44
   Liderança em casa 48
CAPÍTULO II: SUA MISSÃO É CRIAR ADULTOS, NÃO CRIANÇAS . 55
   A família consumista: um retrato 61
CAPÍTULO III: OBSTÁCULOS À FORMAÇÃO DO CARÁTER 69
CAPÍTULO IV: CONCENTRE-SE NO CARÁTER DE SEUS FILHOS .. 91
   Formar o caráter 95
CAPÍTULO V: MAIS SOBRE O CARÁTER 107
   Capacidade de julgamento 109
   Coragem pessoal 127
CAPÍTULO VI: CONFIE NO PODER DO "NÓS"
NA VIDA FAMILIAR 141
   Sua mulher, sua parceira 151
   Consenso de direção 153
CAPÍTULO VII: DIRIJA SEUS FILHOS
COM "AFETUOSA ASSERTIVIDADE" 159
   Disciplina é liderança e colaboração 161
CAPÍTULO VIII: TRATE OS MEIOS DE COMUNICAÇÃO
ELETRÔNICOS COMO SEUS RIVAIS 195
   Controle criterioso 196
   Reforçando sua decisão 198
   Conselhos práticos 202

CAPÍTULO IX: BRINQUE COM SEUS FILHOS:
ESPORTES, JOGOS, *HOBBIES* 207
    Esportes 208
    Espírito esportivo à beira do gramado 214
    Esportes individuais 215
    Os esportes de suas filhas 216
    Jogos, quebra-cabeças e charadas 217
    Leitura 222
    Hobbies 225
    Tipos de hobbies 226
CAPÍTULO X: ENSINE SEUS FILHOS A LEVAREM O TRABALHO
A SÉRIO 229
    O trabalho do papai 230
    As tarefas dos filhos em casa 232
    Orientação vs *Gerenciamento* 235
    A administração do tempo 237
    Mesadas 238
CAPÍTULO XI: ESTEJA ATENTO À EDUCAÇÃO DE SEUS FILHOS . 241
    Trabalhando com a escola 259
    A escolha dos professores e cursos 261
    Orientação vocacional 270
CAPÍTULO XII: ETIQUETA E INTELIGÊNCIA NO TRABALHO 275
    Inteligência profissional: como as coisas funcionam no mundo 282
CAPÍTULO XIII: FAÇA A SI MESMO ALGUMAS
PERGUNTAS-CHAVE PARA MANTER-SE NO RUMO CERTO 291
CAPÍTULO XIV: TIRE FORÇAS DO SEU CORAÇÃO DE PAI 297
    De coração a coração 309
EPÍLOGO: UMA PALAVRA PARA A ESPOSA 313

ESTE LIVRO ACABA DE SER
IMPRESSO EM ABRIL DE 2025.